EL CAMINO DE
MÉXICO

EL CAMINO DE MÉXICO

MARCELO EBRARD

AGUILAR

El camino de México
Una experiencia de vida

Primera edición en México: marzo, 2023
Primera edición en Estados Unidos: mayo, 2023

D. R. © 2023, Marcelo Ebrard Casaubon

D. R. © 2023, derechos de edición mundiales en lengua castellana:
Penguin Random House Grupo Editorial, S. A. de C. V.
Blvd. Miguel de Cervantes Saavedra núm. 301, 1er piso,
colonia Granada, alcaldía Miguel Hidalgo, C. P. 11520,
Ciudad de México

D. R. © 2023, Penguin Random House Grupo Editorial USA, LLC
8950 SW 74th Court, Suite 2010 Miami, FL 33156

Fotografías de interiores: archivo personal del autor

penguinlibros.com

ISBN: 978-164-473-904-4

Impreso en Estados Unidos – *Printed in USA*

Dedico este libro a Rosy;
a mis hijos Francesca, Anne Dominique, Marcelo, Ivanna y Julián;
a mi mamá Marcela y a mi papá Marcelo;
y a Mamágrande y a tod@s l@s que me enseñaron
y formaron para llegar hasta aquí.

ÍNDICE

MI AHORA

LO QUE SIGUE

Dicen de mí

Este señor (Marcelo Ebrard) es un experto, es un estratega, es un diplomático… pero además no solo es diplomático, es un buen político, o sea, reconocido, y es mi hermano.

ANDRÉS MANUEL LÓPEZ OBRADOR, presidente de México

De Marcelo admiro mucho lo que hizo en el encuentro de López Obrador con Biden, lo bien que salió, eso creo que tiene que ver con dos personajes importantes, con Marcelo Ebrard y Juan Ramón de la Fuente, embajador en la ONU.

ELENA PONIATOWSKA, escritora

Marcelo un día va a ser presidente.

ÓSCAR MANUEL ARGÜELLES DORANTES, excoordinador de Comunicación Social de la Cámara de Diputados

PRÓLOGO

Cada persona puede verse como una serie de palabras. Es por eso que decidí escribir varios cientos de palabras sobre mí mismo y la vida que he llevado hasta ahora: mi carrera, familia, ideales, aciertos, situaciones difíciles y, sobre todo, mis metas para un país al que (como decía José Emilio Pacheco) daría la vida por 10 lugares suyos, ciertas gentes, puertos, bosques de pinos...

En este libro encontrarán mi autorretrato, con los colores que yo he ido tiñendo con el paso del tiempo. Quiero compartir quién soy esencialmente y qué pienso para México en los próximos años.

Siempre los textos de terceros, las biografías que escriben otras personas sobre algún personaje, terminan siendo la mitad de una historia. Y los huecos de información, de contexto y de detalles poco conocidos muchas veces se llenan con dudas, con datos inexactos o con conjeturas.

Hay jirones de mi vida que me atrevo por primera vez a mostrar, persecuciones que he vivido, traiciones y también momentos muy emotivos desconocidos. Quienes me conocen saben que soy muy hermético y me cuesta muchísimo hablar de mí mismo.

Me ha gustado más que mis resultados, proyectos, ideas y planes hablen por mí. Porque a los políticos (como bien dice Jesús Silva Herzog) se les juzga por sus hechos, no por sus intenciones.

Escribir este libro en un momento muy único de mi vida personal y política me ayudó incluso a explicarme a mí mismo. Revolver cajones con archivos viejos, fotos ajadas, recortes de periódicos y hasta apuntes de la secundaria ha sido un viaje que me debía. Este ejercicio me ayudó a reflexionar sobre vivencias pasadas, a recordar a personas que me apoyaron (con su asistencia o su obstáculo) para ser quien soy y situaciones a lo largo de mi vida que me permiten hoy, a mis 63 años, ser un hombre muy resuelto, buen padre y pareja, que siempre ha tratado de ser un buen ciudadano y que valora y honra a su familia más que a nada.

Estamos en una época donde todos —me incluyo— necesitamos conocer las historias de primera mano, las versiones en voz propia de quienes tenemos, por nuestro rol en la sociedad, el privilegio de poder lograr cambios en este maravilloso país.

La transparencia es necesaria. No solo reclamarla en las comparecencias año con año, en las declaraciones patrimoniales o en las cuentas públicas, sino que también es necesaria en la historia de quienes conformamos la órbita política nacional.

El pueblo quiere saber quiénes somos en todas nuestras facetas, no solo en la del funcionario que está en un evento dando un discurso ensayado o contestando preguntas en una entrevista.

Hoy todos los mexicanos estamos en una coyuntura donde la verdad necesita de muchos pilares para sostenerse, un momento donde, sobre todo en la política, la mezquindad y la voracidad del poder pueden en una sola decisión aplanar carreras completas de funcionarios o dinamitar trayectorias de personas con un papel importante en el país.

No es ninguna novedad que quiero ser el próximo presidente de los Estados Unidos Mexicanos. ¿Por qué yo? ¿Por qué ahora? Soy el mejor candidato en función a mi preparación y mi experiencia. Y sé que mi momento es ahora.

Llevo 40 años de carrera política, fogueándome y aprendiendo sin descanso en diferentes responsabilidades públicas (algunas más visibles que otras), llenas de retos y enseñanzas que me han dejado como herencia una experiencia singular: saber cómo hacerlo, cómo lograrlo. Soy un nacionalista nato, un demócrata que cree que la política es el camino para lograr cambios profundos. Soy metódico, constante, *workaholic*, dispuesto a la crítica y alérgico a los golpes bajos, a los insultos a funcionarios cercanos u opositores. Quiero ser presidente para culminar la transformación del país.

Desde los 22 años trabajo en puestos públicos. Desde la Secretaría de Programación y Presupuesto (SPP) y la Secretaría de Desarrollo Urbano y Vivienda (Seduvi) hasta llegar a ser secretario de Gobierno del DF.

Con 26 años, me tocó pisar los escombros del brutal sismo de 1985, arremangarme y mover piedras, participar en el diseño de la reconstrucción de la ciudad y ponerla de pie con el apoyo de más de 500 organizaciones sociales y miles de personas. El resultado fueron 90 000 viviendas[1] nuevas en poco más de un año.

Vi resurgir desde el polvo, la piedra y el dolor a la Ciudad de México, esta megalópolis tan compleja como fascinante que tuve el inmenso privilegio de gobernar dos décadas más tarde. Hoy la veo desde los ventanales de mi oficina en el piso 22 de la Secretaría de Relaciones Exteriores y aún sigue tan vibrante, vertiginosa y pasional como cuando la veía de niño a través de las ventanas de un tranvía, en los paseos domingueros con Mamágrande.

Fui asesor de grandes políticos y funcionarios dentro y fuera del país, he sido legislador, fundé un partido y me enfrenté al Partido Revolucionario Institucional (PRI) cuando aún era poderoso. He sido un

---

[1] https://www.dof.gob.mx/nota_detalle.php?codigo=4770605&fecha=14/10/1985#gsc.tab=0 y https://www.scielo.org.mx/scielo.php?script=sci_art text&pid=S2007-91762016000100069#:~:text=El%20Programa%20de%20 Renovaci%C3%B3n%20Habitacional%20Popular%20benefici%C3%B3% 20a%20miles%20de,y%20sus%20formas%20de%20vida

gran tejedor de encuentros, pero también un polemista duro e implacable cuando fue necesario.

Una de mis habilidades es saber negociar, lograr pactos que sumen, construir desde la pluralidad de necesidades e ideales, encontrar soluciones creativas y siempre pacíficas a problemas complejos. Negociar sin comprometer principios. Actuar con resolución.

Así empecé a actuar desde los 15 años en un aula de la preparatoria y me sigo manteniendo igual ahora en espacios donde las variables son globales y afectan a millones, como en los salones de la Casa Blanca, sentado frente a frente con Donald Trump o Joe Biden en Washington.

Justo así, negociando y defendiendo mis convicciones, fue que conocí a Andrés Manuel López Obrador. Yo era secretario de Gobierno del DF y él había llegado desde Tabasco a tomar el Zócalo apoyando a pescadores y extrabajadores de Petróleos Mexicanos (Pemex) a quienes se les debía dinero. Era finales de agosto, a pocos días de las fiestas patrias de 1993: hubo acuerdo y el tema se solucionó de manera pacífica y transparente porque tenía razón y lo que me dijo resultó ser verdad.

Quién diría que luego volveríamos a trabajar juntos y que sería mi jefe tanto en el gobierno capitalino como trabajando frente a ese mismo Zócalo y ahora en el gobierno federal.

Pero hay otro componente en los acuerdos que muchos olvidan y yo nunca: ser consistente, respetuoso y cumplir los puntos aprobados en un consenso.

Soy un estratega social, convencido de que crear comunidad es la clave del éxito de cualquier país. Me tocó muy de cerca manejar crisis de hondo calado: la reconstrucción de la Ciudad de México en 1986, como diputado independiente crear un frente opositor al Fondo Bancario de Protección al Ahorro (Fobaproa) y también un Consejo Nacional de Ahorradores contra la Secretaría de Hacienda y Crédito Público (SHCP), reducir la delincuencia en la ciudad, superar la amenaza de los aranceles que quería imponer Donald Trump y resolver la urgencia para conseguir y reservar vacunas durante la pandemia de covid-19.

Rosy, mi esposa, dice que soy un ave fénix, porque he superado dos persecuciones del poder en turno, la última de ellas de gran impacto familiar.

Si algo tengo, es persistencia ante la adversidad. La adversidad siempre ha sido un común denominador en mi carrera: desde la crisis por el sismo del 85 a la crisis ambiental, la crisis en Chiapas, luego la crisis política… Todo mi itinerario político de 40 años ha sido de superar dificultades.

Nadie me ha regalado nada, he tenido la suerte de haber sido reconocido por lo que logré gracias a mi esfuerzo.

Estamos en una coyuntura histórica para México, una ventana de oportunidad que muy pocas veces tienen los países en su historia, un momento preciso para lograr eso que me obsesiona desde la adolescencia: cerrar la enorme desigualdad del país, que siempre ha sido su debilidad principal. Hay un nuevo orden mundial basado en la trampa de Tucídides: Estados Unidos y China en rivalidad y competencia.

En esa tensión, los mexicanos estamos ante la oportunidad más importante de los últimos años. La búsqueda de seguridad nos favorece. Podemos atraer de manera masiva inversión extranjera al país y con ello crecer más rápido y ensanchar la clase media, que es el gran motor del desarrollo. Mi objetivo es que pasemos a ser un país con más de 50% de la población en ese segmento.

Esto cambia la morfología de un país y la capacidad de crecer: aumentaría la cohesión social, disminuiría la desigualdad y ayudaría a mejorar la seguridad interior. Pero para tomar esta gran oportunidad se necesitan resolver grandes retos y desplegar un intenso proselitismo en el exterior, algo que la pandemia dificultó desde 2020.

El *timing* humano también es finito: tenemos ahora los recursos humanos en la edad justa para ser capacitados y sumarse a la enorme demanda que generará esta reorganización global de negocios e inversiones derivada del estrés geopolítico actual.

No podemos perder el tren. La oportunidad está ahí. A nuestros hijos y nietos les decimos: lo haremos, tomaremos el tren que va al futuro a tiempo, ese que está por pasar frente a nosotros. Esa es la meta: un México más justo y con un estado de bienestar adecuado al tamaño de país que tenemos, que somos y merecemos. Conseguir una justa distribución de la riqueza, bajar los niveles de pobreza y elevar la calidad de vida (en educación, salud, seguridad y empleo) permitirá el acceso a todos los derechos tal cual se propuso la Cuarta Transformación en curso.

Este libro es mi argumento: quién soy, mi trayectoria, lo que sé hacer, lo que he hecho y lo que me conmueve. Este libro es mi voz.

Marcelo Luis Ebrard Casaubon

MI AYER

No, no aceptes lo habitual como cosa natural.
Porque en tiempos de desorden, de confusión organizada,
de humanidad deshumanizada, nada debe parecer natural.
Nada debe parecer imposible de cambiar.

BERTOLT BRECHT

1

LAS VENTAJAS DE UNA ABUELA FEMINISTA Y VASCONCELISTA

Trata a un ser humano como es y seguirá siendo lo que es.
Trata a un ser humano como puede llegar a ser
y se convertirá en lo que puede llegar a ser.

GOETHE

—¿Por qué no haces tu solicitud para ingresar a El Colegio de México [Colmex]? —me contestó mi Mamágrande cuando le dije que ya tenía mi profesión y *alma mater* elegida: Sociología en la Universidad Autónoma Metropolitana. El estudio de la sociedad me parecía cautivador.

Mi abuela, María de la Luz Maure y García del Valle, mi Mamágrande (como le decía de cariño), conocía el Colmex muy bien porque era un lugar al que iba muchos fines de semana a escuchar conferencias y charlas cuando la sede aún estaba en la colonia Roma.

—Pero si solo entran 20 al año, es un examen muy difícil —le dije dando por sentado lo inalcanzable de su idea.

—¿Y por qué no pruebas? —insistió con la seguridad de siempre. Ella no sabía (¿o sí?) que con su sugerencia iba a cambiar mi vida.

Sin duda debía probar lo que me proponía, porque la suya era una opinión relevante para mí. Mamágrande me conocía bien.

Hay un concepto en psicología que se conoce como el efecto Pigmalión (gracias a la feminista obra homónima de George Bernard Shaw), que refiere a algo tan simple como poderoso: el hecho de que otra persona te vea capaz de hacer algo hará más probable que acabes siendo capaz de hacerlo. A mí me gusta más como se lo conoce en foros actuales: "la mirada apreciativa". Y es ni más ni menos que ese efecto que causa en cualquiera de nosotros una persona que ha tenido una enorme influencia positiva en nuestra existencia. Una persona que nos dio mucha fe en nuestras alas y nos brindó un lugar seguro donde usarlas. Fue mi abuela quien generó confianza en mí y su mirada apreciativa la que, en buena medida, me convirtió en quien soy.

Porque tuve dos grandes influencias en mi personalidad, en la persona en la que me convertí: mi educación y mi formación. La primera sin duda se la debo a las escuelas y a mis maestros. Pero la formación empezó con Mamágrande y en mi casa.

Ella y yo fuimos los primeros y los únicos en la familia, hasta ahora, que entramos al mundo de la militancia política.

Para el resto de los Ebrard y Casaubon, los políticos eran un sector difícil de entender y la política era un ambiente riesgoso y poco recomendable.

Mamágrande era en realidad una mujer de baja estatura, pero de una gran dimensión humana, resuelta como una roca y de convicciones que en ocasiones rayaban en la intolerancia.

La acompañaba frecuentemente a misa, a la parroquia del Purísimo Corazón de María, que está en la avenida Gabriel Mancera 415, a unas cuadras de su casa, al lado de la glorieta Mariscal Sucre, la misma que fue destruida luego por los ejes viales que levantó Carlos Hank en la década de los setenta.

Como todavía se daban las misas en latín, ella me susurraba al oído el significado de los sermones. Con el tiempo entendí que su fe era el clavo que la sostenía frente a un mundo adverso y peligroso.

Ella era hija de Camilo Maure, un inmigrante francés que llegó a México como muchos de sus paisanos de un pueblo en los Alpes franceses llamado Barcelonnette en la década de 1880, que hoy es una "petite Mexique" en Francia.

Mamágrande era muy tradicional, pero a la vez fue parte de uno de los círculos feministas más activos del país a finales de los años veinte, una espléndida generación de mujeres educadas, libertarias y resueltas que le dieron un perfil femenino a una época turbulenta.

Procatólica y muy cercana a Antonieta Rivas Mercado. Ávida lectora, conocía de memoria la historia de México. Tuvo una activa participación en favor de la candidatura de José Vasconcelos en 1929 y respaldó a la Iglesia católica contra la persecución de Calles en los años veinte.

Era una auténtica vasconcelista y me contaba cómo recorrió la ciudad defendiendo los votos en las casillas contra el fraude. Pero, como muchos otros de su generación, también se alejó de la militancia después de la derrota y exilio de Vasconcelos, al calor de uno de los más escandalosos fraudes electorales de los que se tenga memoria en un país donde ha habido no pocos eventos similares.

Aquel fraude de 1929 fue monumental. Se llegaron a contabilizar en algunos pueblos más votos al candidato ganador, Pascual Ortiz Rubio, que el total de habitantes del municipio.

Vasconcelos partió a Estados Unidos. Sus seguidores se sintieron traicionados y Mamágrande también. Su amiga Antonieta fue mucho más drástica: la hija del arquitecto Antonio Rivas Mercado, autor de la columna de la Independencia (el ángel más famoso de la capital), tras esa derrota electoral y una serie de situaciones emocionales difíciles se suicidó con un revólver, que era de Vasconcelos, sentada en una banca dentro de la catedral de Notre Dame en 1931. Desde entonces, Mamágrande se alejó completamente de la política para no volver nunca más.

Mi abuela era católica, apostólica, romana, y los jesuitas eran su referencia esencial. Yo no sé cómo convivían en el mismo cuerpo ideales profundamente feministas con tanto arraigo religioso.

Si bien ella se alejó de la política activa, nunca abandonó su pasión por los temas sociales, por la filosofía, los libros y su otra gran devoción: la historia.

Me inculcó esos amores y me convirtió en un lector tan voraz como ella. Si yo le comentaba que me gustaba un libro, ella me lo compraba. La clave era leer de todo y saber un poco de latín. Crecí en un ambiente de profundo amor a México.

Hasta el día de hoy, siempre tengo en mis manos uno o dos libros por semana (siempre en papel, nunca logré acostumbrarme a los e-books). Ahora estoy terminando de manera simultánea dos obras que me han fascinado: la novela histórica *El conde negro* de Tom Reiss, que es la biografía del poco conocido padre de Alejandro Dumas, y *Los cañones de agosto*, una de las más lúcidas explicaciones de la Primera Guerra Mundial, de Barbara Wertheim Tuchman.

Muchos fines de semana asistía a conferencias o salía de excursión con mi abuela. Por 20 centavos tomábamos el tranvía para ir a la calle Colima, donde nos subíamos a algún autobús escolar en el que los maestros mostraban las maravillas de la ciudad y sus alrededores. Recuerdo que fuimos al exconvento de San Agustín en Acolman, a las pirámides de Teotihuacán y al reducto otomí en la Sierra Gorda de Querétaro.

Con ella conocí y recorrí hasta la última baldosa del Castillo de Chapultepec. Me explicó la invasión estadounidense y repetía siempre que el principal riesgo para México era la división interna, puerta abierta "a la ambición del coloso del Norte", decía. Nunca perdía oportunidad para explicarme que había que estar siempre alerta, al alba, para defendernos y cuidar nuestro futuro. Mi abuela decía siempre que vivíamos en un gran país, una gran civilización y que tendría un gran futuro, pero había que luchar intensamente por ello.

Crecí en ese entorno alimentado por ella con una seguridad en mi país que rayaba en la arrogancia. A pesar de que éramos ocho hermanos, esos momentos de debates, charlas, hobbies y paseos eran solo de nosotros dos. Y yo era feliz.

Entre sus 65 y 75 años es cuando más convivimos, y me compartió por tradición oral numerosas anécdotas y experiencias de su juventud.

Dotada de un carácter muy fuerte, era, a la vez, la más dulce compañía si tenías la paciencia y el cariño para entrar en su mundo y entender sus claves y señales.

Me la imagino todos los días en esa difícil representación de nuestro México, la síntesis única de la que provenimos como familia, y que en buena medida determina nuestro destino.

Ella creía en la invencibilidad de la resistencia y la voluntad por encima de todo. Si hubiese podido, el suyo sería un premonitorio manifiesto anti-Maquiavelo que puedo recitar de memoria con solo traerla a mi mente: el fin no puede justificar los medios, son estos los que determinan el fin y la ética lo explica y lo determina todo.

Ahora entiendo que fue ella quien me preparó para mis responsabilidades futuras. Así me lo decía en aquellas tardes únicas en las que me sentaba a su lado, en su banquito de madera que aún conservo, para leer juntos a Stefan Zweig, León Tolstói o Juan Rulfo, que eran nuestros autores favoritos.

Con la huida de Vasconcelos del país ella decía que había triunfado el mal, "hasta que llegue alguien como tú que haga realidad aquello que nuestra generación no pudo", me susurraba en el oído cuando íbamos a nuestra fonda preferida en la calle de Amores.

LA IMPRONTA FRANCESA

Mamágrande quedó viuda muy joven, a los 48 años. Su esposo, mi abuelo paterno, se llamaba Marcelo Ebrard Reynaud. No llegué a conocerlo porque murió en 1948 en un accidente automovilístico en la carretera México-Puebla. Todos lo recuerdan como un hombre muy trabajador que llegó al país desde Francia en 1906, a los 11 años y sin saber una sola palabra de español.

Desde 1820 en adelante hubo una enorme diáspora de Barcelonnette a México. De hecho, uno de los impulsores de ese éxodo desde los Alpes a Tenochtitlan fue su tío abuelo, Jean Baptiste Ebrard, quien en 1847 fundó El Puerto de Liverpool.

En 1899, en tiempos de Porfirio Díaz, se inauguró un *shopping center* de lujo en la esquina del Zócalo y la calle 16 de Septiembre: El Centro Mercantil. Allí, bajo un enorme techo de vitral estilo Tiffany, el dueño, el francés Sebastien Robert (otro barcelonette), aglutinó las mejores tiendas en un inmueble de exuberantes obras de *art nouveau*, mismo que hoy todos conocemos como el Gran Hotel de la Ciudad de México. Mi abuelo comenzó a trabajar ahí desde muy abajo, como cargador, y dormía en una tarima de madera en la azotea de una de las tiendas.

Marcelo Ebrard Reynaud (el primero de los tres que tenemos el mismo nombre) era un personaje muy querido en el Centro Histórico, donde se granjeó la amistad de muchos comerciantes mexicanos, vascos, judíos, gallegos, asturianos y libaneses.

Pasados unos años, en 1924, decidió casarse y montar su propio emprendimiento: trajo a México la producción de paraguas y perfumes con una visión premonitoria de que habría otra guerra en Europa (lo cual finalmente sucedió), y por sustitución de importaciones, sus productos serían un éxito (lo cual también pasó).

La rama materna de mi árbol genealógico también es gala, pero de otra zona, del Béarn, cerca de los Pirineos, al sur de Francia.

Mi abuelo Marcelo Casaubon tenía una famosa fábrica, La Corsetería Francesa. Su padre, Fabián, comenzó a fabricar en 1911 ropa interior femenina que luego revendía a El Puerto de Liverpool, El Palacio de Hierro, El Centro Mercantil y otros clientes. Era una familia muy trabajadora y enemiga del derroche, a pesar de estar en un lugar tan exclusivo.

Los Casaubon eran de convicciones y adhesiones muy férreas: mi tío Fabián y su hermano Phillipe, hermanos de mi abuelo Marcelo, si bien habían nacido en Coyoacán, durante la Segunda Guerra Mundial no dudaron en alistarse en 1942 en las Fuerzas de la Francia Libre para combatir al ejército nazi. Fabián formó parte de la Segunda División Blindada del mariscal Philippe Leclerc, en el legendario Regimiento 501 de tanques que participó en todos los combates contra italianos y alemanes en el norte de África y Europa. Después, en el desembarco en Normandía, fue de los primeros en llegar manejando su tanque Uskub a París el 25 de agosto de 1944, hasta la plaza de la Concordia.

Mi familia es de una profunda tradición libertaria, contribuyó a combatir contra los nazis y liberar a Francia, un ejemplo de su constante pulsión a no rendirse jamás. La hazaña de mi tío y los amigos que logró hacer en esta dura etapa de su vida me ayudarían a mí en 2015 cuando me mudé a Francia.

Las dos hermanas Casaubon Lefaure se casaron con los dos hermanos Ebrard Maure: Jorge y Marcelo. Una gran familia común.

Cuando éramos niños, las dos familias Ebrard Casaubon —la de Jorge e Ivonne y la de Marcelo y Marcela— vivían a solo dos cuadras de distancia en Coyoacán. Mi casa paterna estaba en la calle de Zaragoza. Era una vivienda estándar, sin lujos y con un patio lo suficientemente cómodo como para tener un perro pointer llamado Ney. Enfrente había un establo, en la esquina una pulquería (y mi abuelita nos tenía prohibido pasar por ahí), mientras que otro vecino era el Indio Fernández en su mansión, la Fortaleza. Nunca pudimos conocer su casa por dentro, pero recuerdo que espiábamos quiénes entraban y salían de sus famosas posadas en Navidad, donde se llegaban a reunir hasta 1 500 personas.

Mi tío abuelo Fabián Casaubon (primero de derecha a izquierda) fue de los primeros en ingresar en tanque durante la liberación de París. Su hermano Philippe fue mecánico de aviones en Inglaterra. Nacidos en Coyoacán, decidieron luchar contra el nazismo, igual que otros 28 compañeros de su generación.

De Coyoacán a París. Es el tanque de tío Fabián el día de la liberación de París, en agosto 1944.

Los Ebrard Casaubon (de nuestro lado) éramos siete hermanos y una hermana. Los Ebrard Casaubon (del lado de mis primos) eran siete: un hermano varón con seis hermanas mujeres, con lo cual terminamos siendo una tribu de 15. En mi familia todo era masivo y estábamos juntos todo el tiempo.

Recuerdo que cuando veíamos a alguien que tenía solo dos hermanos decíamos: "Pobre, hay que invitarlo a jugar". Jugábamos todo el día afuera a las escondidas o futbol entre ambas casas en una colonia donde todavía, allá por los años sesenta, era como un pueblo donde nos sentíamos seguros, libres y donde todos conocían a todos.

Es curioso cómo se van cruzando los caminos y las historias.

Cuando asumí como jefe de Gobierno de la Ciudad de México, abrí mi ventana en el Antiguo Palacio del Ayuntamiento y me parecía un sueño pensar que a pocos metros de allí, en contraesquina de mi despacho, en lo que hoy es el Gran Hotel Ciudad de México, se había armado 75 años antes todo mi árbol familiar entre paraguas, perfumes y telas europeas.

UNA MUJER DE UN SOLO AMOR

Mi abuela, María de la Luz Maure y García del Valle, era una celosa guardiana de la preeminencia femenina del mundo. Cuando quedó viuda en 1948 de don Marcelo Ebrard, tras 24 años de matrimonio, nunca más admitió compañía masculina que no fuera la de sus hijos o de sus nietos.

Fue un privilegio y una enorme influencia en mi vida. Siempre la echo de menos y regreso al lugar donde fui tan feliz y alimentado culturalmente en mi infancia por ella. De hecho, estoy escribiendo este libro desde su casa en la colonia Del Valle, uno de mis refugios favoritos desde hace más de 50 años.

Mamágrande fue mi única conexión con la política hasta que llegué a la preparatoria en la Universidad La Salle. Y fue quien insistió que tomara aquel examen imposible del Colmex para Relaciones Internacionales. Recuerdo que me tocó hacer las pruebas en la recién inaugurada sede rumbo a la carretera Picacho Ajusco, en la alcaldía Tlalpan. Y la verdad es que no fue nada sencilla. Primero tomaban una evaluación sobre temas generales que duraba como tres horas, y si salías bien calificado tenías que hacer un ensayo de cinco cuartillas a mano sobre un tema. Estábamos en el tumultuoso 1977 y mi escrito trató sobre cómo evitar otra matanza como la de 1968 y las maneras con las que se podía cambiar a México sin violencia ni represión.

El último filtro era una entrevista con un panel de profesores de mucho prestigio: Rafael Segovia, Sergio Aguayo, Blanca Torres y Manuel Camacho Solís. Este último era la sensación del momento, porque acababa de ganar el Premio Juventud Siglo XXI y era el primer mexicano egresado de Princeton. Sin saberlo, me paré a mis 17 años frente a quien luego fuera mi mentor, maestro y sherpa de mi carrera política.

De 600 que nos presentamos ese año, solo quedamos 23. Mi abuela tenía razón. Su insistencia y su férrea confianza en mí cambiaron el curso de mi vida.

Mamágrande vivió hasta pasados sus 90 años. Su larga vida le permitió ser testigo de que esas largas tardes de lectura, sus paseos llenos de anécdotas y sus ideales de combate a la desigualdad a través de la educación sí encontraron en su nieto un buen caldo de cultivo. Defender a México en todo fue la consigna que recibí de por vida.

Me vio trabajar en el programa Renovación Habitacional Popular (RHP) tras el terremoto de 1985; en el diseño de la Ley General del Equilibrio Ecológico y la Protección al Ambiente en 1987, luego como director general del Departamento del DF y hasta cuando fui nombrado secretario general de Gobierno del mismo Departamento, a cargo de asuntos políticos y de gobernanza.

"Tú siempre defiende lo que creas correcto", me decía cuando comencé a hacer mis pininos en la política con solo 22 años y recién egresado del Colmex, como ella había vaticinado.

Creo que, si supiera que estoy trabajando para ser el futuro presidente de México, estaría muy contenta.

2

La chispa adecuada

Cada persona tiene que descubrir cuáles son
sus detonadores para poder vivir, pues la combustión
que se produce al encenderse uno de ellos
es lo que nutre de energía el alma.

LAURA ESQUIVEL

A mí siempre me gustó la política, aun cuando no sabía qué alcance podía llegar a tener. Desde muy pequeño me hacía muchas preguntas sobre México: ¿por qué pasa tal o cual cosa? ¿Cómo se podría cambiar esto que veo que es injusto o que no es correcto?

Me acuerdo de que a finales de los sesenta mi tío Ernesto Cruz Norzagaray nos invitó a Disneylandia y fuimos con la enorme banda Ebrard en camioneta hasta Ciudad Juárez, donde ellos vivían. Cuando pisé por primera vez Estados Unidos me impactó el contraste. No tenía más de 10 años y recuerdo ese sentimiento triste. Me quedaron grabadas en la retina las diferencias tan marcadas entre los dos países, que en tan pocos kilómetros separaban un lado opaco de otro lleno de brillo. Me impresionó la imagen de nuestra debilidad relativa, cuando crecí en la convicción de nuestra fortaleza. Agobiaba a mi tío con preguntas mientras manejaba: ¿por qué hay tanta diferencia? ¿Cuál es el asunto? ¿Cómo puede ser todo tan distinto en tan corta distancia? ¿Por qué hubo una revolución y esto no cambió?

Nunca más volví a ver los pueblos y ciudades de la misma manera: siempre que llegaba a un lugar que no conocía encontraba algo que me movilizaba las emociones, que me enojaba, que me daba coraje, que me obligaba a pensar de qué manera lo podía mejorar.

No veía solo el paisaje: mis ojos encontraban escenas más allá, detectaba con una sensibilidad rara para mi edad personas o escenas que me preocupaban.

Yo era un niño urbano, de clase media, que siempre asistió a escuelas privadas y que compartía mucho más tiempo con mi mamá Marcela que con mi papá Marcelo. Él era arquitecto, había tenido la suerte de estudiar la carrera en París y tenía una fábrica de muebles por la que no descansaba ni un solo día. Era un microempresario que trabajaba de sol a sol y sumamente disciplinado. Recuerdo que en los veranos teníamos que ir todos a trabajar con él y ayudarlo en las obras. Era un obsesivo en el cumplimiento de las fechas de entrega; entonces, si había un *deadline* al que no llegaba, nos sumábamos todos a echarle la mano. Y también era su manera de enseñarnos el valor del trabajo, de los compromisos, los horarios y el esfuerzo.

Sonará cursi, pero todavía hoy los nombro mi papi y mi mami. Ella era toda dulzura y no sé cómo hacía para criar ocho hijos, estar atenta a todo en la casa y siempre tener una respuesta o una solución para cada uno de nosotros. Mientras mi papi era extrovertido y muy sociable, yo era más como mi mami, más reservado y callado.

Era de los consentidos de ella y en una época era con quien compartía más tiempo. Yo no hablaba francés, pero ella y mis abuelas sí. Pero entendía y adoraba escucharla hablar en el idioma con el que ella se crio, con un tono tan dulce que parecía un canto. Excepto cuando usaba el francés para retarme por alguna travesura. Si el regaño era en francés, significaba que la cosa era grave.

Fuimos confidentes y muy cercanos y así lo fue hasta el día que falleció, el 21 de octubre de 2004, una noche en que, como muchas en sus últimas semanas capoteando la leucemia, los dos estábamos juntos en la habitación del hospital sabiendo que eran nuestras últimas charlas. En ese momento yo era secretario de Seguridad Pública del DF y no había día intenso ni agenda pesada que no me permitiera llegar y estar a su lado. Me alegro de haber puesto a Marcela por encima de todos los compromisos de Marcelo.

Mi padre siempre fue un gran consejero y compañero de viaje. Todos los días lo echo también de menos.

UNA PARVADA DE NIÑOS

Los Ebrard Casaubon nos numerábamos así, como una escalera: Lourdes, Marcelo, Alberto, Francisco, Fernando, Eugenio, Fabián y Enrique. Éramos como esa escena de *La novicia rebelde* cuando a Julie Andrews le presentan a los niños que cuidaría.

De pequeños, todos fuimos a un kínder tipo Montessori llamado El Mundo de la Miss Bety, cerca de nuestra casa de la calle Zaragoza. La primaria, en cambio, la cursé en el Colegio Simón Bolívar, entre los años 1964 y 1970. Ya era una escuela más formal, muy religiosa (lasallista) y donde teníamos que cantar el himno y rezar cada día. Una formalidad que no evitaba que recibiéramos, a tiro por vuelta, un par de borradores de madera si no hacíamos caso.

Nunca fui y creo que, inconscientemente, nunca quise ser un problema para mi numerosa familia, y hacía las tareas y me preparaba solo para que no tuvieran que estar sobre mí. Y me iba bien: mis libretas a fin de año siempre terminaban con un promedio de entre 8 y 9.

En esos años tuve mi primera mascota, un perro pointer con manchas color caramelo llamado Ney (en honor al mariscal de campo Michel Ney de Napoleón Bonaparte). Yo era un niño que pasaba tardes enteras armando campos de batalla con soldaditos de juguete en el piso de mi cuarto. Ney fue un tiempo mi compañero y quien escuchaba todos mis relatos épicos. Un día, uno de mis hermanos entró corriendo a la terraza tratando de asustarme y el perro casi lo mordió. Ney fue confinado a los talleres de carpintería de mi papá.

Recién durante la pandemia me animé a tener de nuevo una mascota personal después de 50 años. Empujado por Ivanna y Julián, mis hijos más pequeños, ahora vuelvo a disfrutar del cariño sin filtros de Luna, una perra schnauzer gris que es la primera en recibirme cuando entro en mi casa. Me recuerda a mi infancia, cuando fui muy feliz.

Terminada la primaria me cambié de escuela en 1971, y cursé la secundaria y preparatoria en la Universidad La Salle, la cual está sobre la calle Benjamín Franklin 47, en la colonia Hipódromo Condesa.

Me encantaba todo lo que tuviera que ver con el espacio, como a la mayoría de los adolescentes de nuestra generación post Apolo 11. En esos tiempos mi sueño era ser astronauta o al menos piloto de avión. Los fines de semana con mis amigos nos íbamos al aeropuerto y nos pasábamos horas para ver aterrizar y despegar aviones. Cada uno de nosotros cargaba una libreta e íbamos anotando los nombres de cada línea aérea que veíamos.

Sin Google a la mano como ahora, cada uno tenía una semana para averiguar todo al respecto de cada vuelo: si era una nave que llegaba, por ejemplo, del Reino Unido, teníamos que hacer una ficha con los datos de la aerolínea, la capacidad del avión, las horas de vuelo y toda la información del país de origen: idioma, número de habitantes, sus principales industrias, hasta el nombre del presidente. Las fichas técnicas se armaban para encuadernar de manera perfecta y todas tipeadas en mi máquina de escribir Olivetti, que aún conservo.

Siempre he sido una persona ordenada. A veces me descubro haciendo fichas mentales y ordenando por puntos del 1 al 5 o un a, b, c cuando tengo que dar alguna instrucción a mi equipo.

De hecho, decidí ordenar esta biografía cronológicamente y clasificarla por tiempos y jerarquía. Así funciono.

```
                    BOAC    REINO UNIDO
              BRITISH OVERSEAS AIRCRAFT CORPORATION

HISTORIA
En diciembre de 1918 la Real Fuerza Aérea Británica for
-mó un escuadrón de transportes para llevar correo a Co
-lonia,desde la ciudad de Londres,para el Real Ejérci-
-to Británico de ocupación en Renania.
El 25 de Agosto de 1919 un De Havilland bombardero modi
-ficado llevó a París en dos horas y media,desde Londres
un pasajero,periodicos y correo.El servicio lo realiza-
-ba la compañia Aircraft y Travel,Ltd,fundada original-
-mente en 1916.
El día 3 de septiembre inaugura sus servicios Londres-Pa
-rís la compañia Handley Page Transport,Ltd,.El 23 del
mismo mes la misma empresa inaugura el servicio a Bruse
-las.Para este servicio usa aviones Handley Pag e 0/400
bombarderos bimotores convertidos.
A mediados de Octubre del mismo año una nueva compañia-
la Instone y Company Ltd,con bombarderos convertidos -
Vickers "Vimy",estableció también servicios entre la Is
-la y el Continente.
Un Comité asesor de aviación recomendó al Gobierno Bri-
-tánico el establecimiento de servicios aéreos de Suda-
-frica ,Asia y Australia.En 1920 fueron iniciados servi
-cios a Karachi y Johannesburgo,pero debieron ser sus-
-pendidos por problemas economicos y tecnicos.El trans-
-porte aéreo no estaba aún preparado para esos trotes.-
Por otra parte las compañias estaban quebrando y hasta-
los servicios europeos y nacionales debieron ser cance-
-lados.
En enero de 1923 el parlamento autorizó que se otorgar-
-an subsidios al transporte aéreo civil.Las cuatro com-
-pañias existentes: Handley Page,Daimler ( sucesora de
Af y T ),Instone Air Line y British Marine Air Navega--
```

```
                            -2-

-tion,integraron el día 31 de Marzo de 1924 la empresa
Imperial Airways.
Debemos hacer un parentesis:.El día 31 de marzo de 1974
dejó de existir la BOAC,por resolución del Gobierno de-
Su Majestad ,que ha dispuesto la creación de la más im-
portante linea aerea del mundo: La British Airways.
Continuamos nuestra relación cronologica.,Imperial Air-
-ways realizó una labor de gran trascendencia para el  -
Imperio Británico ,pues unió a la Metropoli con casi to
-da Europa y las colonias de Africa,Asia y Oceanía.En 1
1937 la compañia inició los vuelos trasatlanticos en re
-ciprocidad con pan American.
En 1935 se formó la compañia British Airways como resul
-tado de la fusión de cuatro empresas más pequeñas e in
-ició sus operaciones en Hendon el día 1 de enero de el
año de 1936 empleando Hércules DH-86 y posteriormente F
también usaron Fokker y Junker.En poco tiempo incorpora
-ron aviones electra y comenzaron a constituir una gra-
-ve competencia para la Imperial Airways.
A pesar de los pocos años de fundada la British Airways
se consumió una gran parte del mercado de Imperial.co-
-mo ambas compañias aunque en diferente forma y con dis
-tinto monto,recibían subsidios del gobierno,se integro'
un Comité de Investigación que dictaminó la necesidad -
de crear una sola compañia con las dos existentes.El go
-bierno aceptó en principio los resultados del informe-
y buscó el camino de la nacionalización total.A fines-
de 1938 se presentó al Parlamento un proyecto de Ley -
que fué finalmente fué aprobada por el Rey Jorge VI en-
Agosto dex 1939,constituyendose formalmente la nueva em
-presa,British Overseas Aircraft Corporation ( BOAC ),-
el día 24 de noviembre de 1939 .El día señalado para -
que oficialmente BOAC adquiriera a Imperial y British,p
pasó inadvertido para los británicos y para el mundo,ya
```

1 de Abril de 1940 ,se cernía sobre Europa y el mun-
-do la Segunda Guerra Mundial.
Problemas técnicod y economicos han obligado al go--
-bierno de su majestad a crear otra compañía : la -
Brirish Airways..

Conlusión:
BOAC fué fundada el día 24 de Noviembre de 1939
 Nota.
Con la resolución del gobierno de Su Majestad Inglaterra
pdsee la linea aerea más grande del mundo,iat ensificas-
-do sus rutas y turismo a Inglaterra y Europa

BOAC poseía varios modelos intensificados por nuevas com-
-pras y por su fusión con BeA:

Boeing 747
Velocidad Crucero: 584 mph (940 Km/h)
Velocidad de Aterrizaje : 164 mph (264 Km/h)
Maximo Radio: 6,000 millas (9,700 Km)
Maxima Altitud de Crucero: 45,08 0 pies (13.740mt)
Consumo de Gasolina : 3,880 US gal/hr (14,700 l/hr)
Super VC-10
Velocidad y tiempo de altitud: 35seg=10Km
Potencia en reversa:7% (Reducción de la pista en el alto
                         total)
Potencia de crucero : 20% con turbinas averiadas.

Boeing 707-Rolls-Royce
Asientos:147 y 10 en primera
Altitud crucero: 8,800 a 11,300 mt
Capacidad de carga:48,10 m^3
Radio:12,060 Km

Sus Rutas son:
747
Londres,Frankfurt,Roma,Zurich,Boston,CHicago,Miami,Montreal,
Toronto,Bermuda,Bahrain,Beirut,Teheran,Tel Aviv,Nairobi,Dar-
-win,Johannesburg,Bombay,Delhi,Hong Kong,Singapore,Melbourne,
Perth,Sidney,Bangkok,New York,Detroit.

VC-10
Londres,Frankfurt,Glasgow,Manchester,Roma,Zurich,Boston,Chi-
-cago,Detroit,Los Angeles,New York,Filadelfia,Washington,An-
-tigua,Barbados,Bermuda,Freeport,Georgetown,Kingston,Mexico,-
Montego bay,Nassau,Trinidad,Abu Dhabi,Bagdad,Bahrain,Beirut,
Cairo,Dhahran,Doha,Dubai,Jeddah,Kuwait,Niccsia,Teheran,Tel -
Aviv,Blantyre,

DEL DECIR AL HACER

Mucho de mí, de quien soy y de mis ideales se lo debo a la preparatoria.

Cuando algunos escritores hablan de la epopeya aristotélica, de ese momento que todos tenemos en la vida donde nuestra historia da un giro de 180 grados, yo creo firmemente que la mía fue cuando entré a la prepa.

La Salle era una universidad con los escalafones muy marcados, con una estructura de mando vertical, donde la única versión y voz eran las de las autoridades, que muchas veces ocultaban aquello que pudiera afectar su prestigio y donde no estaba permitido el derecho de réplica de los alumnos. No se confrontaban las decisiones. El apego al *statu quo* llegaba a desesperar.

Eran los inicios de la década de los setenta y compartíamos salón con compañeros chilenos que habían llegado exiliados con sus familias a México, huyendo de la dictadura de Augusto Pinochet. Nos contaban en primera persona historias inconcebibles de muerte y horror.

Uno de ellos, un gran amigo hasta hoy, era Julio Querol, quien nos invitaba a comer a su casa y terminábamos hablando de su país y la violencia planeada y sistemática que siguió tras el asesinato de Salvador Allende.

Esa realidad, eso que ocurría en su país fue una semilla de cambio que comenzaba a germinar dentro de muchos de nosotros. Sin duda aceleró nuestra inquietud por evitar la represión, la persecución de personas solo por sus ideas y rechazar la violencia política.

Antes de que me incorporara a La Salle, un grupo de estudiantes ya había formado el Movimiento de Acción Social (MAS), un equipo de voluntariado para trabajar en proyectos de asistencia: desde apoyar a la Cruz Roja hasta visitar asilos o realizar posadas y llevar medicinas a zonas vulnerables.

Cuando los conocí y comencé a comulgar con sus ideales, ellos justo estaban migrando de estas actividades más bien asistencialistas a otras de mayor compromiso e involucramiento. Algunos de ellos se habían mudado por un tiempo a un barrio popular para vivir y apoyar desde dentro de la propia comunidad proyectos de movilidad y desarrollo. En Tepetzitzintla, una zona rural de Puebla, se instaló uno de los hermanos lasallistas —Enrique Pizarro— y comenzó de una manera comunitaria a ayudar en las necesidades reales y diarias de estas familias dentro de su propio entorno y no como una visita esporádica una vez al año.

Comenzamos a viajar a otros estados, a visitar comunidades incomunicadas, a abandonar nuestra burbuja clasemediera urbana para ver el otro México.

En uno de los viajes me acerqué a un campesino que tenía su casa en una zona muy inaccesible de la sierra y le pregunté por qué había decidido vivir ahí, donde la distancia misma lo alejaba de todo. Y me contestó con tanta franqueza que me rompió en pedazos: "Yo no lo elegí. Allá en los valles donde hay agua están nuestras tierras, pero nos las quitaron a la fuerza y nos amenazaron de que si no veníamos aquí, nos iban a matar".

Fue la explicación más contundente que recibí sobre qué significa la distribución forzosa de la riqueza.

Puertas afuera, se veía claramente que la comunidad de la Universidad La Salle estaba haciendo cosas por los demás. Pero faltaba la misma cohesión puertas adentro de la institución.

Si bien la idea de tener una organización estudiantil había sido impulsada por varias generaciones, siempre fue hábil y disimuladamente obviada por las autoridades. Pero llegó un momento en que ellos mismos reconocieron la necesidad de tener interlocutores con el alumnado. Comenzó poco a poco la idea de formar un consejo de alumnos, con representantes de todas las escuelas. Nosotros, recién llegados, llevábamos ventaja porque el grupo de preparatoria era el más importante, no solo en número de alumnos, sino porque éramos la principal fuente de ingresos para las finanzas de la universidad. El detonador para que yo me uniera al consejo fue un evento que ocurrió precisamente en mi salón (#39) de primero de preparatoria. Uno de los maestros, de clara antipatía personal hacia uno de mis compañeros, Rafael Gallardo, le gritó un día de la nada: "Te sales del aula". Como un resorte, salté de la silla y le pregunté por qué lo sacaba, cuál era el motivo. Me respondió: "Porque soy el líder en este salón". No sé cómo, pero me atreví a responderle: "Pues entonces nos salimos todos", y volteé a ver a mis compañeros dirigiéndome a la puerta. Lejos de lo que suponía, mis compañeros sí me hicieron caso y cada uno se fue levantando de su banca y todos me siguieron hasta el corredor. El salón quedó vacío.

El maestro, al ver que había perdido el control del salón, solo nos avisó mientras caminaba rumbo a la dirección que iba a convocar a una urgente reunión de padres al día siguiente. Como parte involucrada, lo único que agregué (con la confianza que me daba el haber logrado tanto apoyo en esa cruzada accidental) fue que todos los alumnos también estuviéramos presentes en esa junta.

Al otro día, ante nuestras familias, el maestro explicó que semejante acto de rebeldía se debía a que éramos un grupo indisciplinado, una banda de flojos y que claramente no estábamos dispuestos a seguir las reglas de la institución. Me paré y pedí la palabra: "Usted sabe que en su materia yo tengo un promedio de 9. La salida del salón no fue por una cuestión de flojera ni de rebeldía, sino por una injusticia". Todos mis compañeros me aplaudieron y yo, con 15 años, el pelo desordenado y cambiando la voz, ¡me sentí el héroe del salón!

Recuerdo la frase de José Saramago que dice que "dentro de nosotros existe algo que no tiene nombre y eso es lo que realmente somos". Ese día descubrí quién era yo y qué quería hacer con eso que había descubierto en mi personalidad.

Pero la sensación de hidalguía solo me duró hasta que llegué a la casa con mis papás. Más mi padre que mi madre, no dejaron de reprocharme: "Es increíble, Marcelo. ¿Cómo puede ser que nos hagas esto? Te mandamos a la escuela a estudiar, no para que andes de revoltoso". Los dos —cada cual a su manera— me dejaron claro que mi rol a esa edad y en ese salón era el de obedecer, no el de opinar. En el fondo sabían que no me podían correr de la escuela porque tenía buenas calificaciones, no tenía faltas y nunca había cometido ningún acto violento.

Ni en ese momento ni nunca en mi familia vieron con simpatía que me dedicara a la política, ni que anduviera organizando reuniones estudiantiles, ni que armara elecciones y estuviera exigiendo y reclamando nada a los directores. No les gustaba que me la pasara debatiendo y deliberando por cada cosa que ocurría dentro y fuera del colegio.

Cuando sí escuché a mi papi feliz fue cuando lo llamé el día que gané las elecciones para alcalde de la Ciudad de México.

El grito injusto de un maestro despertó dentro de mí la vocación política. Entendí que con los mecanismos adecuados se consiguen cosas. Descubrí que tenía fuerza, que mis pares confiaban en mí y durante todos los años en la preparatoria gané con mis compañeros las elecciones para ser representante de los alumnos ante los directivos.

TIEMPOS VIOLENTOS

Desde los movimientos estudiantiles del 68 la ultraderecha mexicana desarrolló una estrategia para organizar estudiantes en todas las universidades del país.

Entre las escuelas católicas se formó el Movimiento Universitario de Renovadora Orientación (conocido más por sus siglas, MURO). En los setenta ya se habían creado distintas organizaciones clandestinas de carácter paramilitar que estaban insertas en las preparatorias y en las universidades.

En La Salle operaba El Yunque, como una sociedad secreta que reclutaba jóvenes desde los 15 años para labores básicas de información. Los reclutas recibían, además de la formación ideológica en un anticomunismo cerval, entrenamiento en artes marciales y un espacio de participación en una red clandestina de operación de alcance nacional e internacional.

En nuestro colegio había tanto profesores como autoridades vinculadas con El Yunque y trataban de ejercer control ideológico y político.

Vale la pena poner en contexto que por esos años se había llevado a cabo la reunión del Consejo Episcopal Latinoamericano (Celam) en Puebla, donde los obispos de la región decidieron que la orientación de la evangelización daría prioridad a los pobres, una orientación basada en la teología de la liberación. Esta nueva prioridad generó mucho revuelo y escozor en las filas del anticomunismo y comenzaron a darse muchos actos violentos.

Las intimidaciones llegaron hasta los que cursamos la preparatoria y fuimos testigos de alumnos golpeados.

Las autoridades y la orden religiosa reaccionaron con parsimonia y discreción. Un día hasta se llevaron a un compañero herido en ambulancia y nadie, nadie tenía autorización para contar nada.

En medio de este ambiente enrarecido nació el Consejo de Alumnos de la Preparatoria, un grupo inédito que logró, por primera vez, reglamentar e institucionalizar nuestra posición dentro de la estructura de la escuela.

La principal meta era detener ese proceso de reclutamiento y las reacciones violentas, así como intimidaciones constantes contra compañeros. Nuestro objetivo era impulsar la libertad de expresión.

El evento que terminó por darnos legitimidad y fuerza fue una golpiza que dos estudiantes vinculados con el MURO les dieron a unos compañeros de la generación anterior, saliendo de sus casas temprano en la mañana.

Se decidió hacer un paro y desafiar la contemporización de las autoridades. No nos levantaríamos si los agresores no eran expulsados. La acción estuvo a cargo de Ernesto Azuela, Guillermo Egea, Fernando García García, Manuel Ruiz Gutiérrez, Francisco Valverde y Enrique Camarena.

En poco tiempo logramos sentar a toda la escuela de manera pacífica frente a la rectoría y la dirección. Éramos 1 500 alumnos de 21 salones de la escuela haciendo un "paro a la japonesa", y en medio del silencio algunos alumnos comenzaron poco a poco a alzar la voz; quienes antes no se habían animado a hablar o que nunca habían denunciado las microagresiones de las que habían sido víctimas comenzaron a contar su historia y quedó al descubierto esa falsa normalidad que ya no queríamos en el colegio.

La sentada duró pocas horas, pero fue lo suficientemente poderosa como para que las autoridades, por primera vez, reconocieran la situación, y se logró incluso que los violentos fueran expulsados.

Fue un cambio inmenso. Ganamos nuestra libertad. El MURO fue de tropiezo en tropiezo hasta que por fin se extinguió.

La rebelión de 1974 fue histórica para la Universidad La Salle: era la primera vez que un grupo tan numeroso de estudiantes se plantaba sin violencia y reclamaba de una forma organizada y políticamente eficaz. Desde ese momento el clima interno de la universidad cambió. Desde ese momento, yo también cambié.

Sentado en el patio, con las piernas cruzadas, la cabeza en alto y la cara enrojecida por la adrenalina y el sol de esa mañana, supe que la política realmente sirve para lograr cosas importantes y que lo injusto se puede cambiar, que no es inevitable.

A mí no me gusta especular: la política es realidad. Lo que vale la pena de la política es poder modificar la realidad. Ese es un sentimiento muy poderoso.

EL CONSEJO DE ALUMNOS

Superada la inseguridad interna, teníamos más razones para fortalecer el Consejo de Alumnos y tener un canal de comunicación seguro y transparente con las autoridades.

Esta es la primera acta original del Consejo de Alumnos, redactada con mi máquina de escribir. Yo tenía 16 años.

A mí me interesaba que la representación comenzara de abajo hacia arriba, con elecciones salón por salón, para garantizar procesos de comunicación desde la base. No queríamos una gran votación de planillas, que rápidamente se separaran de los problemas de las aulas. Con este sistema más democrático, fortalecimos una figura que ya existía —pero nadie tomaba en cuenta—, que era la de jefe de grupo.

Participé en el diseño del consejo, para lo cual me basé en un modelo indirecto parecido al del Parlamento británico. Muchos de mis amigos se sorprendían de que conociera tan a fondo esta estructura. Siempre fui un fanático de la historia europea, leí muchísimo —tanto libros de historia como novelas— y podría ganar cualquier concurso de preguntas sobre la Segunda Guerra Mundial (mi mero mole).

Lo cierto es que logramos que las autoridades aceptaran este modelo y el reglamento que fue consensuado por todos los alumnos. Algunas de las sugerencias que hicimos las encontré hace pocos días escritas de mi puño y letra en un viejo libro mercantil de tapas rígidas y marmoleadas que había comprado en el centro.

Bajo el título "Plan de trabajo 1975-1976" enumeré algunas ideas:

1) Respetar en todo momento la libertad individual.
2) Preparatoria mixta, con métodos ágiles y audiovisuales.
3) Jamás intentar actos obligatorios sin el consentimiento del salón.
4) Trabajar activamente para el mejoramiento de nuestra comunidad.
5) Convivir alegremente con todos los miembros del salón.
6) Fortalecer activamente los lazos humanos entre nosotros.
7) Tratar de solucionar pacíficamente todo problema que surja entre maestros y nosotros.

Plan De Trabajo 1975-1976

I

a) ...

b) ...

c) ...

d) ...

II

a) ...

b) ...

c) ...

d) ...

e) ...

f) ...

III

a) ...

b) ...

c) ...

d) ...

Marcelo Ebrard

8) Mejorar las relaciones entre alumno-maestro hasta llegar al plano amigo, aunque con algunos maestros será un poco difícil.

9) Pugnar en todo momento por el mejoramiento académico, deportivo, cultural y social, pero siendo siempre lo esencial los lazos humanos.

10) Estar dispuesto siempre para solucionar y cooperar en cualquier problema.

11) Estar siempre abierto a la crítica y a las ideas y opiniones de mis compañeros.

En ese mismo libro mercantil, páginas más atrás, comencé a anotar los kilos de periódico que recolectamos: esa fue una de las primeras actividades "contante y sonante" con las que debutamos en el consejo. Recolectamos muchísimo papel periódico, lo suficiente como para comprar una camioneta con la que apoyábamos de manera constante la única actividad del MAS que seguía funcionando: la asistencia a la comunidad de Tepetzitzintla en Puebla.

El lazo entre el consejo y los integrantes del MAS se mantuvo por mucho tiempo. Nos tocó incluso trabajar juntos en la reconstrucción de Orizaba, Veracruz, tras un terrible sismo que ocurrió el 28 de agosto de 1973 (el segundo más letal de la historia de México). En esos tiempos, los dos hermanos lasallistas más queridos y cercanos eran Adalberto Aranda y Lucio Tazzer, dos personas modernas e inteligentes.

Si bien los cambios nunca se notan de la noche a la mañana, sí logramos algo muy valioso: abrir un espacio de comunicación no solo con la dirección, sino también un diálogo intergeneracional entre los estudiantes de todos los niveles de La Salle.

Fundamos en 1975 el primer periódico interno, el *Plus Ultra*. Yo ya cursaba segundo de preparatoria y me convertí en su director editorial. Busqué a Rafael Gallardo, que era muy bueno en dibujo, para que se encargara de las portadas y las caricaturas, y teníamos colaboradores de todo tipo y en todas las ramas que sumaban textos y que imprimíamos con esténcil. Recuerdo una edición que generó mucha polémica entre los directivos, una en la que habíamos caricaturizado a unos militares y no les gustó a los maestros porque había muchos compañeros que eran hijos de militares. Prohibieron su circulación. Protestamos. Pedimos una reunión al director general para que explicara cuál era para ellos el límite entre lo ofensivo y lo no ofensivo, la línea entre lo que ellos consideraban que era publicable y no (con todas las razones de fondo).

Fue una discusión que llevó desde las tres de la tarde hasta las ocho de la noche entre Lucio Tazzer, por parte de la dirección, y yo, en nombre de los alumnos. Revisamos página por página, cartón por cartón, ilustración por ilustración, título por título y al final logramos que se aprobara el ejemplar como estaba originalmente, después de

corregir las faltas de ortografía y sustituir un dibujo que podría ser ofensivo.

Pero así soy: cuando creo fervientemente en algo, lo defiendo con razonamientos y datos hasta el final.

UN POCO NERDS

En esa adolescencia tan deliberativa, nos juntábamos todos los fines de semana desde las 10 de la mañana en adelante (hasta la madrugada incluso) a leer, a compartir textos de Nietzsche, de los clásicos de la literatura, de poesía, de geopolítica, de sociología. Había siempre un libro por fin de semana al que íbamos a destazar de arriba abajo. El convocante era Ernesto Azuela, un compañero extremadamente culto y brillante.

Éramos un grupo muy unido: Efraín de Gyves Betanzos (quien desafortunadamente murió muy joven), René Cervera y Guillermo Ruiz.

No todo era teorizar: en la casa de los hermanos Ruiz generalmente los viernes en la noche se organizaban los bailes. En esos años ninguno de nosotros tenía dinero para ir a discotecas, a nuestros padres les preocupaba que estuviéramos en lugares seguros, así que todas las fiestas terminaban siendo en la casa de los Ruiz en avenida Patriotismo y muchos de los debates los trasladábamos al Vips que estaba en la esquina de San Antonio y Revolución, donde pasábamos horas enteras previendo nuestros movimientos políticos.

UN FUTURO DE CANCILLER

La universidad fue una época inolvidable: me pasaba todo el día en el Colmex. El edificio, que está por los rumbos del Ajusco, tenía apenas un año de inaugurado y era un sueño caminar por sus impecables jardines, sentirse pequeño dentro de esos grandes y puristas espacios, estructuras funcionalistas salidas del talento de dos arquitectos icónicos como fueron Teodoro González de León y Abraham Zabludovsky.

Además, tenía un antro de perdición para un lector voraz como yo: la biblioteca más increíble con la que me había topado (bautizada con el nombre de uno de sus fundadores, Daniel Cosío Villegas), con la friolera de 700 000 libros que me llevaban como por un laberinto de uno a otro.

Estudiar en el Colmex tenía un plus: por estudiar y mantener un buen promedio de notas, nos pagaban una beca mensual de 700 pesos (de aquellos años). A los 17 te sientes millonario al tener un sueldo por estudiar, y esa manera hasta filosófica de apoyar a los estudiantes (no es lo mismo una ayuda que un sueldo, porque significaba que tú generabas valor al estudiar) fue la que yo tomé como base, muchos años más tarde, cuando lancé el programa Prepa Sí, siendo jefe de Gobierno del DF.

El Colegio de México tenía sus raíces en lo que había sido La Casa de España en México, un centro de estudios superiores creado por don Daniel Cosío Villegas y exiliados republicanos en sus inicios, allá por 1940. Y la institución mantuvo mucho esa impronta europea y seguía e investigaba de cerca el proceso de modernización, sobre todo de España tras la muerte de Francisco Franco.

Era una época en la que disfrutamos de profesores de la estatura de Bernardo Sepúlveda, Luis Medina, Soledad Loaeza, Sergio Aguayo, Manuel Camacho, Porfirio Muñoz Ledo, Samuel del Villar y Lorenzo Meyer.

Dentro de ese plan de análisis en ciencias sociales y humanidades, uno de los profesores, Rafael Segovia, eligió a cinco alumnos para seguir de cerca el proceso de reforma política que estaba impulsando el secretario de Gobernación, Jesús Reyes Heroles.

Tuve el privilegio de estar en ese quinteto: teníamos la misión de ir a las cámaras, tomar notas de los debates, asistir a las reuniones dentro del propio PRI, que presidía en ese momento Carlos Sansores Pérez. Ese año (1978), a mis 18, me afilié al partido.

Era interesante entender desde adentro las razones de Reyes Heroles, quien proponía legalizar las izquierdas, terminar la guerra sucia, establecer un sistema republicano de gobierno (con más transparencia) y pugnar por la autonomía electoral. Todo un adelantado a su época.

Anoté en una de mis libretas esta frase de don Jesús que resume mucho mi idea de lo que se debe ser (y creo que soy) como funcionario público:

Un político debe tener tres C: corazón, cabeza y carácter:
Corazón para entender intereses superiores a los egoístamente individuales; Cabeza para obrar con frialdad, saber eludir muchas asechanzas, saber eludir trampas; y Carácter, porque hay gentes con mucha cabeza y con mucho corazón, pero que no tienen carác-

ter, y el carácter en política es muy importante: tener carácter para saber que lo pueden insultar a uno, que lo pueden calumniar a uno, y nunca perder la cabeza.

Me tocó cursar la universidad en medio del triunfo de José López Portillo, quien ganó la presidencia sin oposición, era el único candidato que votar.

Fue un privilegio poder ver de cerca estos debates que derivaron en algo inédito: la Ley General de Instituciones y Procedimientos Electorales de 1979. En ella los partidos políticos fueron definidos como entidades de interés con igual derecho a acceder a los medios de comunicación, se estableció la validez de sus registros conforme a los resultados electorales y se amplió el número de representantes en la Cámara de Diputados de 300 a 400 (300 son elegidos por mayoría relativa; 100 por representación proporcional). Se reconoció al Partido Comunista y al Partido Mexicano de los Trabajadores (PMT) de Heberto Castillo; se empezó a dejar atrás la guerra sucia de los setenta.

Todo este gran impulso de modernización política se frenó con el *boom* petrolero. Don Jesús Reyes Heroles, opuesto siempre a los nepotismos y excesos del poder presidencial, renunció poco después de un gran discurso que pronunció en Chilpancingo.

Sentimos, quienes estuvimos cerca de este proceso, una enorme decepción, ya que había quedado una modernización inconclusa.

Mi familia sabía ya muy bien que mi carrera sería la política. Yo iba y venía con mi inolvidable vochito color guinda al Colmex. Mi sueldo estudiantil me hizo, además, una persona muy independiente.

Terminé la carrera en 1981 y me recibí en enero de 1984 con la tesis *Congreso y democracia en México*, un trabajo[1] dirigido por el maes-

---

[1] La tesis está disponible en https://repositorio.colmex.mx/concern/theses/k k91fk733?locale=es

tro Rafael Segovia, una investigación ¡de 200 páginas! que me sirvió muchísimo cuando fui diputado federal en 1994.

Curiosamente, 34 años después de recibirme de licenciado en Relaciones Internacionales, ejercí por primera vez la carrera cuando fui nombrado canciller por Andrés Manuel López Obrador en 2018.

"Es lo que estudiaste, ¿verdad?", me dijo, risueño, Andrés Manuel cuando me lo propuso formalmente y ante mi cara de sorpresa.

Yo no me había imaginado en ese puesto, aunque tampoco tenía claro cuál otro espacio podría ser que me tuviera reservado el jefe. Inmediatamente dije que sí.

"Me preocupa mucho el Tratado de Libre Comercio en medio de las negociaciones y también cómo convencer a Estados Unidos de que invierta en el sur de nuestro país y en Centroamérica por el tema migratorio", me dijo como su primera lista de prioridades.

Fui a ocupar una oficina en el piso 22 de la Secretaría de Relaciones Exteriores en la rojiza torre frente a la Alameda, sobre la avenida Juárez. Este edificio fue construido durante la administración de Andrés Manuel en el DF entre 2003 y 2005. Fue una obra diseñada por los arquitectos Ricardo y Víctor Legorreta y formaba parte del Programa de Recuperación del Centro Histórico. Este edificio llevaría a la reinauguración de la Alameda en 2012 bajo mi mandato.

3

MANUEL, EL OTRO, MI MENTOR

Cuántas veces en la vida me ha sorprendido cómo,
entre multitudes de personas, nos cruzamos
con aquellas que, de alguna manera,
poseían las tablas de nuestro destino.

ERNESTO SABATO

No pude estar el día que murió. Tampoco hacerle guardia de honor en su funeral. Fue en plena persecución.

Se lo debía: Víctor Manuel Camacho Solís fue la persona que me dio mis primeras oportunidades en el mundo de la política, fue un gran maestro dentro y fuera de El Colegio de México, fue mi jefe, mentor, confidente, compañero hasta para fundar un nuevo partido político. Manuel fue un político modernizador y pacifista.

Era un funcionario que se adelantó a su tiempo, una de esas personas que te dejan marcas indelebles en tu vida. A mí me dio una oportunidad cuando era muy joven, confió en mí, algo que otras personas no hubieran hecho.

La primera vez que lo vi tenía 17 años y estaba parado frente a él en mi examen de admisión en el Colmex, donde fue titular de la cátedra Introducción a las Ciencias Sociales.

La última vez fue en Polanco, 38 años después y pocos meses antes de que un tumor en el cerebro lo terminara de sentenciar. Fue en junio de 2015 y yo me había mudado a Francia, mientras seguía de lejos la cacería de brujas contra mí y mi familia que había puesto en marcha Enrique Peña Nieto. Apenas se escuchaba su voz, tenía que poner mi cabeza muy cerca de la suya mientras su hijo Manuel hacía de intérprete en algunas frases, pero recuerdo que me preguntó cómo iban mis cosas. No lo quise abrumar contándole todo lo que inventaron desde Los Pinos con el apoyo de Miguel Ángel Mancera.

Él conocía perfecto este tipo de acuerdos turbios para eliminar adversarios. Lo había vivido en carne propia durante 1994.

Lo escuché tranquilo, hasta optimista, porque regresaba de un tratamiento donde había mejorado un poco su salud.

Mi carrera política no sería lo que es sin la impronta de Manuel.

Ambos renunciamos al PRI, ambos ideamos un nuevo partido (el Partido de Centro Democrático, PCD) y nos convertimos en un equipo resuelto a apoyar a Andrés Manuel López Obrador en el 2000.

En esas elecciones yo era candidato del PCD a jefe de Gobierno, pero decidí declinar a favor de Andrés. Manuel Camacho y yo ya habíamos trabajado en distintas instancias con el PRI desde el 81 hasta el 95. Fui su copiloto cuando fue regente de 1988 a 1993.

Nos integramos a la Alianza por la Ciudad de México, como un cálculo político de que Andrés Manuel tenía más oportunidad que nosotros de encabezar el gran cambio político que México necesitaba. Tuvimos razón.

CUATRO DÉCADAS DE HISTORIA

Manuel Camacho entró a la vida política tras recibirse de economista en la Universidad Nacional Autónoma de México (UNAM); ahí conoció a buena parte de sus compañeros de partido (el PRI), entre ellos los hermanos Salinas de Gortari.

Él venía de terminar una maestría en la Universidad de Princeton, fue el primer mexicano en obtenerla. Había ganado el Premio Juventud Siglo XXI, que le permitió viajar por toda América Latina, un recorrido gracias al cual años después, en 1977, pudo publicar un ensayo —que siempre recomiendo a todos leer—: "Los nudos históricos del sistema político mexicano". Es un documento que planteaba una ruta futura, una reforma que hiciera posible la democracia representativa en México para transitar de una legitimidad basada en la herencia de la Revolución mexicana a otra basada en la legitimidad democrática. Este texto lo acercó al entonces secretario de Gobernación, el también modernizador Jesús Reyes Heroles.

Como profesor, Manuel era durísimo y muy exigente. A él le debo haber aprendido a organizar mis pensamientos y a ampliar mi horizonte de lecturas.

Soy una persona que casi naturalmente desarma los problemas en la mente, los ordena y da respuestas numeradas.

Justo estaba viendo en YouTube una entrevista que me hizo en octubre de 2022 el periodista Jon Lee Anderson y me descubrí contestando en varias ocasiones contando con los dedos: "Hay tres razones: primero… segundo", o explicando un problema en bloques: "Esto genera dos situaciones: *1)*… y *2)*…". Esa manera de estructurar mis respuestas era algo que recuerdo que Manuel hacía sobre todo en ocasiones donde tuvimos que trabajar bajo presión, imaginando diferentes escenarios según de qué manera actuáramos. Eran como jugadas de ajedrez en el aire.

Bajo presión, era la persona más controlada de la sala, el cerebro frío que podía diseñar una estrategia basada en un análisis que pocas veces he visto a alguien más procesar tan rápido.

Desde el flanco político también fue un gran maestro, una persona muy íntegra, dedicada al extremo a cada función que cumplió en su carrera y consistente en sus convicciones, tanto que era un funcionario antioportunista, una característica que le generó costos muy altos que llegaron incluso a la persecución de él y de su familia.

Revisando todas las décadas que estuvimos trabajando y militando juntos, creo que lo más valioso que me dejó fue la posibilidad de hacer que las diferentes partes de México —como método político— puedan coincidir y su eficiencia para organizar la acción pública.

Manuel Camacho quería modernizar la política mexicana hace 30 años. ¿Por qué? Porque él sabía (y nos explicaba) que, sin cambios democráticos y bienestar, México sería cada vez más frágil.

Su impronta era muy deliberativa. Era un estratega abierto a escuchar y tomar en cuenta las opiniones relevantes, lo que le permitía lograr acuerdos o reducir riesgos en situaciones difíciles.

Era muy reflexivo, ninguna decisión se tomaba por reacción, sino siempre por reflexión.

Hay un libro muy completo al que regresé durante el proceso de escritura de este libro. Se llama *Por qué perdió Camacho: Revelaciones del asesor de Manuel Camacho Solís* (Océano, 1995), y fue escrito con un lujo de detalles que solo uno de sus asesores más cercanos podría: Enrique Márquez. Gran poeta y analista, Enrique fue su compañero, asesor y confidente desde 1980 hasta el último de sus días.

En uno de los capítulos del libro pinta con una frase de cuerpo entero a Manuel:

> Camacho era un volcán de preguntas y propuestas; el político que veía en la academia un instrumento, que sabía resolver con disciplina la complejísima vinculación de las ideas con el problema de las cosas. Él pasaba sin dificultad por el conocimiento profundo e ideológico de los acontecimientos para arribar después a las fórmulas, a las prácticas, a la creación de la política.

Y lo viví tal cual en momentos muy difíciles, como la negociación con el Ejército Zapatista de Liberación Nacional (EZLN) del Subcomandante Marcos, como con los líderes de las 51 organizaciones civiles que impulsaban la reconstrucción de la Ciudad de México tras el sismo del 85 y también en los desagradables momentos que le tocó vivir tras el asesinato de Luis Donaldo Colosio, donde la línea dura del PRI filtraba que él había sido el autor intelectual de ese magnicidio.

Era un hombre hecho, como los diamantes, bajo mucha presión, pero con premisas inamovibles en su actuar. El mejor consejo que recibí de él fue "Nunca traiciones eso en lo que tú crees".

Manuel enviudó en 1991. Su esposa Guadalupe Velasco Siles (Lupita) murió de cáncer y quedó solo con sus cuatro hijos: Juan Salvador, Guadalupe, Leonor y Manuel. Lupita era hija del exgobernador chiapaneco Manuel Velasco Suárez. Luego, en 1996, Manuel se casó con Mónica van der Vliet y de Campero, con quien tuvo dos hijas, Isabel e Inés.

He seguido en contacto con algunos de sus hijos, como con ningún otro compañero de aquellos años: con Juan Salvador, que es diputado local en San Cristóbal de las Casas; su hermano Manuel, que trabaja en el grupo de banca de inversión y de valores Goldman Sachs, y Lupita, que vive en Estados Unidos.

De hecho, en agosto de 2022, por la gira a Japón no pude acompañar a Isabel en su boda.

MIS MAÑANERAS PARA DE LA MADRID

"Oiga, véngase mañana a mi oficina porque lo quiero invitar a algo importante", me dijo por teléfono Manuel Camacho apenas una semana después de haber salido del Colmex en agosto de 1981. Esa fue la primera propuesta de trabajo vinculado a la política que recibí en mi vida.

La oferta era para sumarme al equipo de campaña para la presidencia de Miguel de la Madrid desde el Instituto de Estudios Políticos, Económicos y Sociales (IEPES) del PRI.

Con 22 años, no me parecía descabellado ir a las cuatro de la madrugada a buscar los periódicos, hacer una selección de lo más relevante y mandarla lo más temprano posible a la oficina del candidato.

Yo no tenía contacto con él, desde luego, solo le pasaba esos recortes a Manuel. Y se me ocurrió darle un plus a esa chamba un tanto monótona: comencé a sumarle lo que los otros candidatos o cualquiera hubiera dicho sobre el candidato (desde el líder de la izquierda Arnoldo Martínez Verdugo hasta las declaraciones de Pablo Emilio Madero, del Partido Acción Nacional [PAN]). Esto le permitía conocer desde temprano cuáles eran los temas polémicos o que buscaban serlo y cuál era la conversación política del día. Y a los pocos días me mandó a llamar Manuel para decirme que este análisis extra le servía mucho y que por favor continuara haciéndolo. Cambió su percepción sobre mis capacidades.

A partir de ese momento me instalé en el círculo más cercano y aportaba ideas para los discursos. A mí me gusta mucho dictar los discursos, y como a Manuel le encantaba el liberalismo social mexicano, yo siempre sumaba frases que tenía en la cabeza de Ponciano Arriaga o del propio Jesús Reyes Heroles, quien había hecho la reflexión histórica y política más profunda sobre ese movimiento político.

Manuel Camacho fue importante en esas elecciones: había participado en el Plan Global de Desarrollo, un proyecto que catapultó a Miguel de la Madrid.

Cuando ganó, Manuel Camacho fue designado por Carlos Salinas a la Subsecretaría de Desarrollo Regional, en Programación y Presupuesto. En esta dependencia trabajé como su asesor y responsable de la Coordinación del Programa de Empleo.

En 1984 tuve la oportunidad de tomar una especialidad en Administración Pública, en el Instituto de Administración Pública (IAP) de la École Nationale d'Administration (ENA), hoy Institut National du Service Public (INSP).

Fue una experiencia increíble, por la escuela y por los compañeros. Este curso me permitió vivir y conocer de cerca a un gran amigo y aliado para el resto de mi vida: Juan Enríquez Cabot. Con una beca de 700 dólares cada uno, nos alcanzaba para rentar un pequeñísimo departamento en París y ser frugales al extremo. Fue una experiencia extraordinaria: pude visitar la Polonia comunista, recibir a Luis Donaldo Colosio cuando fue a Francia y estar relativamente cerca del equipo del presidente François Mitterrand.

MI PRIMER ESCRITORIO EN EL PORTAL DE LAS FLORES

Manuel Camacho tenía que ser secretario de Gobernación. Así lo consideramos todos los que conocíamos de cerca su experiencia y su impronta política.

Conoció a Carlos Salinas en la universidad, donde fueron muy unidos. A pesar de sus antecedentes en el manejo de la campaña electoral de Miguel de la Madrid, nunca fue invitado a su campaña para las elecciones presidenciales ni tuvo participación en el proceso electoral de su compañero de estudios. Lo convocaron para tomar la Secretaría General del PRI el 3 de agosto de 1988, en lugar de Humberto Lugo Gil. Desde este nuevo cargo, Manuel promovió el acercamiento indispensable con el cardenismo, el reconocimiento de los triunfos electorales de esa fuerza, incluyendo la senaduría de Porfirio Muñoz Ledo en el DF y la preparación de una reforma política de gran envergadura que impidiese otra crisis y diera lugar a la plena legitimidad democrática en México.

Pero pasadas las elecciones no fue la Secretaría de Gobernación (Segob) su destino, sino el Departamento del Distrito Federal (DDF). En la Segob fue nombrado, en cambio, Fernando Gutiérrez Barrios, quien representaba la opción política opuesta a la que promovía Camacho.

Cuando Manuel Camacho asumió como jefe del Departamento del Distrito Federal (DDF), yo entré primero como director y más tarde secretario de Gobierno. Desde allí tuvimos que enfrentar la crisis ambiental.

En 1986, cuando estábamos en la Secretaría de Desarrollo Urbano y Ecología (Sedue), se inició la operación de la Red Automática de Monitoreo Atmosférico (RAMA) con 25 estaciones y equipos automáticos para medir los niveles de contaminación del DF. Dos años más tarde sumamos 19 estaciones con equipo manual.

Con estos datos pudimos poner en marcha el programa Un Día sin Auto, una medida con la que buscamos reducir los contaminantes volátiles (como el plomo y azufre en las gasolinas y la sustitución de combustóleo por gas natural en las termoeléctricas y la industria). El plan retiraba de la circulación cada día a 20% de los vehículos según el color del engomado asignado. A principios de ese año la concentración de ozono en la capital había alcanzado los 127 puntos, tres veces más de lo que internacionalmente se considera como el máximo tolerable por el organismo. A lo largo de 1989 se emitieron a la atmósfera alrededor de 14 000 toneladas de contaminantes al día, mundialmente la mayor cantidad de emisiones en una ciudad. Las Naciones Unidas describían la contaminación de la capital mexicana como la más seria amenaza para el equilibrio ecológico en América Latina, junto a la depredación de la selva amazónica.

Antes de que el covid-19 impusiera a nivel mundial el uso de cubrebocas, por esos años eran famosas las fotos que daban la vuelta al mundo de chilangos con el rostro cubierto usándolos en la ciudad.

A lo largo de más de tres décadas ha dado resultados tan impactantes como reducir 99% los niveles de plomo en el ambiente. Me da mucho orgullo recordar que, antes que muchas ciudades europeas, instauramos los taxis ecológicos y comenzamos a trabajar en el rescate de Xochimilco. De 1987 a 1994 comenzó el mejoramiento de la calidad del aire.

Juan Enríquez Cabot tomó el puesto de jefe de Servicios Metropolitanos del Departamento, encargado de atraer inversión extranjera en el sector de bienes raíces de la ciudad. A él le debemos todo el desarrollo urbanístico que implicó convertir a Santa Fe de destino de pepenadores y de escombros del sismo a ser un polo de torres corporativas.

A pesar de que el presidente Ernesto Zedillo trató de mil maneras de culparlo de corrupción y manejos opacos en la distribución y uso de suelo, jamás hubo nada. Si hay alguien incorruptible, ese es Juan Enríquez. Sería mi ejemplo perfecto de alguien que jamás tuvo ni aceptó ni negoció nada a su favor en cualquier obra pública o privada en la que estuvo a cargo.

Como regente, Camacho siguió demostrando su mano izquierda y fue quien solucionó el conflicto con los maestros que tomaron el Zócalo en 1989 (la llamada Primavera Magisterial), una avanzada inédita del gremio de maestros de todo el país. Fue una sucesión de marchas que bregaban por una mejora en el contenido educativo, más democracia sindical y mejores salarios. Ahí ganó peso la Coordinadora Nacional de Trabajadores de la Educación (CNTE). Las negociaciones lograron una mejora de 25% en sus salarios y la caída del cacique sindical Carlos Jonguitud Barrios del Sindicato Nacional de Trabajadores de la Educación (SNTE).

En 1992 me convertí en secretario general de Gobierno en el DF. Era el segundo puesto más relevante de la ciudad. Tenía apenas 33 años. Fueron los tiempos más intensos y demandantes que he vivido. Veía todo, siempre en vela.

Me tocó guiar la remodelación y reapertura de inmuebles que eran y siguen siendo icónicos en la ciudad, como la Plaza México, el antiguo Colegio de Niñas de México, el Teatro Blanquita, el Frontón México, el Palacio de los Deportes y el Auditorio Nacional. La ciudad estaba regresando a sus tiempos de gloria.

Estuve con los equipos de trabajo encargados de la construcción del nuevo mercado de La Viga, en la reconstrucción de edificios en el Centro Histórico, en la rezonificación de los vendedores ambulantes y en la apertura de tres nuevos hospitales generales (Iztapalapa, Tláhuac y Milpa Alta); asimismo, impulsé la sustitución de gasolina por gas natural en las termoeléctricas y el programa Cada Familia un Árbol. Se recuperaron zonas ecológicas como la del Ajusco, Xochimilco, Iztapalapa y hasta algunas en el Estado de México, y se construyó la Línea A del Metro.

Conocí la ciudad colonia por colonia, fuente por fuente. Sus parques, vecindades, teatros, estaciones, redes de agua y gasolineras.

Salía de mi oficina frente al Zócalo de noche, hasta las 11, 12 o incluso una y media o dos de la madrugada. Fue la época en la que aprendí cosas esenciales, como saber escuchar y entender los sentimientos de las personas y de grupos y colectivos de esta gran capital.

Saber escuchar es ampliar el horizonte de opciones, de visiones, y es un elemento muy necesario para imaginar soluciones, para encontrar los espacios en los que diferentes círculos, intereses y sentimientos se tocan o se tornan recurrentes.

Y tan importante como las soluciones es el seguimiento de cada uno de los proyectos y planes, la supervisión para que realmente se cumplan. La frustración está a un zarpazo de cualquier respuesta a un problema si no se concreta de manera efectiva.

Fue un gran compromiso y una inmensa oportunidad, porque fue precisamente desde este puesto donde conocí a Andrés Manuel López Obrador.

CUANDO TU VIRTUD ES TU CONDENA

Con el detalle y la profundidad que lo caracteriza, Enrique Márquez explica en su libro *Por qué perdió Camacho* que la intención de borrar políticamente a Manuel en el fatídico 1994 se debió a su personalidad y convicciones: era un político reflexivo en tiempos de manotazos en la mesa; un pacifista en momentos donde la violencia era la respuesta a conflictos sociales; un enemigo de la corrupción en épocas donde la transparencia no era la norma. Sobre todo, fue un político que sostuvo sus convicciones frente al presidente y su equipo cercano, especialmente respecto a la necesidad de respetar las elecciones, escuchar y acercarse a la izquierda y evitar siempre el uso de la fuerza.

Siempre fue muy directo y sin recovecos ni cola que le pisaran en sexenios llenos de laberintos, terceras versiones y opacidad.

Hijo de padre militar y madre muy católica, para Manuel Camacho la corrupción era repugnante y un riesgo para el país. Y esta máxima era vista como una espada de Damocles para varios de sus pares, porque una persona que no aprovecha y hace negocios, que no se convierte en cómplice, un hombre al que no le gustan ni las juergas ni el dinero público no es una persona confiable para muchos funcionarios organizados desde la complicidad.

Su propia personalidad lo hacía enfrentarse con sus pares, porque era un político que buscaba acuerdos con la izquierda, un priista que proponía tomar en cuenta al Partido de la Revolución Democrática (PRD), que insistía en que el Tratado de Libre Comercio de América del Norte (TLCAN) no debía ser el centro de la política nacional, sino un elemento más para construir bienestar interno y que buscaba la modernización de los procesos electorales. Siendo regente, fue el impulsor de que el jefe de Gobierno capitalino fuera designado por elección popular.

Manuel incomodaba a quienes se sentían menos brillantes que él, a quienes eran mucho más conservadores que él y por sobre todas las cosas a los amantes del *statu quo*. Era el funcionario incómodo dentro del PRI, porque tenía un estilo de gestión que generaba tensión permanente a su alrededor; y lo mismo ocurría entre quienes lo acompañábamos en sus diferentes tareas.

Nos llamaban "concertacionistas" (usando en sentido peyorativo el convenio de concertación que Manuel Camacho encabezó en la reconstrucción de la Ciudad de México en 1986-1987, desde mi punto de vista el mayor logro de su vida pública. Pero fue precisamente esa integridad y consistencia lo que le costó la candidatura a la presidencia en 1993.

SER PARTE DE SU EQUIPO

Éramos tal vez pocos, pero todos muy allegados a Manuel Camacho por convicciones profundas.

Él tenía un ojo muy preciso para elegir a su equipo. A muchos, como Enrique Márquez, Fernando Silva, Alejandra Moreno Toscano o a mí mismo, nos invitó tras conocernos en El Colegio de México. A otros, como Manuel Aguilera o Roberto Salcedo, los fue buscando en espacios distintos, pero siempre se retaba a sí mismo a rodearse de personas que lo cuestionaran y que elevaran el nivel de debate y de ideas.

El círculo rojo que trabajaba con él desde principios de los ochenta hasta 1995 estaba disponible día y noche, de lunes a lunes. Debatíamos, pensábamos escenarios, nos adelantábamos a las crisis (o las desarmábamos rápido); cada cual tenía su *expertise* y siempre estábamos para sumar.

Su equipo de confianza éramos Enrique Márquez, Alejandra Moreno Toscano, Ignacio Marván Laborde (autor del proyecto de Reforma Política del Distrito Federal), Roberto Salcedo, Juan Enríquez Cabot, Manuel Aguilera y Diego Valadés.

Nos reunimos para trabajar tanto en su casa en Cuajimalpa como en la de Márquez en Polanco o en una oficina alterna que teníamos en la avenida Observatorio, que era del gobierno de la Ciudad de México.

Estuvimos juntos por tres décadas: trabajamos en distintas áreas del gobierno del DF, caminamos sobre escombros durante la reconstrucción de la ciudad tras el sismo del 85, vivimos meses en San Cristóbal de las Casas durante el levantamiento zapatista, tratamos de frenar la brutal sangría que fue el Fondo Bancario de Protección al Ahorro (Fobaproa), participamos en el Consejo Nacional de Ahorradores, fundamos un partido político y nos aliamos con Andrés Manuel López Obrador para que lograra ganar la jefatura de la capital.

EN LAS BUENAS Y EN LAS OTRAS

Recuerdo perfecto la mañana del 20 de noviembre de 1993. Charlamos de pasada en los pasillos que comunicaban nuestras oficinas después de haber asistido al desfile militar por el aniversario de la Revolución. Lo noté más serio y silencioso que de costumbre.

La presentación oficial de Colosio como candidato se hizo con bombo y platillo el 29 de noviembre desde Los Pinos.

Revisando el libro de Enrique Márquez encuentro la frase textual que dijo Salinas de Gortari a los pocos días: "Este es un bello día. Este es un día de entusiasmo y esperanza para los que trabajan solidariamente. Hoy ya hay una opción para el futuro que decidirán los mexicanos. Esa opción se llama Luis Donaldo Colosio".

Como dictaban las reglas del sistema, todos los altos mandos y funcionarios del gobierno debían felicitar en público a Colosio. Todos lo hicieron, menos Camacho.

No lo hizo incluso después de decenas de llamadas tanto del propio presidente como del resto de su gabinete (incluido Colosio). Y los pedidos no eran solo a él, sino a todos nosotros para convencer al "disidente" de cumplir con las formas del PRI, un modelo presidencialista que ya mostraba fisuras ante la presión de la sociedad civil cada vez más interesada en una auténtica democracia.

Nos reunimos en casa de Enrique Márquez esa misma noche. Cuando llegó Manuel, estábamos todos en modo funeral y la mayoría de la sala anunció que iba a presentar su renuncia. Yo, en cambio, no era de esa idea.

Manuel escuchó a todos con detenimiento. Al final llegamos a la conclusión de desvincularnos del gobierno del DF y pasarnos a la Secretaría de Relaciones Exteriores.

Fernando Solana, que era canciller, se convirtió en secretario de Educación, cargo que dejó Ernesto Zedillo para convertirse en coordinador de la campaña de Luis Donaldo Colosio, y Manuel Aguilera fue nombrado nuevo regente del DF.

En el discurso de renuncia de Manuel estaba la postura de un hombre que se había preparado por años, que había hecho muchos méritos para ser el candidato en 1994:

> Los tiempos han cambiado. Aspiré a ser candidato del PRI a la presidencia. He meditado lo que debo hacer y lo que debo decir. He calculado mis opciones y la que a mi juicio es la mejor para la unidad y el fortalecimiento democrático. Para mí, por lo que creo y seguiré creyendo, la opción es clara: no creo que la manera de hacer avanzar la democracia en México sea polarizando la vida pública por rupturas o desprendimientos. La democracia debe seguir avanzando.

El 30 de noviembre de 1993 nos mudamos a la torre Tlatelolco, sede de la Secretaría de Relaciones Exteriores, al piso 19. Mi puesto en ese momento era de subsecretario.

4

LEVANTAR UNA CIUDAD CON Y PARA TODOS

> Donde no hay esperanza, debemos inventarla.
>
> ALBERT CAMUS

El día más difícil de mi vida fue el 19 de septiembre de 1985.

Iba rumbo al centro, a mi trabajo en la Secretaría de Programación y Presupuesto, un edificio que quedaba en la calle José María Izazaga, poco antes del Eje Central. En ese momento estaba a cargo del Programa Emergente de Empleo.

Iba por Tlalpan, a la altura de Viaducto, y de repente sentí el bramar de la tierra y mi coche quedó envuelto en una nube de polvo. Me estacioné en una esquina. Seguí caminando por Tlalpan. Tanto polvo en el aire hacía parecer como si estuviéramos en medio de un bombardeo.

Cuando llegué al Centro era como haber caído en una pesadilla, pero con texturas, con hedores, sollozos, tierra cayendo de los techos y pedazos de mampostería golpeando en las banquetas. A mi alrededor la gente pasaba corriendo, asustaba el ulular de ambulancias, a cada instante se escuchaban golpes, vidrios que estallaban, carteles cayendo… como si todo fuera una maqueta de papel siendo apretada por las fauces de la propia tierra.

Me invadió una angustia tan poderosa que solo pensaba en correr más y más rápido en sentido contrario al que veía escapar a la gente. Era como si mis pupilas fueran a una velocidad distinta de mi mente, que no alcanzaba a asimilar lo que mis pupilas estaban registrando. Era una sensación agobiante, desesperante, terrorífica.

En ese momento mi único impulso fue llegar lo más rápido posible a mi oficina. Estaba cerca y sabía que lo podía lograr. No quería que se cayera todo en ese edificio porque en mi archivero estaban los cheques que debía entregar esa semana para las familias del Programa Emergente de Empleo que estaba operando. No les podía fallar, sin ese dinero muchos no tendrían ni para comer. Cuando logré llegar a la puerta de la secretaría —que queda casi enfrente de la pequeña capilla de la Inmaculada Concepción de María— recuerdo que había un cabo del Ejército en la puerta desde donde habían comenzado a descolgarse metales, vidrios, pedazos de paredes y toda la estructura crujía como un mueble viejo.

—¿A dónde va?

—Tengo que ir a buscar unos papeles urgentes a mi oficina que está en el piso 8.

—Yo lo ayudo a subir, no se preocupe.

Inconscientes él y yo del peligro al que nos aventuramos, agarrados de una cuerda, trepamos piso por piso hasta llegar a mi escritorio.

El ruido era ensordecedor y dentro de mi oficina todo estaba volteado, cubierto de yeso, los ficheros abollados por pedazos de revestimiento. Era como si hubiera estallado una bomba minutos antes. Ubiqué el archivero, rescaté los fólderes con los cheques y empezamos a bajar entre los restos de la escalera.

Cuando logré regresar a la banqueta, la adrenalina comenzó a ceder en mis venas y abrazaba esa caja con desesperación; me di cuenta de que había hecho algo sumamente peligroso. Me pasé el resto del día ayudando en lo que podía, en medio del desconcierto general. Solo me dejé llevar por ese impulso por salvar algo más grande que yo mismo.

Ese día 371 edificios colapsaron y la calle Izazaga fue una de las más afectadas. Se veían caer unas tras otras estructuras como si fueran la escenografía de una película de ciencia ficción. Esa noche 60 000 familias durmieron en la calle con lo poco que rescataron de sus casas.

Aún quedan inmuebles inutilizables en esa zona, y uno de ellos fue el de la propia secretaría, una estructura rectangular, metálica y vacía que aún sigue en pie, pero muerta por dentro.

He pasado muchas veces por esa esquina y aún no puedo creer que mientras se derrumbaba yo estaba dentro.

El sismo de magnitud 8.1 en la escala de Richter del 19 de septiembre de 1985 a las 7:17 a. m. fue un instante que me marcó para siempre, no solo por esa vivencia en particular, sino por lo que vendría luego, cuando tuve el enorme reto de ser parte del equipo que iba a poner en marcha el mayor plan de reconstrucción que haya vivido esta ciudad.

El terremoto no solo dejó grietas en edificios, calles y familias enteras, también tuvo profundos impactos políticos. La falta de empatía inmediata y de genuino compromiso humano del presidente y el gobierno con los chilangos quebró en horas la estructura del PRI en la capital. Con 250 000 personas en la calle y una ciudad colapsada, fue notable la ausencia del presidente y su equipo con los damnificados para abrazarlos, estar con ellos y apoyarlos.

Así como la matanza de Tlatelolco fue un golpe directo a la clase media, el sismo fue la ruptura con el sector más popular del pueblo, con los del centro, con quienes vivían en las vecindades. Esa fue otra grieta que dejó el terremoto, y en esas grietas comenzó un cambio social en la capital, un movimiento telúrico que la movió hacia la izquierda.

NOVENTA MIL VIVIENDAS Y CIENTOS DE ACUERDOS

Los sismos del 19 y del 20 de septiembre de 1985 ocurrieron cuando la ciudad tenía ya un grave déficit de vivienda. Los dos movimientos telúricos magnificaron este problema. La mayoría de las viviendas afectadas se encontraban en la zona central de la capital, y por el nivel socioeconómico de sus habitantes había tres grandes grupos: *1)* las unidades habitacionales construidas por el gobierno para clase media (Nonoalco-Tlatelolco y Benito Juárez), *2)* edificios privados construidos para clase media (colonias Roma, Condesa, Juárez y Cuauhtémoc) y *3)* viviendas para clases populares, la mayoría bajo el régimen de rentas congeladas, todas con graves problemas estructurales.

Cuando ocurrieron los sismos de 1985 tanto el gobierno federal como el regente de la capital, Ramón Aguirre, quedaron superados y no pudieron organizar una reconstrucción a la altura del daño social que había dejado esa mañana del 19 de septiembre.

Para poner en contexto, 5 000 vecindades se derrumbaron en esa jornada. Tanto Aguirre como Jesús Salazar Toledano (presidente del PRI en la ciudad) sostenían que la reconstrucción debía ser filtrada y controlada por el partido oficial. Su propuesta teórica no funcionó en esa coyuntura, en esa realidad. Jamás tomaron en cuenta los cambios profundos que hacía tiempo habían minado o de plano sustituido los fundamentos del poder.

Manuel Camacho le presentó un plan distinto al presidente, mucho más conciliador: ante los hechos, la única forma de organizar la rehabilitación de la ciudad descansaba en un ejercicio democrático y abierto que reconociera el nuevo mapa de representación social y política que había emergido del sismo.

El debate fue creciendo en intensidad y tanto Manuel como yo insistimos en iniciar cualquier proyecto de reconstrucción reconociendo, primero, la nueva realidad política y social de la capital, que, sin un consenso democrático, solo sería un foco extra de inestabilidad.

Miguel de la Madrid necesitaba recuperar el control de la ciudad y aceptó la propuesta de Manuel Camacho Solís, un político que ya había demostrado ser un gran mediador y tejedor de alianzas.

En febrero de 1986 lo nombró secretario de Desarrollo Urbano y Ecología, a cargo de la reconstrucción de la ciudad. Y con él partimos todo su equipo más cercano, que estábamos en la Secretaría de Programación y Presupuesto, para empezar una tarea titánica: Fernando Silva, Enrique Márquez, Ignacio Marván y Juan Enríquez. Se sumó también Alejandra Moreno, quien fue muy importante en todo este nuevo plan porque supo comprender a la nueva sociedad que emergió tras la tragedia. Otra pieza clave fue Manuel Aguilera Gómez, quien después fuera secretario de Gobierno.

El equipo se completó con un *team* con los mejores ingenieros de México y un excelente administrador, Roberto Salcedo, que ocupaba la delegación de la spp en Tabasco y que renunció para sumarse en este proyecto.

Había tres componentes principales en el plan de reconstrucción que dibujó Manuel en una pizarra: *1)* el tema financiero, "¿de dónde sacamos el dinero?"; *2)* infraestructura, "¿quién lo va a construir?"; y *3)* acuerdo social, "¿cómo sumamos de manera positiva a cientos de organizaciones civiles de damnificados?".

Hubo que revisar metro a metro la propiedad de la tierra antes de empezar nuestra intervención después del lío que dejaron las expropiaciones del año previo.

Desde Tlatelolco hasta el Centro y Coyoacán armamos un plan de Renovación Habitacional Popular (RHP).

En cuestión de fondos, Camacho lo tenía casi resuelto tanto con créditos vía organismos internacionales y bancos (Banco Mundial y fundaciones internacionales que cubrieron casi 60% de los costos) como con partidas especiales en los Presupuestos de Egresos de la Federación de 1986 y 1987.

Pero sin duda el factor más sensible era ni más ni menos que la gente. En los seis meses en los que nada pasó, el hueco institucional se cubrió y emergieron cientos de organizaciones de la sociedad civil que se las arreglaron para conseguir agua, techos de emergencia, galpones para resguardar sus pertenencias y repartir a las familias comida o medicinas.

Nunca se había visto la movilización social que generaron los sismos. La emergencia dio una gran enseñanza a la ciudadanía, que descubrió que podía gestionar e incluso debatir con el Estado. Fue el primer caso de un frente popular y civil a gran escala contra el gobierno federal. Vivimos tiempos inéditos de creatividad comunitaria.

Había muchos grupos y facciones. Uno de los líderes en estos grupos de vecinos era René Bejarano. Empezaron a nacer nuevos dirigentes a fuerza de la crisis y las necesidades no cubiertas. Los primeros fueron aquellos con cierta experiencia como líderes sindicales (de la construcción, ferrocarrileros, movimientos de médicos y hasta de estudiantes). Entre las más activas estuvieron la Coordinadora Única de Damnificados, dirigida por Cuauhtémoc Abarca; el Directorio de Damnificados, coordinado por Francisco Navarro Montenegro, y el Centro Cívico de Solidaridad, encabezado por José Barroso Chávez.

Con Manuel Camacho diseñamos el Convenio de Concertación para la Reconstrucción de la Ciudad, un documento que nos ayudaría a ponernos de acuerdo con miles de vecinos. Se trataba de una serie de compromisos de carácter político, y es ahí donde reside su significado.

Este plan se presentó en un acto impresionante en mayo de 1986 ante el presidente De la Madrid y la opinión pública. En tres meses el *blitz* de Manuel tuvo un resonante éxito que haría posible la construcción de 90 000 viviendas en 14 meses.

Los beneficiarios de este programa fueron los afectados, sobre todo en vecindades. Se construyeron y entregaron bajo régimen de condominio vecinal. Se hicieron contratos de compraventa por un valor de 2.7 millones de pesos por unidad a pagar en mensualidades equivalentes a 30% del salario medio mensual en el DF. El monto permitía completar el pago total en poco más de ocho años. Conseguimos que las escrituras se otorgaran 90 días después de entregada la vivienda y con un acuerdo con el Colegio de Notarios del Distrito Federal todas fueron gratuitas. También se creó el Programa Emergente de Vivienda Fase II para extender a las familias que vivían en inmuebles dañados en la zona del Centro, pero que no se habían incluido en el Decreto Expropiatorio de 1985 ni en el plan de reconstrucción posterior. La intención era no dejar familias fuera de los planes integrados de recuperación de vivienda.

Me tocó reunirme horas y horas con centenares de grupos, de vecinos y de líderes, colonia por colonia. Muchas noches mientras regresaba a mi casa pensaba: "Nunca vamos a acabar con esto; será imposible".

Sin duda fue una de las cruzadas políticas más grandes y enriquecedoras de mi vida. Casa por casa, historia por historia, se hizo algo desde la gente y para la gente. Cuando llegamos a reunirnos con los vecinos de Tlatelolco, por ejemplo, recuerdo que casi nos linchan y nos gritaban en la cara una gran verdad: "Ustedes (el gobierno) no mantuvieron los edificios". Y yo no sé si era cierto o no (no estábamos en esa área antes), pero entendimos que el agravio venía del dolor de la gente, que necesitaba ser escuchada y apoyada.

La actitud de la sociedad chilanga tuvo sus efectos con el paso de los años en el resultado de las elecciones presidenciales de 1988 en el DF: fue la primera vez que los partidos de oposición no solo ganaron algunos distritos históricamente del PRI, sino que el partido mayoritario perdió 39 de 40 distritos en la capital.

El 19 de septiembre de 1985 a las 7:17 de la mañana cimbró desde sus entrañas a una sociedad que cambió para siempre.

CATORCE MESES DE OBRAS
Y MILES DE FAMILIAS ALIADAS

Ya con todo el dinero necesario para iniciar un proceso de obras que no se podía frenar, con el modelo de vivienda resuelto, con un nuevo reglamento de construcción, nuevas normas y obligaciones estructurales, con la anuencia de todos los cientos de grupos de damnificados que se habían organizado, comenzó la reconstrucción y cambió el espíritu de la ciudad: de estar todo tirado y abandonado comenzamos a ver unas ganas enormes de ayudar y sumar por parte de los vecinos. En paralelo, los ingenieros y arquitectos diseñaron un prototipo de casa con los metros cuadrados promedio para cubrir las necesidades de la mayoría de las familias que quedaron en la calle: 40 m², con sala-comedor, dos recámaras, baño, cocineta y área de lavado.

Las 39 790 nuevas viviendas se terminaron en 14 meses (hasta finales de mayo de 1987) y se sumaron 2 300 casas prefabricadas y se repararon y rehabilitaron otras 4 210 unidades habitacionales. Luego se sumaron 50 000 más.

En esta cruzada inédita hubo 1 350 empresas privadas, 120 000 trabajadores de la construcción y 200 estudios de arquitectura e ingeniería, diseño y planos.

Recuerdo que en el discurso de firma del Convenio de Concertación para la Reconstrucción de la Ciudad Manuel Camacho dijo algo que lo hemos visto luego replicado en los siguientes sismos que ha sufrido la Ciudad de México y otras zonas del país:

Como ocurre en la mayoría de las catástrofes, a la euforia de la solidaridad suele seguir un periodo de desconcierto y hasta de frustración y recriminación. Todos nos damos cuenta de que no es suficiente querer ayudar, para ayudar efectivamente, querer construir para que las casas sean construidas, no basta con reclamar airadamente para ordenar la acción y encontrar la respuesta. Todos los procesos sociales de reconstrucción exigen conciliar voluntades, fijar tiempos, pasar del paternalismo a la corresponsabilidad de las acciones.

La reconstrucción de la ciudad me permitió por primera vez trabajar ya no como funcionario de escritorio, sino en la calle, brazo a brazo con la gente. Un debut que arrancó con un conato de linchamiento en Tlatelolco cuando buscaba sumar acuerdos para firmar el convenio de reconstrucción.

En esa misma posición, desde la Sedue, tuvimos que hacer frente a otra crisis: la ambiental.

5

LA COMPLEJA TAREA DE FORMAR UNA FAMILIA Y AVANZAR EN LA CARRERA POLÍTICA

Somos lo que aprendimos de las
cosas que nos pasaron.

MARÍA BRUNO

Aun en los momentos más angustiosos, aun rodeados de una ciudad bombardeada, el amor se abre camino y no existen excusas que puedan frenar la decisión de casarse de un par de jóvenes que llevaban siete años de novios.

Dos meses después del gran terremoto, el 15 de noviembre de 1985, Francesca Lacy Ramos Morgan me dijo que sí y me convertí en el esposo de quien fuera mi compañera de estudios de El Colegio de México.

Ella era parte del salón de 23 alumnos que cursábamos la licenciatura en Relaciones Internacionales.

Francesca era una tapatía con un cabello dorado con ondas hasta los hombros, con piel de porcelana y una mirada llena de emoción que a veces distraía de dos cualidades más bonitas que siempre tuvo: inteligencia y simpatía.

Cuando la conocí a mis 18 años, me impactó, pero ella tenía novio y yo no quería pleitos. Recién cuando terminó con esa relación, dejamos la amistad que ya nos unía para convertirnos en pareja. Recuerdo las veces que iba en autobús o en tren hasta Guadalajara para visitarla.

No fui nunca una persona de muchos amores y Francesca fue mi primera relación formal. Nos casamos cuando teníamos 26 años. Ella era la persona que más me conocía.

Y como cualquier matrimonio tan joven, también pasamos juntos las mismas restricciones económicas de empezar un nuevo hogar.

Para mantener a la familia Ebrard-Ramos los dos trabajábamos: Francesca formaba parte del grupo de asesores del secretario de Turismo José Antonio Enríquez Savignac (1982-1988), uno de los hombres más brillantes en ese sector y nada más ni nada menos que el impulsor del desarrollo de Cancún. Fue el primer balneario "inventado" desde cero y con una visión única que se refleja hoy como el destino número uno de turistas locales e internacionales. También creó las bahías de Huatulco.

Apenas nos casamos yo trabajaba entonces como jefe de la unidad de la Subsecretaría de Planeación y Presupuesto en el programa de empleo. Me tocaba alternar con personalidades como Manuel Aguilera, Julio Zamora Bátiz, Teófilo Borunda, Manuel Bernardo Aguirre y Rafael Hernández Ochoa. Todos con larga trayectoria (algunos habían sido gobernadores o secretarios).

El sismo sacudió mi puesto también. En marzo de 1986 el presidente Miguel de la Madrid nombró a Manuel Camacho Solís a cargo de la Secretaría de Desarrollo Urbano y Ecología. Allí me moví con el resto del círculo de mi mentor para el proyecto de reconstrucción de la ciudad.

Fue un trabajo exageradamente demandante: a los cuatro meses de casarnos comenzó toda esta enorme tarea que me tenía mañana, tarde y noche de lunes a lunes trabajando sin descanso.

Siempre fui una persona hiperresponsable y estructurada y ciertamente nuestro primer aniversario de bodas lo festejamos a las carreras mientras comenzaban las obras en una ciudad que no descansa ni deja descansar a quienes trabajan en ella.

MIS NIÑOS

Cuando nació nuestra primera hija, Francesca Sophie, el 26 de marzo de 1988, Francesca decidió renunciar a su trabajo en la Secretaría de Turismo (Sectur) y dedicarse de manera plena a la crianza de nuestros hijos. La decisión casi fue sin discusiones porque yo no era dueño de mi agenda y podía pasar días y noches enteras en el gobierno.

Con un cabello tan dorado como el de su mamá y unos enormes ojos brillantes, mi nena fue una de las experiencias más bonitas de toda mi vida.

A los 29 años, Francesca y yo nos asomamos a una prístina cuna blanca cargados de miedos primerizos. Pero bastaba con cargarla y comenzar a escuchar su vocecita de juguete para que todo tuviera otra dimensión en mi vida. Sin duda su nacimiento fue un hito en mi vida y en la de su mamá. Han pasado ya 34 años y ahora la veo en la pantalla actuando y puedo detectar los mismos gestos que hacía cuando nos daba sus shows en la sala de nuestra casa en la colonia Del Valle a los seis años disfrazada con su vestido amarillo de Bella, una de las princesas de Disney.

Francesca se recibió de psicóloga en la Universidad Anáhuac, pero su vocación era la actuación —todos lo sabíamos—. Comenzó con algunos cursos en una escuela pequeña de teatro llamada Casa Azul, hasta que se mudó a hacer su carrera en Canadá, en la Vancouver Film School.

Hoy su nombre artístico es Francesca Stafford, en honor al apellido de su abuela materna, a la que amó —tanto como yo a la mía— y quien falleció cuando ella tenía solo nueve años. Fue una marca fuerte en su vida y su mejor homenaje fue sumarla a su carrera.

Francesca ha trabajado en la comedia romántica *La mexicana y el güero* de Televisa, en la serie *El juego de las llaves* de Amazon Prime y en muchos otros proyectos que la traen siempre emocionada y experimentando personajes, sin olvidar su pasión por las redes sociales, donde es una *influencer* con 40 000 seguidores en Instagram.

Nunca le gustó la política, a pesar de que siempre desayunaba, comía y cenaba política en la casa. En una entrevista a la revista *Quién* en 2018, ella dijo: "Cuando mi papá era secretario general del PRI yo tenía alrededor de dos años y, según lo que recuerdan mis papás, ya les decía 'compañeros de partido'".

La familia Ebrard Ramos creció: dos años y medio después llegaría otra niña a la casa. El 9 de octubre de 1990 (un día antes de mi cumpleaños) nació Anne Dominique. Siempre fue ese torbellino coqueto y femenino subiendo y bajando en la casa. Desde muy pequeña le encantaban la ropa, los disfraces, los accesorios y las combinaciones de colores. Sin dudarlo supimos que su futuro estaba en la moda, y estudió diseño en el Istituto Marangoni en Milán (Italia). Siempre fue echada para delante, emprendedora y entusiasta. Creó su propia línea de trajes de baño (Sireeni) que es 100% sustentable y amigable con el medio ambiente. Toda la tela de sus productos —poliéster reciclado Repreve®— está producida a partir de botellas de plástico y redes de pesca olvidadas en los océanos. La sustentabilidad y el cuidado del medio ambiente era un tema muy presente en nuestra casa. En 1987 coordiné la elaboración del Proyecto de Ley General del Equilibrio Ecológico y Protección del Medio Ambiente. Fue la primera ley en materia ecológica en la historia del país, la cual permitió la puesta en marcha años más tarde de programas que ayudaron a reducir la contaminación de la Ciudad de México, como el Hoy No Circula, el uso de convertidores catalíticos y el cambio de gasolinas.

En 1995, el 28 de abril, nació Marcelo Patrick, un muchacho inquieto y creativo que hoy está a nada de superar mi altura. Como su hermana mayor, cursó primero la carrera de Psicología y ahora está estudiando Medicina. Alguna vez él me preguntó: "¿Para qué quieres ser presidente? ¿Qué no ves cómo está todo?". Y le contesté: "Por eso. Porque es una situación difícil y para ello me he preparado por décadas". Es brillante, curioso, tiene una mente científica.

Ninguno de mis tres hijos mayores ha querido dedicarse a la política. Desde muy pequeños promoví sus propias opciones, decidí ser un padre que respaldara sus sueños y no los míos. De modo que ahora cada cual está en el futuro que eligió y estoy muy orgulloso de los tres.

BALANCE, ¿CÓMO SE LOGRA EL BALANCE?

Al principio cuando mis hijos eran pequeños, trataba de comer con ellos al menos una vez a la semana. Al comenzar la escuela me las ingeniaba para poder llevarlos temprano yo mismo a clases. Pero poco a poco las obligaciones, la agenda oficial, las crisis que ocurren en cualquier gobierno comenzaron a tomar la delantera en mi agenda, en mis horarios y en mis jornadas completas. Si hacía algún viaje o había alguna gira los invitaba, pero no siempre podían acompañarme.

¡Qué difícil es compaginar tu lado profesional, donde estás en la edad justa (o incluso en mi caso más joven que el promedio), donde tu carrera te empuja a puestos y actividades de mayor responsabilidad, con la vida privada donde estás en la edad de ser padre, donde tienes hijos pequeños que también requieren una mayor demanda!

Ser joven no había sido un obstáculo para que Manuel Camacho me diera la segunda oficina más importante de la ciudad más fascinante del mundo.

Francesca y yo nos divorciamos en 2005, en buenos términos, y quedamos como amigos porque tenemos una historia común: nuestros tres hermosos hijos. Ella ha hecho, y siempre se lo reconozco, un gran trabajo como madre. Fran, Anne y Marcelo son jóvenes productivos, íntegros y positivos.

En febrero de ese año Andrés Manuel me nombró secretario de Desarrollo Social, a cargo de uno de los bastiones más poderosos de su gestión: los programas sociales. Pero, en paralelo, tenía muchas horas dedicadas en esos meses con abogados, carpetas infinitas llenas de antecedentes y testimonios judiciales además de visitas al juzgado del Reclusorio Norte.

Nuevo puesto en el gabinete del DF, una causa abierta en mi contra por el gobierno federal y una mudanza donde tenía que elegir qué cosas iban a irse conmigo y cuáles con mi familia tras el divorcio.

Fue un año muy difícil porque mami murió en octubre de 2004, en noviembre fui destituido y sujeto a proceso y luego regresé a Desarrollo Social y al proceso sucesorio en la ciudad.

En junio de 2005 quedé sobreseído del caso Tláhuac, se desinfló por completo el teatro que había montado el inquilino de Los Pinos en contra mía.

Cuatro meses después, en septiembre de ese año tan complejo como retador, tan triste como agitado, con mi "prontuario" nuevamente en foja cero y con mi conciencia tan limpia como en el mismo día en que fui destituido, me presenté a las internas dentro del PRD rumbo a las elecciones de 2006 por el gobierno de la ciudad.

6

CHIAPAS:
EL PODER DE LA POLÍTICA

> En el estado de Chiapas, muy cerca de Guatemala,
> las masas de campesinos se han levantado en armas.
> El Subcomandante Marcos se llama aquel que les manda,
> y lucha junto a los indios para liberar la patria.
>
> ISMAEL SERRANO

Manuel Camacho había decidido recibir el año nuevo en Cancún. Había viajado con sus tres hijos a la playa como secretario de Relaciones Exteriores, cargo en el que llevaba apenas un mes.

La mañana del 1 de enero recibió una llamada tan inesperada como urgente: era su suegro, Manuel Velasco Suárez —gobernador de Chiapas de 1970 a 1976—, quien desde su casa en San Cristóbal de las Casas le avisaba que los zapatistas habían ocupado el zócalo de la ciudad chiapaneca. Todavía en shock por la noticia, recibió otra llamada, esta vez del presidente, que lo convocaba a una reunión de gabinete de emergencia en la Ciudad de México.

El Ejército Zapatista de Liberación Nacional (EZLN) le acababa de declarar la guerra al gobierno mexicano. Un dirigente muy poco conocido hasta entonces, el Subcomandante Marcos, leyó ese día la primera declaración de su movimiento:

Somos producto de 500 años de luchas: primero contra la esclavitud, en la guerra de la Independencia contra España encabezada por los insurgentes, después de evitar ser absorbidos por el expansionismo norteamericano, luego por promulgar nuestra Constitución y expulsar al imperio francés de nuestro suelo. Después, la dictadura porfirista nos negó la aplicación justa de leyes de reforma y el pueblo se rebeló formando sus propios líderes, surgieron Villa y Zapata, hombres pobres como nosotros a los que se nos ha negado la preparación más elemental para poder así utilizarnos como carne de cañón y saquear las riquezas de nuestra patria sin importarles que estemos muriendo de hambre y enfermedades curables, sin importarles que no tengamos nada, absolutamente nada: ni techo digno, ni tierra, ni trabajo, ni salud, ni alimentación, ni educación, sin tener derecho a elegir libre y democráticamente a nuestras autoridades, sin independencia de los extranjeros, sin paz ni justicia para nosotros y nuestros hijos. Pero nosotros hoy decimos ¡basta! Somos herederos de los verdaderos forjadores de nuestra nacionalidad, los desposeídos somos millones y llamamos a nuestros hermanos a que se sumen a este llamado como el único camino para no morir de hambre ante la ambición insaciable de una dictadura de más de 70 años encabezada por una camarilla de traidores que representan a los grupos más conservadores y vendepatrias.

Luego, el ELZN agregó una petición basada en el artículo 39 de la Constitución, donde se señala que la soberanía reside esencial y originariamente en el pueblo.

Por tanto, en apego a nuestra Constitución emitimos la presente al Ejército federal mexicano, pilar básico de la dictadura que padecemos monopolizada por el partido en el poder y encabezada por el Ejecutivo federal que hoy detenta su jefe máximo e ilegítimo, Carlos Salinas de Gortari. Conforme con la declaración de guerra, pedimos a los otros poderes de la Unión se aboquen a restaurar la legalidad y la estabilidad de la nación, deponiendo al dictador.

NEGOCIAR ANTES QUE ATACAR

"Si un ejército le declara la guerra a otro, es una guerra", dijo Salinas de Gortari ante una lustrosa mesa de madera donde todo su gabinete estaba reunido de emergencia el Día de Reyes.

Para poner en contexto, todo esto ocurría en paralelo, y de cierta manera a causa de la puesta en vigor el 1 de enero del Tratado de Libre Comercio de América del Norte.

La imagen de Carlos Salinas de Gortari caía en picada a nivel local e internacional. No era el enero que él esperaba, donde imaginaba su foto acompañada de su nombre en todos los medios al ponerse en marcha el TLCAN, donde nacía el mayor bloque económico (aún hoy) del mundo.

En su lugar había fotos de un hombre con pasamontañas y pipa, rodeado de indígenas (en su mayoría mujeres) reclamando no estar incluidos en los planes de un país que se abría al mundo, pero no a sus comunidades más vulnerables.

Manuel Camacho decidió reunirnos a su equipo y nos puso a analizar a fondo el conflicto, armar un mapa no de soldados, sino de acuerdos, para que pensáramos diferentes escenarios de acción.

Hablaré con el presidente esta semana. Le planteará el cambio de línea en Chiapas en relación con el EZLN. No estoy dispuesto a permanecer en un gobierno responsable de la muerte de civiles por razones políticas. Si no accede a ese cambio hacia la paz inmediata, me separaré del cargo y me uniré a los movimientos civiles con los que coincidamos para exigir el cese inmediato de hostilidades. Les comparto esto para que ustedes consideren y, de ser el caso, me acompañen aquellos que tengan la misma convicción.

Nos pidió que entre el 3 y 8 le preparáramos una serie de análisis sobre los antecedentes históricos en casos de conflictos similares y la figura de "comisionado para la paz" o de "enviados especiales" del secretariado general de la Organización de las Naciones Unidas (ONU). Trabajamos sin descanso en su oficina con Alejandra Moreno Toscano, Ignacio Marván, Enrique Márquez y Juan Enríquez.

La idea era apelar a diálogos de paz y erradicar el concepto de guerra, una opción difícil porque el EZLN le había declarado la guerra al Estado. Debíamos ser un puente entre zapatistas y gobierno, pero sin formar parte de la burocracia, porque eso nos iba a limitar las posibilidades de conciliación.

El mismo 8 de enero Manuel sostuvo una larga y tensa conversación con el presidente Salinas. Le planteó sus argumentos contra el conflicto armado, esencialmente en lo relativo al uso de la fuerza como un error histórico y una crisis ética del propio gobierno, una situación que conduciría al aislamiento y a la derrota política. Como había ocurrido en los conflictos electorales de San Luis Potosí y Guanajuato, de nuevo la posición de Manuel era minoritaria dentro del gabinete, pero al final logró imponerse.

Le mostró un plan de pacificación paso a paso y con responsables en cada área para que el conflicto se arreglara con palabras y no con balas. Le dijo que se ofrecía personalmente a liderarlo.

Si el presidente no aceptaba su plan, le anunció que renunciaría como canciller para participar del lado de los movimientos políticos y sociales favorables a la paz y a una nueva salida negociada para el conflicto en Chiapas.

La idea de negociar con guerrilleros fue aprobada por muy pocos miembros del gabinete, sin embargo, el presidente alzó el pulgar. No había manera de pensar que México pudiera ganar una guerra contra sus propios indígenas.

El 9 de enero Manuel Camacho fue nombrado comisionado para la paz y la reconciliación en Chiapas.

Había logrado un cambio total de la línea política del gobierno: de la guerra a la paz.

RENACE EL MANUEL NEGOCIADOR

Todo el operativo de paz comenzó el 10 de enero de 1994.

Bajo el cargo de comisionado para la paz y la reconciliación en Chiapas, el propio Manuel Camacho nos explicó que la única manera de conseguir apoyo social y sobre todo confianza con los zapatistas era no depender de ninguna burocracia. "No vamos a tener sueldo ninguno, vamos a correr riesgos y no sabemos cuánto durará. ¿Están dispuestos a jalar?", dijo, y solo escuchó un sí al unísono de todos nosotros.

Llegamos a una ciudad cooptada por cientos de periodistas y fotógrafos de todo el mundo y un clima de ebullición muy fuerte en toda la población.

Había que tener la mente fría en una ciudad donde la temperatura también calaba los huesos.

Camacho consigue que lo trasladen los zapatistas durante 12 horas en una camioneta por la selva hasta llegar al destacamento donde estaba Marcos. Fueron varios días hasta que consiguió el sí del Subcomandante Marcos para comenzar a negociar.

El EZLN envió un mensaje al país el 13 de enero de 1994 en el que reconocía oficialmente a Manuel Camacho Solís como el "interlocutor verdadero".

Mientras tanto, en San Cristóbal la negociación necesitaba de ciertos factores para que fuera posible: *1)* convencer al Ejército de dejar pasar al Subcomandante Marcos y su equipo sin atacarlos, hacer un corredor seguro y sin riesgos a su vida, y *2)* persuadir al nuevo secretario de Gobernación, Jorge Carpizo, de que decretara la suspensión de culto en la Catedral de San Cristóbal y con ello se pudiera usar ese recinto religioso para las conversaciones. Esto era nodal, porque era un espacio que todos respetaban, era la casa del obispo Samuel Ruiz, esencial en todo el proceso de negociaciones. Si bien podía ser un anatema para el laicismo del Estado mexicano, sí era necesario decretar este ajuste porque era el único lugar donde los zapatistas, los indígenas y los activistas se sentían seguros y protegidos.

Entre el 10 y el 18 de enero se urdieron todas las alianzas, se habló con todos los flancos del conflicto, se logró retomar el control de la información acerca del conflicto. Un día después comenzaron los famosos Diálogos de San Cristóbal.

Recuerdo ver, apoyado en el balcón de la presidencia municipal, cómo un cinturón humano resguardaba a los zapatistas que iban ingresando a la catedral. De nuestro lado solo ingresaban Manuel Camacho y Alejandra Moreno Toscano, quienes serían los únicos en estar en las negociaciones dentro de la iglesia.

EL DÍA A DÍA

A partir de ese momento me tocó una tarea un poco más nómada: convertirme en el enlace entre nuestro equipo negociador con la Presidencia, la Secretaría de Gobernación y la Secretaría de la Defensa Nacional (Sedena).

Mi mayor responsabilidad era el trato uno a uno con el general Miguel Ángel Godínez Bravo, jefe de la región militar y de las operaciones contra el EZLN. "Siempre tenemos que escuchar y atender las preocupaciones y las ideas del Ejército", me dijo Camacho, haciendo énfasis en que debían ser parte de la solución para tenerlos de nuestro lado.

Y poco a poco gané la confianza y luego la amistad de Godínez, *el Negro*. Tras muchas horas de plática llegué a convencerlo de la lógica del cese de hostilidades, y por qué era tan importante dejarlos pasar por la ciudad para lograr los acuerdos de paz.

Yo lo entendía también: el Ejército venía de tener bajas en sus filas y eran los malos de la película. No era tan fácil para ellos acceder a la negociación.

En esas reuniones me enteré de algo que cambió mi percepción de lo que ocurría: la emergencia del EZLN no había sido una sorpresa, al menos para el mando de la Sedena. Godínez Bravo estaba muy frustrado porque él venía avisando desde hacía tiempo de esta situación a sus superiores. La posibilidad de un levantamiento sí era algo que se conocía y no se le dio la suficiente atención previa.

Estaba enojado, y tenía razón. Pude escucharlo y entender su postura, y eso me convirtió en su amigo. Como jefe de Gobierno fui a visitarlo varias veces a su casa. Su esposa tenía una escuela. La verdad es que todo el mundo se olvidó de él. Yo no.

Lo recuerdo con todo cariño y aprecio. Fue un gran compañero en aquella gesta del cese de hostilidades y en la construcción de la paz.

Del otro lado, Manuel Camacho hacía lo propio con el obispo Samuel Ruiz García, central en todo el proceso, pero en las antípodas con Godínez Bravo. Yo, con mi antecedente lasallista, conocía la impronta de Ruiz, un religioso que abogaba por la teología de la liberación que vivimos en los años setenta.

El "obispo rojo", como le decían en la curia de manera despectiva, desde que llegó a San Cristóbal en los años sesenta, había logrado, en esa zona tan olvidada y desigual, vincular el Evangelio con las costumbres y lenguas de cada comunidad, lo que se conocía como la "pastoral indígena". Mandó traducir la Biblia a las 12 lenguas que se hablan en Chiapas, creó un ejército de 700 diáconos indígenas encargados de tareas religiosas y de evangelización en sus comunidades. Gracias a él había ceremonias religiosas en tseltal, tsotsil y ch'ol.

La aparición pública del Ejército Zapatista y los seis años siguientes fueron los más complicados para el obispo Ruiz. Ernesto Zedillo lo acusó de respaldar el levantamiento, una versión que fue apoyada por gran parte de la jerarquía católica. "Se dijo que detrás del movimiento había una 'ideologización', pero era más bien el hambre, el reclamo de sus tierras y la represión", dijo el obispo a la periodista Cristina Ávila-Zesatti en una entrevista antes de morir en 2011.

Me dio gusto ver al papa Francisco I, cuando visitó el país en febrero de 2016, viajar hasta Chiapas y oficiar una misa en su memoria, la de un rebelde al que todos aún recordaban como *tatic*, que quiere decir padre en tsotsil.

Entre los acercamientos con el Subcomandante Marcos, las alianzas con el obispo Ruiz y las eternas charlas y debates con el comandante Godínez Bravo, se avanzó muchísimo y pasamos del abismo a la esperanza en dos meses inolvidables para quienes lo vivimos en carne propia.

¿OTRA OPORTUNIDAD PRESIDENCIAL?

Manuel Camacho hizo un trabajo extraordinario: anunció el cese de hostilidades y estableció comunicación directa con Marcos para lograr los acuerdos de paz.

Su empatía natural lo volvió una persona muy confiable para todos los involucrados en el conflicto. Decía y actuaba de una manera tan genuina que no daba espacios para dudas ni recelos. Como en el juego de mesa Risk, identificó los espacios de la negociación, los actores fundamentales, los puntos de fricción y las áreas de oportunidad.

Haciendo las veces de director técnico, nos puso a jugar a todos en su equipo en una cancha donde teníamos claro qué hacía cada uno y cuáles eran los mensajes clave unificados.

Tal como lo hizo en 1986, cuando organizó el Convenio de Concertación para la Reconstrucción de la Ciudad, que permitió levantar de manera acelerada al DF, en ese momento consiguió frenar la lógica de guerra y abrió el juego a la negociación pacífica.

Fue algo histórico lo que presenciamos. Pero su activismo y eficacia le valieron resentimientos muy grandes. Él era un modernizador político por excelencia. En una entrevista años más tarde, Manuel Camacho dijo que las negociaciones en Chiapas habían sido el mejor momento de su carrera.

El cambio de estrategia en favor de la paz fue como un agravio para la mayor parte del gobierno. Buena parte de mi tarea también era reducir el fuego amigo dentro del PRI de quienes opinaban que este plan de pacificación era una táctica de Camacho para reposicionarse en los reflectores nacionales y lanzarse como candidato independiente en las elecciones presidenciales.

Mientras ellos grillaban en la capital, en la frontera sur nosotros conseguimos que México escapara a la experiencia de una guerra civil prolongada, costosísima en vidas y un desastre político que nos llevaría a un retroceso y al aislamiento internacional.

El saldo de lo que inició siendo una potencial guerra fue de 12 días de embates entre ambos ejércitos, 300 muertos, la toma e incendio de siete alcaldías y de cuatro cárceles, además del desplazamiento de 25 000 personas.

FINAL ABIERTO

Regresamos a la Ciudad de México en marzo, casi dos meses después de iniciado el proceso de paz. Más de 60 días sin ver a nuestras familias, de trabajar día y noche y manejar la incertidumbre tratando de controlar todos los flancos abiertos.

El Subcomandante Marcos también regresó en esas fechas a la montaña porque dijo que "necesitaba la autorización de las diferentes comunidades para aceptar los acuerdos".

Fue sin duda el mejor momento de Manuel Camacho. Pero el partido y el gobierno quisieron construir en torno a su gestión una versión falsa, una en la que él buscaba inflar su imagen para reemplazar a Luis Donaldo Colosio o buscar, en caso contrario, una candidatura a la presidencia desde la oposición. Manuel jamás abrigó esa intención. Él mismo se lo repitió a Colosio en la cena que ambos tuvieron el 16 de marzo en la casa de Luis Martínez Fernández del Campo, un oaxaqueño muy amigo de ambos, quien había sido invitado por Manuel años antes como delegado en Azcapotzalco de 1992 a 1994.

En esa mesa, Camacho le describió a Luis Donaldo los acuerdos logrados con el EZLN, y le consultó si estaba de acuerdo porque, dado que sería seguramente presidente, era indispensable contar con su anuencia para seguir adelante. Y le repitió que no tenía intenciones de presentarse en las elecciones presidenciales: "Es más, por fechas, por ley y porque no quiero, esa es una opción que no tengo en mi cabeza", le dijo. Colosio le preguntó si estaría dispuesto a hacer pública su posición respecto a la candidatura presidencial, y Manuel le dijo que sí, que por supuesto. Me lo comentó personalmente apenas salió de la cena esa noche, porque me pidió que lo esperara para contarme los detalles, algo que hice con mucho gusto. "Fue una gran y cálida conversación", me dijo tranquilo apenas se sentó en el auto.

El 22 de marzo, conforme habían convenido en la cena, Manuel regresó al DF y convocó a conferencia de prensa en el Hotel Presidente Chapultepec a las 12 del día. Antes, llamó por teléfono a Luis Donaldo y le ratificó que aclararía el tema de la candidatura presidencial como habían acordado. Me tocó presenciar esa llamada y escuchar a Colosio muy contento del otro lado de la línea. Y así se hizo. Frente a los medios, Camacho dijo textualmente:

> Si se continúa percibiendo que mi prioridad es alcanzar la candidatura a la presidencia de la República, ello acabaría por perjudicar el proceso de paz. En cambio, si dejo claro que por encima de cualquier aspiración está mi decisión de encauzar el proceso de paz en Chiapas, esto será útil al proceso de paz. Entre buscar una can-

didatura a la presidencia y la contribución que pueda hacer al proceso de paz en Chiapas, escojo la paz.

Un día antes de que acabaran con su vida, el propio Colosio aprovechó uno de sus actos públicos en Sinaloa para elogiar la decisión de Manuel Camacho de elegir la paz y dijo que "era una persona de gran capacidad y vocación política que le ha dado y le seguirá brindando importantes servicios al país". Pero una bala en su cabeza acabó con su carrera y dañó irreversiblemente el prestigio de Manuel.

Cambió radicalmente el ánimo del país: de esperanza a miedo, y comenzó una etapa de confusión y temor. Se revirtió por completo el ánimo en favor del EZLN y también las posibilidades de apertura y cambio que había traído consigo el proceso de paz. El miedo llevó al país al conservadurismo y ese mismo miedo hizo posible el triunfo del ultratecnócrata Ernesto Zedillo. La posibilidad de cambio se diluyó.

Camacho renunció a su cargo de comisionado en junio de ese mismo año.

Ya en Los Pinos, el presidente Zedillo quiso retomar los acuerdos, pero fracasó. En su lugar impulsó los Acuerdos de San Andrés sobre Derechos y Cultura Indígena, un documento firmado por el gobierno federal y el EZLN en febrero de 1996 tras cuatro meses de negociaciones.

La base de estos acuerdos era la modificación de la Constitución mexicana para otorgar derechos y ciertas autonomías a pueblos indígenas en todo el país. La propuesta de ley la iba a elaborar una comisión de legisladores de las dos cámaras federales y el Congreso local: la Comisión de Concordia y Pacificación del Congreso de la Unión (más conocida como Cocopa). La última palabra la volvió a tener el presidente Zedillo, quien en diciembre de 1996 consultó con juristas y descartó la propuesta acordada entre los indígenas y el gobierno presentando su propia ley.

En enero de 1997 los zapatistas rechazaron la propuesta presidencial y se cerraron las negociaciones de manera indefinida.

Manuel Camacho terminaría renunciando al PRI. Militó en la oposición desde la izquierda, como diputado, como senador y como pensador político. Agotadas las posibilidades en el PRI, habría de acometer con igual fervor a Andrés Manuel López Obrador y al PRD hasta su muerte en 2015. Ya no vio el triunfo de 2018.

Hoy estaría tranquilo y tal vez feliz, porque aquel hilo conductor de su vida, el cambio político a un régimen democrático, se realizó al fin. Quizá no como lo previó en 1977, pero sí como siempre lo deseó.

7

Cuando el Estado estafa a su pueblo: el Fobaproa y el Consejo Nacional de Ahorradores

> La corrupción de los gobiernos
> comienza casi siempre por la de
> sus normas y principios.
>
> Montesquieu

En 1997 me convertí en diputado federal independiente por el Partido Verde Ecologista de México (PVEM). Así lo habíamos acordado desde la propia campaña electoral.

Pocos meses después, antes de finalizar el primer periodo ordinario, llega un proyecto desde el Ejecutivo para una reforma financiera con 19 iniciativas de ley que tenían como fin salvar el delicado sistema bancario. Y encuentro, revisando la alta columna de hojas impresas sobre mi banca, dos artículos transitorios, esas leyes que son como la letra pequeña de los contratos, esos pasajes que pocos leen, pero que son fundamentales. Casi como si fuera un comentario al pasar, el Ejecutivo, bajo un diseño de creatividad financiera que corrió por cuenta de su secretario de Hacienda, Guillermo Ortiz Martínez, incluía la regularización de 552 000 millones de pesos de deuda de los bancos privados vía el Fobaproa.

Ese transitorio era, en realidad, un gigantesco elefante blanco equivalente a 17% del producto interno bruto (PIB) de México en ese momento: unos 65 000 millones de dólares (tres veces las reservas monetarias del país). El presidente Ernesto Zedillo quería sorprender al Congreso y pasar a deuda pública todo el costo del desastre bancario.

LOS BANCOS QUE NO SUPIMOS CONTROLAR

Hacía pocos años que todo el sistema bancario se había privatizado, una de las acciones más cacareadas por Carlos Salinas de Gortari. En 1990, mediante un proceso veloz y poco transparente donde no se fiscalizó a los nuevos dueños (ni su experiencia financiera ni bancaria), se vendieron entidades financieras públicas a grupos empresariales con mucha laxitud:

> A las subastas (organizadas desde la Secretaría de Hacienda por el entonces titular, Pedro Aspe) no solo acudieron los grupos que por tradición habían formado parte del gremio, sino también otros particulares, en específico casas de bolsa que deseaban incursionar en el negocio de la banca. Así, se otorgaron 144 constancias de registro, correspondientes a 35 grupos interesados en las 18 instituciones bancarias (Ortiz, 1994). Es importante destacar que, en el proceso, ningún tipo de valuación, precio mínimo o referencia fue dado a conocer a los grupos interesados, razón que explica en parte los elevados precios que fueron pagados por las instituciones,

cuentan en su exhaustivo reporte *Competencia bancaria en México*[2] publicado por dos maestros del Centro de Investigación y Docencia Eco-

---

[2] El reporte completo está en https://repositorio.cepal.org/bitstream/handle/ 11362/4988/S0600838_es.pdf?sequence=1

nómicas (CIDE) y de la Universidad Anáhuac, Marcos Ávalos Bracho y Fausto Hernández Trillo. De ese documento tomé un interesante cuadro que muestra cómo el país llegó a vender las instituciones financieras hasta 3.53 veces su valor en libros.

CUADRO 1
México: precios pagados por la entidades bancarias

Institución	Grupo ganador	Representante	Precio[a]
Promedio			3.53
Paquete I			
Mercantil de México	Probursa	José Madariaga	2.66
Banpaís	Mexival	Ángel Rodríguez[b]	3.02
Banca Cremi	Multivalores	Villa y Flores[c]	3.40
Paquete II			
Banca Confía	Abaco	Jorge Lankenau	3.73
Banco de Oriente	Particulares	Margain Berlanga	4.00
Bancreser	Particulares	Roberto Alcántara	2.53
Banamex	Accival	Hernández y Harp	2.62
Paquete III			
Bancomer	VAMSA	Garza Lagüera	2.99
BCH	Particulares	Carlos Cabal	2.67
Paquete IV			
Serfín	OBSA	Sada y Luken	2.69
Comermex	Inverlat	Agustín Legorreta	3.73

Mexicano Somex	Invermexico	Gómez y Somoza	4.15
Paquete V			
Atlántico	Particulares	De Garay y Rojas	5.30
Promex	Finamex	Eduardo Carrillo	4.23
Banoro	Estrategia Bursátil	Rodolfo Esquer	3.95
Paquete VI			
Mercantil del Norte	Maseca	González Barrera	4.25
Internacional	Prime	Antonio del Valle	2.95
Banco del Centro	Multiva	Hugo Villa	4.65

[a] Número de veces el valor en libros.

[b] Inicialmente los dos principales representantes eran Julio Villareal y Policarpo Elizondo.

[c] El grupo se separó poco después de la adjudicación, y Raymundo Flores quedó al frente de la institución. Como consecuencia, Hugo Villa (Multivalores) se adjudicó posteriormente el Banco del Centro.

A simple vista, parecía una buena operación para el sector público, pero, como el tiempo lo demostraría, algo estaba muy mal.

Durante la privatización, un punto de atención del comité a cargo de la transición (donde estaban McKinsey & Company y Booz Allen Hamilton como asesores) era el manejo de los créditos en dólares que la banca había otorgado al gobierno antes de 1990. Lo mismo los recursos del Fondo de Apoyo Preventivo a las Instituciones de Banca Múltiple (Fonapre) que habían recibido algunas instituciones por su delicada situación financiera: eran préstamos públicos garantizados con acciones de estos bancos. Ese Fondo se rebautizó Fondo Bancario de Protección al Ahorro (Fobaproa). Entre 1991 y 1992 hubo una jauja financiera: los nuevos banqueros, sin tantas regulaciones como en la actualidad, comenzaron a entregar créditos de manera desmesurada hasta llegar a representar 51% del PIB. Me recordó a la situación que propició el quiebre financiero de entidades de renombre en 2008 en Estados Unidos.

Pero la fiesta se acabó en el fatídico 1994: la situación interna se deterioró entre el levantamiento zapatista, el asesinato de Luis Donaldo Colosio en plena carrera presidencial y el de José Francisco Ruiz Massieu (secretario general del PRI). No eran buenas señales para los mercados internacionales. En el frente económico hubo fuga de capitales, el peso mexicano se depreció y la inflación subió.

Con la devaluación en diciembre de ese año y el aumento en las tasas de interés que aplicó el Banco de México para contener una inflación rampante, la cartera de los nuevos bancos privados era una bomba con la mecha ya encendida y estalló.

¿Por qué no se encendieron alertas previas? Porque había una regulación deficiente y los nuevos banqueros sabían que "nada podía pasar, nada" porque existía la opción de rescate automático vía el Fobaproa, que era como un escudo protector contra un *default* (de hecho, lo fue, desgraciadamente).

El derrumbe financiero que estábamos viviendo convirtió a México en un destino perfecto para hacer inversiones especulativas que terminaron por explotar, incluso generando caos en otros países latinoamericanos, lo que se bautizó como *efecto tequila* o *tequilazo*.

En sus pocos años de vida, este sector bancario privado se hundió en una crisis que puso en riesgo a más de cuatro millones de clientes (con hipotecas, prendas y créditos personales). Cada banco sobreendeudado y con cartera de clientes muy irregular llevó a que el Estado interviniera.

El medio sería el Fobaproa para, en un modelo "barril sin fondo", intercambiar deuda privada —lo que los bancos debían— por deuda pública, la que paga el gobierno vía lo que recauda de los contribuyentes. Para obtener recursos, la Secretaría de Hacienda decidió entre 1995 y 1996 que el Fobaproa emitiera deuda (pública) para inyectar dinero a los bancos (privados). Pero no fue suficiente, era tal la inflación que ese hoyo negro no se llenaba con inyecciones de capital. Hacía falta un rescate completo. Con maña, el gobierno puso este ítem dentro de las deudas contingentes del pasivo gubernamental. Había, hasta febrero de 1997, prestado miles de millones de pesos sin pedir autorización al Congreso de la Unión. Y tampoco pidieron permiso para capitalizarlos.

Incluso las autoridades responsables de la arquitectura detrás de la privatización bancaria de los noventa reconocieron este diagnóstico: tanto el exsecretario de Hacienda Guillermo Ortiz Martínez como las autoridades de la Comisión Nacional Bancaria y de Valores (CNBV) reconocieron que estuvieron cortos de supervisión y con un rezago en cuestiones regulatorias, además de "una no muy afortunada selección de alguno de los compradores" (*sic*).

TAPAR EL SOL CON UN DEDO

La operación financiera que llevó a cabo el presidente Ernesto Zedillo y su equipo ha sido de los daños patrimoniales más nocivos de la historia reciente mexicana.

Se convirtió en mi cruzada personal y me puse a la cabeza de una nueva comisión dentro de la Cámara de Diputados, una especie de dique de contención que nos permitiera evitar dejar pasar todo lo que se estaba cocinando entre la banca y la administración federal. En esa comisión, integrada por un representante por partido (cinco en total), ocupé la que le correspondía al escaño del Partido Verde Ecologista. Esa comisión se integró paritariamente, es decir, cada representante por partido tenía exactamente el mismo voto. De acuerdo con la manera en que quedó conformada, éramos tres diputados de la oposición (PRD, PT y PVEM) contra dos oficialistas: el PRI y el PAN.

Mis prioridades eran *1)* que el gobierno federal reconociera y sancionara a los responsables de un rescate de la banca privada con dinero público sin dar aviso ni pedir autorización al Poder Legislativo; *2)* que no se transfiriera a la deuda pública la deuda de todas las entidades bancarias (algunas sí podían cubrir sus pasivos), y en los casos en que se inyectara el 100% de los fondos, que fuera un préstamo estatal a bancos que necesitaban capitalizarse, pero que nunca permitiéramos que fuera a fondo perdido ni a costa de los contribuyentes mexicanos; y *3)* excluir a todas las operaciones irregulares o mal fundamentadas del apoyo del erario.

Podía pensarse en un formato de créditos a tasa baja para evitar un colapso financiero donde los clientes son los primeros en pagar los platos rotos, pero que ese dinero fuera devuelto a las arcas nacionales y no que se convirtiera en un pasivo del Estado mexicano, que aún seguimos pagando mientras hoy aquellos bancos salvados gozan de excelente salud.

Era un tema muy complejo que traté siempre de explicar de la manera más sencilla para que la población en general y los legisladores entendieran que esto iba en contra de la economía nacional, es decir, de cada uno de nosotros.

Todo este enredo político y financiero ocurría a los ojos de miles de honestos deudores que con la devaluación perdieron su patrimonio.

¿Cómo hacer para contener al *lobby* del Poder Ejecutivo en la Cámara y al mismo tiempo comunicarle sin tecnicismos a la gente que mientras a ellos nadie los iba a rescatar, había empresarios millonarios coludidos con políticos que no iban a perder una sola moneda del bolsillo?

Me parecía increíble que no hubiese una indignación general como la mía ante esta decisión de Zedillo, quien, sin decir agua va, sin autorización del Congreso (como corresponde por ley), decidiera en su escritorio hipotecar el presupuesto del país por más de 50 años para salvar bancos que fueron operados como casinos.

El último presidente priista antes de la transición convirtió una crisis bancaria en una crisis fiscal, una mochila de pasivos que cargamos los contribuyentes mexicanos. Era y sigue siendo un escándalo. Todo esto estaba condensado en ese transitorio de letra pequeña al final de un kilo de hojas.

LOS ALIADOS SÍ TRAICIONAN

Como diputado denuncié el plan zedillista de pasar de noche y sin comentarios la aprobación del Fobaproa. Me convertí en un obstáculo, pero como legislador independiente no tenía peso suficiente para impedir esta idea del gobierno.

Hice causa común con diputados del PRD, especialmente con Lázaro Cárdenas Batel, Dolores Padierna y Alfonso Ramírez Cuéllar, así como con otros 12 diputados del PAN que votaron al final contra el Fobaproa.

Juntos, pedimos al pleno crear una comisión paritaria (con miembros de todos los partidos) que realizara una auditoría y transparentara todo el mecanismo montado detrás de esta operación. Luego solicitamos que la Cámara de Diputados contratara un auditor externo e imparcial que revisara caso por caso, banco por banco, deuda por deuda. Esta tarea quedó en manos del despacho contable canadiense a cargo de Michael Mackey.

Mi meta era sumar a más legisladores en una propuesta común que permitiera modificar a favor del contribuyente los costos del desastre bancario, asegurar la rendición de cuentas de los servidores públicos, de los banqueros y de los grandes deudores. La LVII Legislatura tuvo 239 diputados del PRI, 125 del PRD, 121 del PAN, 8 del PVEM y 7 del PT, de modo que necesitábamos un acuerdo con el PAN en la Cámara, especialmente con Santiago Creel Miranda. Le explicamos la propuesta para que el Fobaproa no se aprobara tal como lo proponía Zedillo. Aceptó.

Sin embargo, para septiembre de 1998 ya se veía venir un acuerdo tras bambalinas. Cuando se presentó a comparecer ante la Cámara el nuevo secretario de Hacienda, José Ángel Gurría, y lo increpé por la insistencia en que el Fobaproa hiciera un rescate masivo e indiscriminado de la banca privada, inmutable y arrogante, me contestó:

Quiero decirle que, en el caso del Fobaproa, ni se hizo a espalda de los mexicanos ni se pretende pasar el costo de manera en una asignación que no sea equitativa a la sociedad. Señor diputado, lamentablemente en el mundo en los últimos 17 años, ha habido 130 países que han enfrentado crisis bancarias y en todo ellos el Estado ha hecho frente a los costos de las crisis bancarias, precisamente para proteger a ahorradores y a la sociedad en general. Recuerden ustedes que no se trata de favorecer ni de ser permisivos con quienes abusaron de las leyes mexicanas, pero se trata de proteger el ahorro de los mexicanos, ese es el otro lado de la acción, ese es el lado, el objetivo principal o más inmediato cuando menos de la acción del Fobaproa, que por eso se llama así y finalmente proteger a la economía en general.

Le respondí:

El famoso Fobaproa y la consecuente emisión de pagarés están viciados de ilegalidad, se violó la Constitución y la Ley de Deuda Pública, no se sometió a autorización del Congreso la emisión de los pagarés que suscribió el Banco de México y que hoy se nos pide consolidar como deuda directa. Se violó la Constitución, porque no existe autorización para contraer deuda para los fines de saneamiento bancario. Se violaron disposiciones de la Ley General de Bienes Nacionales, porque se dispuso de bienes adquiridos con fondos de carácter público. La CNBV [Comisión Nacional Bancaria y de

Valores] no cumplió cabalmente con las funciones de inspección y vigilancia que le ordena la ley; el comité técnico del Fobaproa modificó la finalidad del fondo. Todas estas irregularidades tienen un hilo conductor: evitar el escrutinio, la supervisión y el control del Congreso de la Unión para poder disponer en consecuencia de un margen discrecional sin precedentes en el uso y destino de recursos equivalentes a casi 15 puntos del PIB y a obligaciones que gravitarán sobre el ya de por sí menguado erario público los próximos 50 años.

El 12 de diciembre de 1998 el propio Creel —como si jamás hubiéramos hablado— presentó en tribuna una propuesta de reforma para convertir al Fobaproa en el Instituto para la Protección el Ahorro Bancario (IPAB). Un cambio de nombre para las mismas funciones y en donde aterrizarían las deudas de los bancos privados. Pasó por voto mayoritario y hasta hoy sigue el gobierno cargando con esa losa de pasivos ajenos, sin ninguna retribución al contribuyente. Todo ello incluyendo los recursos que tenía el Banco Unión que se transfirieron ilegalmente a la campaña de Ernesto Zedillo en 1994.

Juntaron en la misma canasta (y bajaron la tapa para reservarse toda la información de operaciones) a todos los bancos, incluso aquellos que podían contar con fondos para sanear sus finanzas sin apoyo estatal. Los que más rápido entraron en la lista fueron aquellos que tenían créditos relacionados con empresarios y funcionarios públicos. Escudados detrás del secreto bancario, se sentaron arriba de los listados de esas deudas que temían que se filtraran y fueran otro escándalo más. Pero fue una tarea inútil porque la lista completa de 36 personas y 310 empresas la publicó la diputada perredista Dolores Padierna en 1999 y fue la base del libro que escribió un año después Andrés Manuel López Obrador: *Fobaproa, expediente abierto* (Grijalbo, 1999).

El 12 de diciembre de 1998, Día de la Virgen de Guadalupe, pasaron el IPAB. En pocos minutos, y ya con necesidad de dar carpetazo de Navidad, echaron por la borda los derechos y el recurso de millones de mexicanos.

Había un diputado guanajuatense del PAN que estaba seguro de que íbamos a poder parar esta locura y hasta llevaba a su hijo a los debates. Lo vi llorar de frustración en esa sesión cuando supo que Vicente Fox también apoyaba el abuso.

En marzo del 2000, con varios de los críticos del caso (como Ricardo Solís Rosales, Juan Auping Birch y Mario Delgado), escribimos el libro *Del Fobaproa al IPAB: testimonios, análisis y propuestas* (Plaza y Valdés, 2000). Y mi capítulo se lo dediqué precisamente a "los 12 diputados del PAN que tuvieron el valor de votar en contra de los dictados de su dirigencia y se mantuvieron leales a sus electores por fuertes que fueran los vientos".

El Fobaproa y su heredero universal (el IPAB) fueron de los temas que más energía me absorbieron en ese tiempo. Fue mi principal batalla.

Hoy, 24 años después, los mexicanos seguimos pagando 43 000 millones de pesos anuales para cubrir el IPAB.

LOS AHORRADORES INVISIBLES

Yo era de los diputados más activos de la LVII Legislatura. Siempre llegaba temprano, cuando no había nadie, y me sentaba a leer, en ese recinto enorme y oscuro, todo lo que se distribuía en las bancas. A veces me encontraba con Miguel Ángel Godínez Bravo, quien era diputado del PRI y era de los puntuales en sentarse en su curul.

Un día, a principios de 1999, me encontré con un grupo de personas mayores en los pasillos. Al otro día vi que eran más los que estaban solos sentados en el corredor. Antes de que terminara la semana ya no podía más con la curiosidad y les pregunté qué o a quién estaban esperando: "Mire, licenciado, es que nos quieren quitar los ahorros, nos peloteaon de todos lados. Ya nos quedamos sin dinero y nadie nos explica qué pasó. Teníamos lo poco que habíamos juntado en nuestra vida en una cooperativa de ahorro que el gobierno cerró y que se quedó con todo".

Me los llevé a una sala y les pedí que me contaran todo desde el inicio, que me explicaran cómo venía este tema de cooperativas, ahorros, cajas, dineros que desaparecen sin explicación.

Un cambio en la ley de las cooperativas en 1994 había abierto la puerta para la creación de muchas cooperativas o cajas populares de ahorro. Eran un formato híbrido de captación de dinero que daba una tasa de interés mejor que la de los bancos.

Se habían esparcido sobre todo en áreas rurales, en zonas con familias que recibían remesas, y eran un refugio para personas de la tercera edad para resguardar su pequeño capital. De hecho, las personas mayores eran 90% de los clientes de estas entidades y había 10% de inversores particulares que también encontraron la manera de hacer una diferencia poniendo su dinero en estas instituciones financieras.

¿Por qué el cierre masivo de cooperativas y la incautación estatal de su dinero? El detonador fue la detención de Cirilo José Ocampo Verdugo (conocido luego como *el jov*) a finales de 1999 a pedido de Miguel Ángel Yúnez, por esos tiempos jefe de asesores de la Secretaría de Gobernación.

Ocampo había creado una red de cooperativas de ahorros en todo el país, una cadena con más de 400 sucursales que le hizo ganar el apodo de *Zar de las Cajas Populares*. Fue detenido, y mientras ocurría la investigación por lavado de dinero, cerraron las sucursales que tenía en 25 estados y se incautaron todos los fondos y bienes que estaban dentro de la cooperativa. Eso incluía los ahorros de una viuda de La Piedad, en Michoacán, que lloraba al contarme su caso.

La detención del jov generó un efecto dominó y decenas de otras cooperativas (o cajas populares) comenzaron a cerrar preventivamente sin dar respuesta tampoco a los ahorradores.

Eran en total 230 000 casos de personas que, de un día para el otro, vieron desaparecer sus ahorros de toda una vida.

Al no formar parte del sistema financiero formal, las cooperativas de ahorro no eran reguladas por la Comisión Nacional Bancaria y de Valores ni tenían requerimiento de la Secretaría de Hacienda y Crédito Público. A pesar de que tuvieron un crecimiento exponencial entre 1994 y 2000, parecía que nadie en esas entidades había reparado en este modelo, ni mucho menos en que los ahorradores confiaban en él. Me pareció una injusticia impresionante que nadie respondiera por estas personas ni por su dinero ni por el vaciamiento de las cooperativas. Nunca sabremos bien a bien el monto total de dinero que se esfumó en este insólito caso que nunca pudo resolver la Procuraduría General de la República (PGR).

Reuní a los que ya conocía más y les dije: "¿Saben una cosa? Si no se unen y forman un movimiento a nivel nacional nadie les va a hacer caso y van a perder su dinero. Además, estamos en medio de una transición electoral y hay que evitar que esto quede olvidado entre el cambio de presidentes".

Así nació el Consejo Nacional de Ahorradores (CNA), para que las 230 000 familias afectadas en todos los estados de la República recibieran un resarcimiento por su dinero. Más de 60% eran personas de la tercera edad, como esos que comencé a ver en la Cámara de Diputados.

Hicimos marchas, manifestaciones, reclamos, solicitudes en los medios, e incluso tuvimos que tomar la sede del Servicio de Administración Tributaria (SAT) y la propia Cámara de Diputados para obligar a las autoridades a tomar acciones para proteger a los ahorradores.

Tomé la bandera de la causa del CNA, formamos en la Cámara de Diputados un grupo de trabajo para atender este tema en exclusiva y me convertí en su asesor 1 a 1 para mantener unido a todo este rosario de ahorradores estafados en todo el país.

En uno de los eventos más convocantes, en el Monumento a la Revolución, les dije a miles de ahorradores: "Ustedes están aquí, y hoy son más que cuando marchamos a Los Pinos. Están aquí porque el gobierno no los ha doblegado ni se han vendido. Si el gobierno tomó esos bienes, si los aseguró o incautó, tiene que pagar intereses y les tiene que regresar todo su dinero. No se dejen engañar ni acepten que primero se le pague a un estado y luego a otro, que se les pague a todos juntos".

Nunca nadie explicó el motivo de la detención e incautación de bienes del JOV ni el destino de los ahorros.

Antes que terminara el 2000, ya con Vicente Fox como presidente, tomamos primero la SHCP y luego logramos que en el Congreso de la Unión se creara el Fideicomiso de Apoyo a Ahorradores, mismo que devolvió 70% de sus depósitos a unos 200 000 miembros de las cajas que fueron perjudicados y que tenían cantidades menores de 190 000 pesos cada uno. En su oportunidad la Comisión Nacional para la Protección y Defensa de los Usuarios de Servicios Financieros (Condusef) informó que de 2001 a la fecha se aportaron más de 4 000 millones de pesos de recursos presupuestales del Fideicomiso de Pago (Fipago) y los estados, debido a fraudes y malos manejos por parte de sociedades de ahorro y préstamo. Con estos recursos se rescató a 160 000 ahorradores, esto es, a uno de cada cuatro, y se apoyó a 59 entidades de ahorro y crédito popular con problemas.

También este caso tan oscuro como injusto provocó una profunda reforma al sistema de ahorro del país, con la creación de la Ley de Ahorro y Crédito Popular.

EL FRACASO ÉTICO DEL ZEDILLISMO

Mi experiencia como diputado entre 1997 y el 2000 me permitió conocer de cerca, con datos, pruebas y documentos, la falta de honestidad con la que el presidente Zedillo y su equipo manejaron la política pública y económica.

El caso del Fobaproa es paradigmático, incluyeron en el rescate hasta los cheques de su propia campaña y cargaron todos los costos a los contribuyentes.

La ética del neoliberalismo, que Enrique Peña Nieto y Luis Videgaray llevarían a su extremo años más tarde, le dio cancha libre al propio José Ángel Gurría para otorgarse hasta una pensión que no le correspondía.

En 1998, mientras discutía febrilmente en las comparecencias defendiendo por qué había que rescatar por completo el sistema bancario privado, teníamos un secretario de Hacienda ilegalmente jubilado.

El 16 de abril de 1994, a sus 43 años, consiguió pensionarse al dejar la dirección general de Nacional Financiera (Nafinsa). Siendo el funcionario público en el sexenio de Zedillo con el mayor ingreso de toda la administración pública, además cobraba una jubilación. Entre ambos cheques, Gurría le costaba al erario nacional el equivalente al sueldo de dos presidentes de la República.

Con la misma poca ética que justificó y aceptó el escándalo del Fobaproa/IPAB y su costo a futuro, manejó a su favor los tabuladores de funcionarios y fue capaz de presentar documentación oficial para poder otorgarse un haber jubilatorio al cambiar su edad en los registros oficiales.

José Ángel Gurría, sí, el secretario general de la Organización para la Cooperación y el Desarrollo Económicos (OCDE) que por 15 años (de 2006 a 2021) fue el estadista que daba consejo a todos los miembros de esta organización sobre economía, finanzas, salud y hasta recetas anticorrupción, a quien no le tembló la mano para beneficiarse personalmente con una jubilación a sus 44 años.

La ética del neoliberalismo que los llevaría a la completa derrota electoral de 2018.

8

FUNDAR UN PARTIDO Y ABRAZAR UNA ALIANZA GANADORA

> Quien es auténtico asume la responsabilidad
> por ser lo que es, y se reconoce libre de ser lo que es.
>
> JEAN-PAUL SARTRE

Tras el asesinato de Luis Donaldo Colosio, Manuel Camacho volvió a vivir el linchamiento de su propio partido. Los hilos del PRI se comenzaron a mover para declararlo culpable desde el inacabado acuerdo con los zapatistas hasta la bala que acabó con la vida del candidato a la presidencia en aquel trágico acto en Lomas Taurinas, Tijuana.

El propio secretario de Gobernación, Emilio Chuayffet, había emitido la orden en 1995 a los medios de comunicación de quitar su nombre de cualquier programa o noticia.

Ernesto Zedillo, el inquilino de Los Pinos, a principios de 1995 lo invitó a abandonar el país y convertirse en embajador en Francia. Camacho, como era su impronta, agradeció la oferta, pero declinó. "Por querer meterme en dos asuntos en los que yo no tenía nada que ver", declaró en una entrevista que le dio al periodista Guillermo Osorno para *Letras Libres*, en junio del 2000.

En octubre de 1995 Manuel renunció al PRI. Fue una decisión de equipo. Para entonces teníamos claro que Ernesto Zedillo y la vieja guardia del PRI con la que se alió eran hostiles a nuestras ideas reformadoras y que no teníamos espacio en un partido cerrado y en decadencia. Nos fuimos.

Decidimos explorar alianzas y finalmente optamos por formar nuestro propio partido: el Partido de Centro Democrático (PCD). Desde su génesis, cuando lo presentamos oficialmente en febrero de 1998, fue una opción que buscaba ser un nuevo elemento para favorecer una etapa democrática plena, derrotar al PRI y modernizar —de una vez por todas— el Estado mexicano.

Manuel Camacho quería lograr un gran frente partiendo de que

1) No se podría garantizar la gobernanza del país sin un aval creciente de las izquierdas y respetar los procesos electorales.
2) El Estado debía mantener autonomía energética y amplia capacidad de redistribución frente al mercado.
3) Debía erradicarse la corrupción que había destruido al régimen de la Revolución mexicana.

En 1998 comenzamos a trabajar para poder cumplir con todos los requerimientos de las nuevas reglas de juego electoral y llegar con lo necesario para presentarnos en las elecciones del 2000.

En la casa de mi abuela en la colonia Del Valle montamos nuestra base de operaciones: ahí comenzamos a tener reuniones, a buscar adeptos, a sumar amigos a esta causa en desayunos y cenas que no sé ni cómo nos alcanzaba para pagarlas. Fue una tarea titánica.

Con más saliva que dinero y más inteligencia que aparato político, se organizaron las 10 asambleas estatales como mandaba la ley, cada una con un aforo de 3000 personas como mínimo.

Me postulé para jefe de Gobierno de la Ciudad de México y Manuel Camacho como candidato a la presidencia para las elecciones del 2 de julio del 2000.

Manuel estaba en carrera por el cargo para el que se había preparado por décadas, un puesto para el que le pusieron tantas zancadillas en su vida que la campaña, en sí misma, ya era un triunfo.

Recuerdo que el 25 de abril del 2000 fue parte del primer debate electoral televisado en México en el que participaron los seis candidatos a la presidencia, pues el anterior de 1994 solo contó con tres contendientes.

Nosotros, su equipo de campaña, lo vimos desde una salita que nos habían asignado en el World Trade Center, junto al set de televisión que se montó para este evento inédito. Vimos a nuestro candidato debatir frente a Vicente Fox (PAN), Francisco Labastida (PRI), Cuauhtémoc Cárdenas (por el PRD), a Porfirio Muñoz Ledo (PARM) y al socialdemócrata Gilberto Rincón Gallardo.

En el debate, que en realidad (excepto por momentos) parecía más bien un conjunto de monólogos, Manuel se fue directo contra las promesas de campaña de Francisco Labastida. "Quería demostrar en cámaras que no tenía agallas", recordaría luego Manuel en una entrevista con *Milenio*. No le fue bien, ni en el debate ni en la campaña. La elección se decantó por una gran ola por el cambio a favor del PAN.

El PCD no tuvo éxito a nivel nacional, pero en el caso del DF sí tuvo una relevancia significativa, porque era donde más porcentaje de votos obtuvimos y más cerrada venía la elección.

LOS MANUELES

Operar fuera y contra el PRI nos permitió acercarnos a un político diferente y con quien teníamos muchos puntos en común, como era Andrés Manuel López Obrador, quien también había salido años antes del PRI.

Ya lo conocía desde noviembre de 1993, cuando ambos estábamos en el gobierno del DF y Andrés llegó con una caravana de exempleados de Pemex de Tabasco y Veracruz a los que no se les habían pagado sus liquidaciones. Me tocó trabajar con él, con Pemex y con el gobierno federal para revisar los registros, darle la razón en 93% de los casos presentados, pagarles y verlos abandonar el Zócalo. Me impactó que a diferencia de otros líderes políticos o sindicales, él no se alojaba en un hotel o me citaba en algún restaurante, bueno, ni a mi oficina quiso pasar: me recibió debajo de una carpa de lona donde él estaba instalado junto a su gente. Directo, sin rodeos, duro pero muy coherente y con ideas claras sobre cómo sacar adelante el problema, terminamos poniéndonos de acuerdo. Había quedado una buena experiencia entre nosotros.

La siguiente oportunidad en la que coincidimos fue en 1997, cuando yo era diputado federal por el Partido Verde Ecologista y él ya era presidente del PRD. El paquete de reformas financieras enviado a la Cámara traía un tumor muy bien escondido: el rescate bancario (o Fobaproa) que había diseñado Ernesto Zedillo. Ya como presidente del PRD, Andrés Manuel tuvo una posición cercana en esos momentos, incluso escribió un libro al respecto, colaboró desde su trinchera y sus legisladores fueron aliados con los que pude hacer la cruzada contra el Fobaproa, que no logramos desactivar y que aún lastima las finanzas nacionales.

Por eso me animé a que nos acercáramos con él precisamente durante la campaña electoral del 2000. En el PCD comenzamos a ver en las encuestas cómo se iban inflando las intenciones de voto por el PAN, impulsadas por el fenómeno Fox, un candidato sui géneris que contaba con suficiente simpatía como para convertirse en el presidente de la alternancia. Su gallo en el DF era Santiago Creel, a quien yo conocía de mis tiempos como diputado.

Revisamos los sondeos y dijimos: "Hay una diferencia de 3 o 4 puntos. Ni modo que estemos trabajando para darle nuestros votos al PRI y menos al PAN", y fue ahí donde decidimos buscar a Andrés Manuel. Hablé directo con él, como lo hice aquel septiembre de 1993 en la plancha del Zócalo.

"¿Sabes qué? Te vamos a ayudar a ti, aunque nos cueste todo lo que hemos trabajado en el PCD".

La verdad es que sí había un gran riesgo de que la izquierda perdiera la ciudad en un final de carrera muy ajustado.

Y fue entonces cuando ocurrió uno de los momentos más importantes en mi carrera política reciente: decliné mi candidatura a favor de Andrés Manuel López Obrador. Y me acerqué con él ya no como un funcionario, sino como aliado, y no solo hicimos un pacto, sino que trabajamos en equipo durante décadas, y hoy es mi jefe.

Nos incorporamos a su frente Alianza por la Ciudad de México y sumamos el conocimiento y los trabajos que veníamos haciendo desde 1998 con el PCD. La capital era un territorio que tanto Manuel Camacho como yo dominábamos y conocíamos palmo a palmo. Nos había tocado la reconstrucción de la ciudad en 1986 y sobre todo ahí conocimos las capas y capas en los cuatro puntos cardinales que forman el tejido social de una de las ciudades más complejas del mundo.

Andrés Manuel ganó con 37.7% versus 33.4% que logró Santiago Creel por el PAN, una diferencia de 4.3%. Así que aquellos puntos que le transferimos desde el PCD fueron decisivos para el resultado final. Fue un acuerdo entre caballeros, donde cumplimos las promesas.

Todo lo que hemos acordado con Andrés Manuel lo hemos cumplido. Ambos sabemos el valor de la palabra en un ambiente tan ambiguo como el de la política. Nunca he traicionado a las personas que me ayudaron. El oportunismo es despreciable.

Ganadas las elecciones, Andrés Manuel me ofreció ser secretario de Seguridad Pública. Agradecí la invitación pero resolví no aceptarla, esencialmente por mi familia. Había sido extenuante luchar, al mismo tiempo, por frenar el Fobaproa y construir el PCD. No podía en ese momento sumergirme en la absorbente labor de la seguridad de la capital.

Dejé de ver a Andrés entre octubre del 2000 y febrero de 2002, cuando me invitó nuevamente a ser su secretario de Seguridad Pública. Esta vez sí acepté, porque ya estaban en otras condiciones mi vida y la situación política.

9

El otro Manuel, el que me sumó a su cruzada

La fortaleza no llega de la capacidad física,
sino de una voluntad indomable.

MAHATMA GANDHI

Eran los últimos días de agosto de 1993, a pocos días de los festejos de la Independencia. Me asomé a la ventana de mi oficina en el Antiguo Palacio del Ayuntamiento, ocupado entonces por la Secretaría General del Departamento del DF, y vi un montón de gente ir llenando la plancha del Zócalo con unas tiendas de campaña.

Ya estaban todas las luces de colores colgadas en los edificios públicos y dije: "¿Y esto que es?". Le pedí a uno de mis colaboradores más cercanos, Gustavo Cabrera, bajar a ver de qué era esa movilización, porque no veía ni carteles ni nada.

Cuando regresó me dijo: "Es Andrés López Obrador, dice que viene desde Tabasco con un contingente de exempleados de Pemex a los que les adeudan sus liquidaciones. Me dijo que está dispuesto a conversar, pero allá abajo, que él no va a subir a tu oficina".

No teníamos nada que ver con Pemex ni sus deudas.

Efectivamente nos reunimos en su tienda, que era blanca y reflejaba el sol de una manera que sudamos como en verano en aquella charla.

Mientras me explicaba la situación de su gente, yo pensaba: "En pocos días tenemos desfile militar, ¿cómo evitamos un enfrentamiento?".

Le dije que necesitábamos despejar el Zócalo por las fiestas de septiembre, y me dijo que sin solución no se moverían ni tantito. Se me ocurrió una idea:

—Vamos a poner unas mesas aquí en el portal por letras de la A a la Z para que se vayan anotando todos los que vienen contigo. Yo tengo un exmaestro que trabaja en la parte de recursos humanos de Pemex y me puede ayudar a checar si estos nombres coinciden con los registros y los montos que se deben. A todo aquel que tenga derecho le pagará Pemex y ustedes se retiran.

—Me parece bien, si se pagan los adeudos nos vamos antes del 15. Caso contrario, permaneceremos aquí.

Hicimos el ejercicio y, efectivamente, me confirmaron desde Petróleos Mexicanos que 93% de ellos no habían sido indemnizados y tenían derecho.

"¿Y por qué no les han pagado?", le reclamé por teléfono a mi contacto, a lo que me respondió: "Ya sabes cómo es la empresa, los va mandando de un día a otro para cubrir esas deudas. Siempre están al final de todo".

Pero para convencer a Pemex de que les pagara tuvo que intervenir directamente el regente, Manuel Camacho Solís, quien sí logró que la empresa lo hiciera. Como me prometió Andrés, levantaron todo, se subieron a sus camiones y se fueron en la víspera del Grito.

Parece increíble cómo, 25 años después, se convirtió en presidente de la República, se mudó al Palacio Nacional que balconea ese mismo Zócalo, ¡y es mi jefe!

UN PERFIL INÉDITO

Mi relación con el presidente Andrés Manuel López Obrador es peculiar. He sido el único político de su equipo actual que lo ha sucedido en un cargo electivo, cuando ocupé su oficina en la jefatura de Gobierno del DF en 2006-2012.

Nos conocemos a fondo, nos confiamos proyectos y cumplimos la palabra: así ha sido en las campañas electorales que trabajamos en el 2000, 2006, 2012 y 2018.

Andrés Manuel López Obrador es un político de liderazgo más duro. Ideológicamente, tiene una formación nacida del combate social, mientras que la mía es más desde el Estado.

¿En qué punto se encuentran estos dos perfiles tan distintos? En un paradigma esencial: la base de la estabilidad del país tiene que ser la igualdad y el respeto a la democracia. Ambos coincidimos en que no hay manera de mantener un régimen con las desigualdades que tenemos en el país, con la mitad de la población viviendo en la pobreza.

Creo que lo que nos ha mantenido juntos es una relación de confianza (jamás nos hemos mentido) y el respeto mutuo, algo que también es una *rara avis* en la política, porque ha sido mi jefe, pero también hemos llegado a competir, como en la encuesta de 2011, que definió al candidato presidencial de las izquierdas del 2012. Y jamás hubo de parte de ninguno de los dos un golpe bajo o una traición.

Admiro su perseverancia y su entrega a la gente, algo que me consta, desde que comenzó siendo líder en Tabasco hasta la actualidad.

Nos conocemos desde hace 30 años, y no precisamente en condiciones fáciles: gran parte de nuestra trayectoria ha sido bajo tensión y presión, resolviendo cuestiones muy complejas.

Es una persona que se exige mucho y es consistente con sus metas. Recuerdo que en un momento quería saber sobre las clínicas del Seguro Social y ¡recorrió todas! Yo nunca he visto a ningún otro político ir lugar por lugar a ver con sus propios ojos y sin esperar un informe escrito sobre cómo está una obra o un proyecto.

Es el presidente que más apegado ha estado a todo lo que prometió en campaña. Encontró una excepcional manera de conectar con la gente, de comunicarse. En esto es un *outsider*. Es un gran comunicador de sus mensajes clave y los resultados los dan las encuestas donde mantiene su popularidad y la aceptación del electorado a más de cuatro años de gobierno.

No recuerdo jamás haber tenido una discusión fuerte ni haberlo visto perder la compostura.

Conmigo, Andrés siempre ha sido respetuoso y hasta afectuoso.

2006: UNA ELECCIÓN CON SENTIMIENTOS ENCONTRADOS

El día de las elecciones de 2006 nos reunimos en el Hotel Marquis de Reforma a partir de las 19 horas. Hubo numerosas irregularidades a nivel nacional en los votos para presidente. Una hora y media más tarde las tendencias que teníamos eran suficientes para concluir que, en efecto, había habido un fraude electoral.

Fue un momento paradójico, porque por un lado me sentía feliz de haber logrado el triunfo, pero por el otro me ganaba el enojo ante la operación fraudulenta contra Andrés Manuel.

La primera línea política fue movilizarnos hacia el Instituto Nacional Electoral (INE), luego al Tribunal Federal Electoral (Trife) y por último al Zócalo. Organizamos el reclamo del "voto por voto, casilla por casilla". Más de un millón de personas respaldaban el discurso de quien fuera el candidato de la Coalición Por el Bien de Todos. Con los ánimos tan caldeados, el gobierno de Vicente Fox había pertrechado al Ejército dentro del Palacio Nacional para repeler a los seguidores que estaban ya desbordados con los resultados. Estuvimos a nada de una toma del edificio.

Ante este riesgo, Andrés Manuel propuso montar un plantón en protesta pacíficamente y tomamos toda la avenida Reforma y así evitó una desgracia mayor. Lo acompañé y me mudé a la glorieta de la Diana los 47 días que duró la toma pacífica de la avenida.

"Necesito que te hagas cargo del espacio desde el Periférico hasta la Diana", me pidió. Eso significaba apoyar con comida, la limpieza de la zona, atención de la gente y que todos pudieran mantenerse comunicados y cuidar el orden.

Nos robaron esa elección, no tengo duda de ello. Es más, estábamos llenos de pruebas. Porque en esos casi dos meses reunimos todos los documentos, denuncias y testimonios posibles para presentarlos como respaldo de lo irregular del proceso al Tribunal Federal Electoral. Fue una tarea tan ardua como ingrata: por un lado, nosotros mostramos situaciones insólitas, como mesas donde no había ni un solo voto a nuestro partido y 800 al PAN; dimos el reporte de comunidades donde había votado más gente que la registrada en el propio padrón o presentamos las evidencias de la intervención directa.

Para el Tribunal ninguna prueba era suficiente. Se llegó al ridículo de dar por probada la ilegal e indebida participación de Vicente Fox como presidente en contra de Andrés, pero se desechó porque —según ellos— no demostramos en qué porcentaje exacto influyó en la votación.

El 14 de septiembre el Tribunal declaró a Felipe Calderón como ganador de las elecciones con una diferencia de 0.56%. Esto equivale a solo 240 000 votos, con toda la fuerza del Estado en su favor.

Diez días después Andrés Manuel habló por última vez con los seguidores que lo habían acompañado al Zócalo y se levantó la toma de Reforma.

Inició entonces su larga marcha como presidente legítimo. Andrés se guio por su ética de la responsabilidad, encabezó la protesta y, al mismo tiempo, evitó la violencia.

2011: LOS PINOS PUEDE ESPERAR

Treinta y dos. Esa fue la cantidad exacta de votos que me dejaron fuera de la carrera presidencial de 2012.

Para decidir quién de los dos iba a ser el candidato por la izquierda propuse repetir el modelo de mi propia elección en 2005 como candidato del PRD a la jefatura de Gobierno: una encuesta. Debíamos acordar un set de cinco preguntas y cada uno tenía que proponer una empresa especializada en sondeos, más una tercera que sería la auditora imparcial. Quien ganara —por el porcentaje que fuera— sería nuestro abanderado común.

De mi lado convoqué a la firma Nodo Investigación + Estrategia y el equipo de Andrés Manuel se inclinó por la casa Covarrubias y Asociados S. C.

El proceso se llevó a cabo el 13 de noviembre de 2011 y usamos como sede las oficinas de la Fundación Equidad y Progreso, una asociación civil que fundé un año antes para trabajar las bases de mi plataforma presidencial, en la colonia San Miguel Chapultepec.

Según Nodo, gané en dos de las preguntas y solo tenía unos puntos por debajo en la quinta pregunta. Cuando llegaron los resultados de Covarrubias eran casi los mismos, solo que la diferencia aún era menor. A cargo de este sondeo estaba Octavio Romero Oropeza.

El margen final por el que quedó la candidatura para Andrés Manuel fue de apenas 1.6% (32 votos sobre 2 000 encuestados). Con una diferencia tan nimia, y con el acuerdo inicial de que "el que gana gana", decidí que, en vez de un *ballotage* o una segunda vuelta, directamente aceptaría los resultados.

"Nos vamos con este resultado", le dije a Andrés Manuel aquella noche a sabiendas de que una segunda vuelta le resultaría inaceptable y, por ende, iríamos a la ruptura frente a un PRI en crecimiento.

El 15 de noviembre dimos a conocer los resultados. La encuesta la había propuesto yo durante el aniversario del PRD en el Monumento a la Revolución (el 5 de mayo de 2011). En aquella ocasión, difícil, pensé en todo lo que había costado en esfuerzos, persecución e incluso vidas de cientos o miles de personas que construyéramos la posibilidad de abrir otro camino para México. No teníamos derecho a destruirlo o darle la espalda.

Dije: "Reconozco que la intención de voto favorece a Andrés Manuel. De no hacerlo, la pregunta sería ¿en dónde quedó la congruencia? Si nos dividimos, iríamos al precipicio. Cumplo lo que he dicho".

Por su parte, Andrés me agradeció y dijo: "No se dejó cautivar por los cantos de sirenas", y reiteró considerarme como "un buen amigo y compañero".

Canto de las sirenas que bien podría haber escuchado o promovido como jefe de Gobierno, pues habría bastado buscar un acuerdo con Felipe Calderón y su gobierno contra Andrés para conseguir apoyos y presupuesto.

Pero no, nada de escuchar el canto de las sirenas o naufragar en los acantilados del oportunismo.

Con los resultados en la mano, nos reunimos nuevamente para aprovechar este acto y hacer hincapié en cuatro pilares que eran centrales para poder sostener la candidatura presidencial del partido: terminar con los conflictos internos del PRD entre distintas corrientes y facciones y trabajar en la construcción de una coalición de un frente de partidos que nos diera peso específico frente a la campaña acelerada e intensa —muy acordada desde Los Pinos— que traía el PRI.

Me reuní unos días más tarde en un hotel de la Ciudad de México con unos 500 simpatizantes de la corriente que habíamos creado dentro del partido, Vanguardia Democrática. Les dije:

Nosotros no podemos ser quienes destruyamos todo lo que representa la izquierda en este país. Resolví respetar la encuesta para demostrar, primero, ser leales a los que nos trajeron ahí. No nos mandamos solos. Les debemos respeto, consideración y lealtad a los que nos han traído donde estamos. Los peores enemigos de la política son la vanidad y la soberbia.

De mi parte quedaba todo el apoyo desde, precisamente, la capital para que siguiera siendo un gran bastión de su candidatura y terminar mi mandato. De hecho, he sido el único candidato de elección popular en cumplir los seis años en mi cargo como jefe de Gobierno capitalino.

El 16 de marzo de 2012 Andrés Manuel rindió protesta como candidato. En las elecciones de ese 1 de julio nuestro candidato quedó en segundo lugar con una diferencia de 6.7 puntos. Triunfamos en la Ciudad de México, donde la diferencia de votos a favor del PRD fue de casi el doble que los de la oposición: 2.6 millones de votos contra poco menos de 1.3 millones. Fuera de Tabasco, su tierra natal, donde obtuvo 60% del sufragio, la coalición que lideró Andrés tuvo su mejor resultado en la Ciudad de México, con 52.84 por ciento.

La promesa estaba cumplida. Otra vez ambos habíamos honrado nuestra palabra.

EL FENÓMENO MORENA

En 2015 el PRD de Carlos Navarrete, presionado por Miguel Ángel Mancera y Miguel Ángel Osorio Chong, me negó la candidatura a una diputación plurinominal.

Todo se cocinó en una reunión del Comité Ejecutivo Nacional con una veintena de integrantes del partido, donde me dijeron claramente que si quería ser diputado buscara a Miguel Ángel Mancera. El veto a mi candidatura ya tenía nombre y apellido.

Andrés Manuel me llamó un día después para decirme que las puertas del Movimiento Regeneración Nacional (Morena), que había fundado en 2011, estaban abiertas para mí. Un gesto muy generoso de su parte y de Martí Batres (en ese momento presidente del partido). Sin embargo, las candidaturas al Legislativo ya se habían cerrado. Tenía la oportunidad de ser candidato a diputado plurinominal por Movimiento Ciudadano con el generoso apoyo de Dante Delgado y Luis Walton —un partido del que había estado muy cerca desde el año 2000—, pero el Tribunal Electoral revocó mi candidatura con la "cláusula Marcelo". Como me dijeron en ese momento en el Tribunal: Osorio Chong no quiere que seas candidato.

El Tribunal Electoral estaba supeditado por completo al poder en turno, igualito que en 2006.

Con las puertas cerradas en mi partido, con el presidente Peña Nieto y el secretario de Gobernación Osorio Chong en contra, decidí aceptar el puesto que me ofreció la ONU en la Red Global de Ciudades Seguras, un cargo que me requería tiempo completo en Francia por unos meses, y regresé en 2017 a México.

VOLVER A TRABAJAR JUNTOS

Luego del tiempo que viví en Francia, en 2015 estuve por unos meses buscando una mayor participación de paisanos en las elecciones de 2016 a favor de Hillary Clinton. Nuestra tarea se enfocó en los estados de California, Arizona, Florida y la ciudad de Chicago. Eso me mantuvo viajando entre los dos países.

A finales de 2017 Andrés Manuel López Obrador me invitó a cenar. Hacía casi dos años que no nos reuníamos.

Hablamos de su campaña y me preguntó dónde veía riesgos en este proceso. Le dije que me preocupaba el mapa federal, sobre todo los estados del noroeste, donde había mucha resistencia y había que estar atentos de nuevo al voto por voto para no repetir la experiencia de 2006.

—Tienes todo para ganar, solo hay que cuidar bien las casillas.

—¿No quieres hacerte cargo del seguimiento de los distritos del noroeste?

—¡Claro!

En febrero de 2018 me sumé a la coalición Juntos Haremos Historia (Morena-Partido del Trabajo-Partido Encuentro Social), que coordinó Tatiana Clouthier. Tomé a mi cargo la Primera Circunscripción, que comprendía los estados que discutimos en aquella mesa: Jalisco, Nayarit, Sinaloa, Sonora, Baja California Sur, Baja California, Chihuahua y Durango.

Cuando empecé la gira por los municipios y las ciudades medianas, noté inmediatamente que esta no iba a ser una elección con un resultado tan ajustado como en 2006, pero era difícil calcular el margen inmenso con el que el nuevo Morena sacaría al PRI de Los Pinos.

El movimiento fundado siete años antes por Andrés Manuel logró la mayor votación por un candidato desde que existen comicios presidenciales en el país.

La legitimidad no solo era indiscutible, sino inédita: jamás un candidato al Poder Ejecutivo llegaba a su cargo con 53.19% de los votos, con mayoría del Poder Legislativo (69 senadores y 306 diputados), con cuatro gubernaturas —Morelos, Chiapas, Tabasco y Ciudad de México—, además de 14 alcaldías metropolitanas.

Morena logró ese 1 de julio mayoría absoluta en ocho de los 26 estados restantes: Sonora, Hidalgo, Tlaxcala, Tabasco, Chiapas, Oaxaca, Estado de México y Colima.

Para poner en contexto, fue una avalancha total de 30 millones de votos, casi el doble de los que obtuvo Andrés en su candidatura de 2012, y 11 millones más de los sufragios que colocaron a Enrique Peña Nieto en la presidencia un sexenio antes.

El primer domingo de julio de 2018 todo su equipo más cercano quedamos de vernos en el Hotel Sheraton de la Alameda a las 17:30. La idea era esperar juntos los resultados. Si bien sabíamos que íbamos aventajados en las encuestas, nunca imaginamos la avalancha de votos que llegaron. Cuando se anunció, muchos nos abrazamos, algunos gritaron, había caras llenas de lágrimas de emoción.

Quien más tranquilo estaba era Andrés Manuel: él no es una persona de gritos, ni de saltos, ni de estridencias. Sí festejamos y estábamos todos muy emocionados con los datos que nos obligaron a adelantar la conferencia de prensa para reconocer el triunfo y comenzar la caravana.

"Finalmente todo lo que trabajamos no fue en vano", alcancé a decirle mientras la adrenalina nos empujaba a salir a responderles a los miles de mexicanos que se iban congregando desde la puerta del hotel hacia la plancha del Zócalo.

Me senté unos minutos en uno de los sofás de la sala y me quedé pensando en lo curioso que es el destino: nos esperaba en la banqueta el pueblo para envolvernos nuevamente y llevarnos hasta esa plaza donde nos vimos 25 años antes palomeando listados de exempleados de Pemex sentados en unas sillas de plástico bajo el rayo del sol.

CUANDO PASE EL 2024

A diferencia de otros expresidentes, estoy convencido de que Andrés Manuel sí se va a alejar de la política. Lo dijo (y ya saben que, si lo dijo, lo hará).

Sin duda, es una figura que ganó y mantiene un enorme peso político y moral, pero no será un expresidente que esté interviniendo en el día a día.

No es su estilo. Y lo digo con conocimiento de causa, porque fui el único político de cargo electivo que lo sucedió en un puesto de elección popular, como fue el caso del gobierno capitalino. Además, nunca nadie más volverá a tener el poder que hoy ostenta en su presidencia (con tantos estados bajo su bandera ni con tanta cobertura en ambas cámaras). Este es otro punto, ¿cuál sería el sentido de caer en un desgaste permanente con menos representación que la que tiene en su actual administración?

Si bien hoy es un líder con mucha presencia mediática, con sus conferencias diarias y su injerencia en todos los temas a su alrededor, una vez acabado su sexenio habrá un cambio rotundo en su estilo de comunicación: será una persona que manifestará sus puntos de vista en temas de mucha importancia y trascendencia, pero no desgastando su imagen ya sin la banda presidencial en el pecho.

Algo que siempre agradezco de su parte es que, precisamente cuando hay otra persona en su mismo puesto como sucesor, no deja ni pedidos especiales (como nombramientos), ni encargos, ni agenda propia. Es un funcionario que sabe dar a cada uno su espacio y su impronta.

Incluso no se meterá porque lo he visto enojarse y ver con malos ojos cada vez que un expresidente opina sobre temas de actualidad o de mucho reflector.

Será un expresidente mucho más prudente y cuidadoso de lo que dice, cuándo lo dice y para qué lo dice. Y eso veremos después de diciembre de 2024.

Andrés será de los pocos expresidentes de la historia de México que podrá decir de sí mismo: "Cumplí, y cumplí muy bien".

10

EL RETO DE LA SEGURIDAD EN EL DF

> Parafraseando a los sabios:
> Nadie puede pensar y golpear
> a alguien al mismo tiempo.
>
> SUSAN SONTAG

Cuando era niño, creo que, como todos, mi sueño era ser policía o bombero. Y lo cumplí.

El 17 de febrero de 2002 Andrés Manuel López Obrador me nombró secretario de Seguridad Pública del Distrito Federal. En un mismo acto se cumplieron esos dos ideales infantiles, porque el Heroico Cuerpo de Bomberos también depende de esa secretaría.

Llegué a ese lugar por dos razones: porque Vicente Fox (quien como presidente debía autorizar el nombramiento) rechazó la propuesta de que fuera Francisco Garduño Yáñez, un funcionario que proponía Andrés Manuel, y por la cercanía y confianza que generó la alianza que hicimos cuando cedí mi postulación a jefe de Gobierno por el PCD a su favor.

La seguridad era, sin duda, la preocupación principal en la ciudad. A cargo de la policía se encontraba Leonel Godoy, quien renunció para contender por la gubernatura de Michoacán, estado del que luego logró ser gobernador en 2008.

De 1995 a 1998 la tasa de criminalidad de la ciudad había crecido y crecido. El anterior secretario de Seguridad, Rodolfo Debernardi, renunció a un año de asumir el cargo declarando que "aún no había nacido la persona capaz de lidiar con el problema del delito en la ciudad".[1]

Desde el inicio la gran apuesta de Andrés Manuel fue mostrar eficacia en el trabajo policial preventivo, aumentar la participación ciudadana en la prevención del delito y atender las causas de la violencia, esencialmente la pobreza y la frustración que generaban un orden profundamente injusto.

En el 2000 tomó las riendas de una ciudad habitada por 8.6 millones de habitantes y otros 10 millones que vivían en la zona metropolitana. La seguridad recaía en solo 40 000 policías de distintas unidades. La policía estaba mal preparada, era un cuerpo desordenado y sus integrantes tenían pocas oportunidades de ascender por mérito. La corrupción se había extendido desde la administración de Arturo *el Negro* Durazo, quien condujo la policía de 1972 a 1982.

Una encuesta realizada en 1999 por la Delegación Nacional de Transparencia Internacional indicó que 9 de cada 10 chilangos tenían "poca o cero confianza" en la policía de la ciudad.

Cuando llegué a la secretaría y comencé a tener reuniones con las diferentes áreas de trabajo me di cuenta de que se requerían cambios a gran escala. No había conocimiento local sobre casos de éxito en manejo de seguridad pública.

Era urgente un cambio y modernización de la fuerza de seguridad (como ocurrió con éxito en otras ciudades complejas como Palermo, Bogotá o Nueva York). En todos los casos había tres denominadores comunes: *1)* el alcalde encabezaba y respaldaba todo

[1] Tomado del estudio de Rachel Jackson "Recuperación de la ciudad: reforma policial en la Ciudad de México, 2002-2008", Princeton University/Tecnológico de Monterrey.

lo relacionado con la policía, *2)* había un modelo de recopilación de información y rendición de cuentas y *3)* se construyó una relación cercana y hasta cooperativa entre la policía y la comunidad.

Andrés Manuel aceptó y me integró a las reuniones de gabinete diarias, muy temprano en la mañana, donde el tema principal era la seguridad. Cada día sin falta se hacía una evaluación del avance y se revisaba un resumen de los delitos del día anterior.

Por primera vez todos los demás secretarios del gabinete entendieron que este tema era importante porque la seguridad no es un problema solo policial, sino gubernamental. Y había que volver a darle su valor a la policía y construir un puente con los vecinos cada día, no con promesas sino con hechos.

RECUPERAR EL CENTRO: BATALLA ESENCIAL

Como parte de las iniciativas para recuperar el Centro Histórico, Andrés propuso que blindáramos el perímetro A, la zona con el mayor número de edificios y espacios públicos reconocidos por su valor histórico y cultural por la Organización de las Naciones Unidas para la Educación, la Ciencia y la Cultura (UNESCO) y que son Patrimonio Cultural de la Humanidad. Dentro de esta delimitación se encuentran la plaza de Santo Domingo, el Colegio de San Ildefonso, la Alameda central, la plaza de la Constitución o Zócalo, la plaza de las Vizcaínas y el Corredor Cultural Regina y San Pablo.

Estaba implícito ganar la seguridad en la zona más visitada de la ciudad y luego replicarla a otras áreas; fijar en el espacio y el territorio la misión de ganar la batalla contra los delincuentes y lograrlo contra viento y marea.

Para este plan invitó al ingeniero Carlos Slim, quien ya estaba en planes para apoyar desde la iniciativa privada en la recuperación del Centro Histórico en alianza con el gobierno de Andrés (a través de la Fundación Centro Histórico). Su sobrino Héctor Slim —hoy director de Telmex— quedó a cargo de instalar 150 cámaras en el perímetro y apoyar en temas de seguridad. Hizo una labor extraordinaria.

Integramos a todas las corporaciones en un centro de mando ubicado en la calle de Cuba 57. Se instalaron en tiempo récord las cámaras y por primera vez —con el apoyo del entonces procurador de la ciudad, Bernardo Bátiz— los elementos de la Policía Judicial presentaron avances semanales de casos resueltos, y los ministerios públicos, de la judicialización de estos.

Como resultado, aumentó exponencialmente la efectividad del Estado por hacer valer la ley y dominar el espacio público, se redujeron consistentemente los índices delictivos y se expandió un nuevo sentimiento de seguridad. Ante la caída de la impunidad se abrió paso a una percepción diferente. A menor impunidad, mayor prosperidad.

Esta exitosa experiencia la extendimos a toda la ciudad. En mi gestión se pasó de 150 a 8 000 cámaras de seguridad, sin contar todas las que instalamos en la red del Sistema de Transporte Colectivo Metro.

Empezamos a realizar videoforénsica (análisis de videos de seguridad) y se sentaron las bases para la reubicación de más de 16 000 vendedores ambulantes del Centro a partir del 12 de octubre de 2007.

En síntesis, como lo preveía Andrés, el Centro Histórico es el principal espacio de identidad, orgullo y comercio para la mayoría de los capitalinos: recuperar espacios públicos, garantizar la seguridad, rehacer calles y paseos fue ganar la Ciudad de México.

Además de recuperar el Centro, hubo otras iniciativas relevantes que nos permitieron ganar en un tema de intenso debate mediático. Se organizaron cuerpos de policía especial para atender diferentes poblaciones: la policía del transporte contra robo en microbuses y abuso a mujeres, la policía ribereña para cuidar los canales y el turismo en Xochimilco, la brigada animal para combatir el tráfico ilegal y la crueldad contra los animales, la policía charra para la zona de la

Alameda central y la policía escolar para cuidar de la población escolar y su entorno.

También se implementó el alcoholímetro con un modelo que impedía la corrupción: 12 elementos, incluyendo médicos, cámaras y aparatos digitales para controlar los niveles de alcohol en la sangre, todo monitoreado centralmente.

Se eliminó la opción de pagar una multa y se implementó la obligatoriedad de pasar la noche en el Centro de Sanciones Administrativas y de Integración Social, "Torito", en Aquiles Serdán y Lago Gascasónica. ¿Qué efectos tuvo este cambio de sanción? Cayó 25% el número de accidentes letales en las vialidades de la ciudad.

En todas estas iniciativas fue clave el respaldo del doctor Manuel Mondragón y Kalb, antiguo compañero en muchas luchas. También fue imprescindible el activismo de Jesús Valdés Peña, con quien pusimos en marcha el modelo de policía de barrio y la evaluación policial. Por su parte, Víctor Espinosa Castro me ayudó enormemente para eliminar el Agrupamiento de Motociclistas (conocidos como Los Mordelones) que simbolizaban la extendida corrupción dentro de la policía.

El 11 de octubre de 2002 (había cumplido 43 años el día anterior) anuncié en la conferencia mañanera la contratación de Rudolph *Rudy* Giuliani y su equipo —Giuliani Partners LLC— para integrar un paquete de recomendaciones que nos permitieron, en nuestras circunstancias, replicar el éxito de su gestión al frente de la ciudad de Nueva York en el control de la delincuencia. Durante los ocho años en que fue alcalde de esa ciudad, los delitos violentos se redujeron a la mitad y los asesinatos se redujeron 67 por ciento.

Había trabajado en esta contratación durante meses y se logró gracias al financiamiento del sector privado. Conté, además, con la invaluable ayuda de Fernando Ramírez y de Sam Podolsky.

Le comenté a Andrés Manuel la idea de implementar este plan en mayo de 2002. Recuerdo que me invitó a desayunar en el Antiguo

Palacio del Ayuntamiento. Le propuse acercarnos a figuras internacionales como Rudy Giuliani y Leoluca Orlando, exalcalde de Palermo, Italia. Ambos simbolizaban diferentes estrategias exitosas de erradicación de la delincuencia en las ciudades que gobernaron. Por un lado, Giuliani era el mejor exponente de la doctrina de la *cero tolerancia* y la eficacia policial. Orlando, por su parte, era un ejemplo de lucha contra la mafia siciliana desde un enfoque de cultura de la legalidad y despliegue de inteligencia.

Del primero necesitábamos esencialmente su sistema digital de gestión (el CompStat) y el respaldo de quienes simpatizaban con su doctrina, que era el sector empresarial.

Leoluca nos servía mucho por su experiencia para involucrar a la comunidad y recuperar el espacio ganado por el miedo que la delincuencia propaga, así como el seguimiento de los recursos del crimen. Él aceptó generosamente mi planteamiento con la condición de que su asesoramiento no implicara ningún costo para el erario.

A partir de esto, busqué a diferentes sectores para sumarlos a la iniciativa. El sector privado —liderado por don Vicente López, Roberto Alcántara y el fallecido Moisés Saba Masri— me tuvo confianza e integró un fondo privado que directamente contrató los servicios de la consultora Giuliani Partners LLC.

Al final pagaron alrededor de dos millones de dólares. Se entregaron a la ciudad 146 recomendaciones que presentamos públicamente el 7 de agosto de 2003.

A esto le sumamos el entrenamiento para desarrollar nuestro propio sistema de seguimiento y gestión de recursos versus delitos. No existía antes, razón por la cual siempre la policía iba detrás de los acontecimientos y no había información efectiva en tiempo real. Para el éxito de esta experiencia hubo un funcionario clave, Mario Delgado.

De manera simultánea, desde los primeros días puse en marcha un minucioso plan elaborado por el fallecido general Enrique Pérez Casas, amigo de Manuel Camacho y colaborador del presidente

Adolfo López Mateos durante la organización de las Olimpiadas de 1968. Enrique fue un leal y dedicado colaborador. Su plan consistía en Unidades de Protección Ciudadana (UPC), y dar la entrada y formar a toda una nueva generación de policías para la ciudad. Esta iniciativa implicó acelerar la jubilación de mandos y elementos que permanecían en la corporación por falta de otras opciones. Se crearon las nuevas unidades y se realizó el Primer Desfile de la Policía en 2002, luego de 34 años de ruptura entre esta fuerza y la comunidad, como efecto de los acontecimientos de 1968.

Se reorientó la actividad de la policía de detenciones de novios en parques y faltas administrativas a aprehensiones de delincuentes por secuestro, homicidio y robo a casa habitación.

Con Fernando Schütte Elguero al frente, le dimos gran participación al Consejo Ciudadano, que organizó el primer congreso de víctimas de la delincuencia, y avanzamos en la lucha contra la impunidad.

Para el segundo semestre de 2004 era evidente que la estrategia de seguridad avanzaba y, sobre todo, crecía la popularidad de Andrés Manuel.

El presidente Vicente Fox y sus aliados comenzaron a caer en la obsesión de destruir a Andrés y su gobierno. Y el tema de seguridad se politizó.

El 27 de junio de 2004 se convocó a una marcha contra la inseguridad y quiso enderezarse contra Andrés Manuel y nuestro gobierno. Apareció todo tipo de personajes: desde personalidades y organizaciones cercanas a la administración de Fox y el PAN, hasta el dirigente nacional de El Yunque, pero también llegaron numerosas agrupaciones de carácter más popular.

Convencidos de que la inseguridad era un fuerte aglutinador para derechas (en buena medida por una lectura superficial de encuestas y grupos de enfoque), se lanzó una fuerte campaña para sitiar y desgastar a López Obrador.

La marcha fue importante, sin duda, pero no pudieron conducirla ni tampoco centrar este tema en el desgaste de la imagen de Andrés Manuel.

El gobierno de Fox también tuvo un desgaste enorme. La razón principal y, a la larga, por la cual la derecha mexicana no ha podido ganar ese debate es muy simple: la izquierda de la ciudad tuvo mucho mejores resultados que la derecha en 12 años de gobiernos nacionales.

De hecho, el mayor fracaso en materia de seguridad se dio en el sexenio de Felipe Calderón, cuando los homicidios crecieron 192.85 por ciento.

ODIO EN LA GENTE, ODIO EN LOS PINOS

Fui destituido como secretario de Seguridad del DF por el presidente Vicente Fox, mientras estaba compareciendo ante la Asamblea Legislativa. A mitad de mi discurso vi acercarse a Mario Delgado, con un celular en la mano, y me dijo al oído: "Licenciado, dice mi papá que en este momento Fox está anunciando que lo acaban de remover de su cargo". Mientras hablaba, veía a los diputados atender a sus celulares mientras me miraban de manera espantada. Todos ya lo sabían. Se tomó la decisión de suspender la sesión y pidieron un televisor para ver si era real el rumor que todos recibían. Desde la pantalla vimos el mensaje presidencial: "He comunicado al jefe de Gobierno del Distrito Federal mi decisión de remover al licenciado Marcelo Ebrard Casaubon del cargo de secretario de Seguridad Pública del DF".

Para esa presentación ante los diputados yo había armado una caja con todos los documentos, los expedientes, las declaraciones, fotos y hasta una maqueta de la zona de los hechos. Lo preparé incluso porque sabía que en cualquier momento podía ser detenido e incluso encarcelado. Yo estaba mentalmente preparado para eso y decidí estar listo con todos los materiales que me sirvieran como defensa ante una situación de detención casi inminente. Me fui de la Cámara a mi casa, ya no volví nunca más a mi oficina. Mario se ofreció a ir a buscar mis carpetas y artículos personales.

Todo había comenzado 13 días antes, el 23 de noviembre.

En San Juan Ixtayopan, delegación Tláhuac, mientras caía el sol, comenzaba uno de los eventos más difíciles de mi carrera. Unos 200 vecinos lincharon a dos agentes de la Policía Federal Preventiva (PFP) que estaban investigando el narcomenudeo en esa zona: Víctor Mireles y Cristóbal Bonilla; asimismo, estuvieron a punto de ahorcar en la plaza del pueblo a un tercer agente, Édgar Moreno, que al final fue rescatado por la Policía Judicial. Alguien hizo correr el rumor de que eran en realidad secuestradores de dos niñas que habían desaparecido porque estaban estacionados cerca de su escuela y sin ropa reglamentaria. Se armó una turba a su alrededor: los ataron, los torturaron y a Víctor y Cristóbal los quemaron vivos. Édgar quedó gravemente herido y se salvó de ese destino tan brutal. "Nunca intervino la policía local y recién dos horas más tarde llegaron los granaderos". Esa era la información que se manejó de manera inmediata. Comenzaron las denuncias, los procedimientos de la PGR (porque las víctimas eran servidores públicos federales) y solo faltó que yo terminara en la cárcel acusado de inacción o negligencia.

Eran las seis de la tarde y yo estaba en una conferencia en la Cámara Nacional de la Industria de la Radio y la Televisión (CIRT) en Polanco presentando un nuevo programa antisecuestro que acabábamos de implementar en la ciudad. Me hablan de la secretaría para alertarme de que hubo un intento de linchamiento en Tláhuac, pero que ya estaba por controlarse.

Poco más tarde recibí otra llamada informándome que se había complicado, pero que los granaderos ya iban en camino. Decidí suspender la reunión, pedir un helicóptero y trasladarme a ese punto.

La jefa delegacional, Fátima Mena, había llegado al lugar y tuvo que regresar a su auto ante la amenaza de los propios vecinos de que debido a la falta de seguridad estaban tomando ellos la justicia por mano propia. Los que sí llegaron desde un inicio fueron las cámaras de los medios de comunicación para que se viera el horror en todo el país. A Víctor y Cristóbal los tiraron en la banqueta, y después de dejarlos inconscientes a golpes les prendieron fuego. A Édgar le esperaba lo mismo si no hubiera sido por dos policías judiciales que lograron rescatarlo.

Luego supimos que las víctimas tuvieron la oportunidad de llamar dos veces a la PFP para avisar que los estaban golpeando y que necesitaban que los rescataran. Nadie llegó desde su unidad.

Ordené que se trasladaran los granaderos desde el Centro Histórico. Toma dos horas o más llegar al lugar con equipo táctico desde cualquier punto cercano a esa comunidad, que además tiene una sola calle de acceso, y estaba cerrada por los vecinos.

Ese mismo día el presidente también cesó de su cargo a José Luis Figueroa, comisionado de la PFP, junto con otros ocho mandos más de la misma corporación, entre ellos Manuel Ángel García Lugo y José Luis Palacios Razo, jefes directos de los tres policías linchados, quienes no hicieron nada por salvarlos a pesar de haber recibido llamadas telefónicas de las víctimas pidiendo ayuda.

Este tema escaló a nivel nacional: el presidente Fox había encontrado la mejor excusa para culparme por omisión y destituirme para, de paso, erosionar la popularidad de un candidato que crecía y crecía en las encuestas.

Al día siguiente de los hechos, en su conferencia matutina, Andrés Manuel defendió mi cargo y relató los hechos con la verdad de lo que pasó esa noche.

Salí de la Secretaría de Seguridad Pública, pero entregué buenas cuentas:

- los robos disminuyeron de 96 271 por año a 88 725;
- aquellos que incluían violencia bajaron de 50 611 a 45 765;
- los homicidios pasaron de 1 759 a 1 535, y
- la delincuencia en el Centro Histórico cayó 31 por ciento.

En total la tasa de criminalidad anual en el Distrito Federal bajó por primera vez en años casi 10 por ciento.

NUEVO IMPULSO A LOS PROGRAMAS SOCIALES

El presidente Fox me quitó el cargo que tenía en el DF, pero me acercó mucho más con Andrés Manuel.

La mía era la segunda estocada que daba Fox a las cabezas más visibles de la capital. Andrés Manuel enfrentaría el desafuero promovido desde Los Pinos por la expropiación de terrenos para construir un acceso a un hospital privado. En 2004 la PGR también se puso a investigar este caso de desacato a la justicia. La procuraduría convenció a Fox de que el desacato era justificación suficiente para desaforar al alcalde capitalino. Este juego a tres bandas le permitió al gobierno sacar judicialmente a un potencial candidato presidencial en las siguientes elecciones.

El caso se votó, el PRI-PAN lograron la mayoría para quitarle a Andrés Manuel su cargo. El 24 de abril de 2005, una megamarcha de más de un millón de personas al Zócalo mostró el desatino cometido. La sociedad se movilizó como nunca contra una injusticia. El respaldo popular doblegó a Fox y su coalición de intereses.

Al presidente no le quedó más alternativa que frenar el proceso, correr al procurador que tan mal lo había asesorado, Rafael Macedo de la Concha, y un año más tarde el jefe de Gobierno tenía más popularidad que antes del desafuero.

En mi caso pasó algo similar. Dos meses después de la tarde fatal de San Juan Ixtayopan (y sin que la PGR hubiera podido presentar una sola prueba en mi contra) pude asumir en febrero de 2005 el cargo de secretario de Desarrollo Social, que fue mi puesto en el penúltimo año del sexenio de Andrés Manuel, encargado de sus proyectos más importantes.

Esta nueva responsabilidad me permitió cimentar las bases para mi candidatura como jefe de Gobierno, que llegó en diciembre de ese mismo 2005.

En aquellas tremendas circunstancias, Andrés me demostró su grandeza humana tanto en la lucha política como en la relación personal conmigo. Nunca lo olvidaré.

La adversidad nos hizo, como ha dicho, hermanos.

11

LA NUEVA ERA DEL DF:
CONTINUIDAD CON CAMBIOS

México es la ciudad en donde lo insólito sería que un acto,
el que fuera, fracasase por inasistencia. Público es lo que
abunda, y en la capital, a falta de cielos límpidos, se tienen, y a
raudales, habitantes, espectadores, automovilistas, peatones.

CARLOS MONSIVÁIS

Estuve muchos días pensando cómo ordenar lo vivido en lo que es, hasta ahora, mi mayor orgullo dentro de mi carrera política: ser jefe de Gobierno de la Ciudad de México.

Fue lo máximo. Qué inmensa alegría, qué difícil de explicar todo lo que pasó por mi cabeza el día que gané las elecciones con un margen inédito hasta ese momento.

Llamé inmediatamente a mi papá y fue una gran satisfacción escucharlo emocionado, orgulloso y hasta feliz al otro lado del teléfono.

Una mañana fría pero soleada del último mes de 2006 comencé a gobernar una de las megalópolis más complejas del planeta, una ciudad de 500 años, fincada en nuestra historia prehispánica, colonial, revolucionaria y moderna. Mis decisiones iban a impactar en una de las capitales más cosmopolitas, diversas y físicamente inconmensurables que existen, una suerte de pieza de origami infinita que se despliega en otras mil ciudades, en cada delegación, en cada colonia y en cada calle. Todo es distinto de una punta a la otra: la cultura, la música, las comidas, los estilos, el *slang*, la arquitectura, las leyendas urbanas, el arte, las dinámicas sociales, los rituales, la migración, los colores, aromas, la vegetación, las alturas, el subsuelo, el color de la tierra; un mundo sostenido, para ese entonces, por 8.7 millones de almas, que terminan siendo 18 millones si tenemos en cuenta que somos parte de una de las áreas metropolitanas más compactas del país, todos mirando un horizonte de montaña y volcanes, en un valle codiciado durante siglos.

NACER HUÉRFANOS

Mi gobierno arrancó con una tensión instalada: era el jefe de Gobierno de la capital, del punto concentrador del poder político y económico de un país gobernado por un presidente de otro partido (algo que ya había padecido Andrés Manuel con Fox) y que había llegado a su puesto por vía fraudulenta. Esta situación iba a hacer difícil la convivencia.

Los 47 días que duró el plantón, como mi jefe, yo también viví en una tienda de campaña. Cuando se levantó el plantón de Reforma llegó la hora de operar el plan de gobierno que habíamos preparado.

Había que consolidar y expandir los programas sociales y, al mismo tiempo, duplicar la inversión privada, culminar con la recuperación del Centro Histórico, llevar a su máximo alcance lo avanzado en seguridad. Simultáneamente quería desarrollar mi agenda feminista, de libertades y derechos, así como la ecológica, y dar paso a la revalorización de los jóvenes.

Resuelto a mantener la distancia con el gobierno federal, decidimos armar una administración fiscalmente más eficiente, que recaudara mejor; buscamos alianzas públicas y privadas que nos permitieran llevar adelante los ambiciosos proyectos que necesitaba la capital y emprendimos el reordenamiento de la deuda pública.

Mi programa tuvo siete ejes: *1)* reforma política: derechos plenos a la ciudad y sus habitantes, *2)* equidad, *3)* seguridad y justicia expedita, *4)* economía competitiva e incluyente, *5)* intenso movimiento cultural, *6)* desarrollo sustentable y de largo plazo y *7)* nuevo orden urbano: servicios eficientes y calidad de vida para todos.

Leyendo estas "avenidas de trabajo" en perspectiva, me siento muy orgulloso de haber colocado en la mesa conceptos que hoy, 16 años más tarde, están tan en boga, como equidad de género, brechas de desigualdad, economía incluyente, desarrollo sustentable, cambio climático y calentamiento global.

En mi sexenio fui de los mayores defensores de Andrés Manuel López Obrador. Aunque no con dinero, como lo relata —sin fundamentos— la periodista Elena Chávez en su reciente libro *El rey del cash. El saqueo oculto del presidente y su equipo cercano* (Grijalbo, 2022). Me consta, por las décadas de trabajo juntos, que ese no fue nunca su método para financiar su gesta opositora. Creo que ese libro y otras campañas contra Andrés fracasan porque carecen de veracidad y también porque pasan por alto lo fundamental: Andrés logró instalar por primera vez en el imaginario colectivo que la corrupción es dañina, que no se debe permitir ni festejar, ni hacernos de la vista gorda.

Hoy la gente —medido por encuestas— rechaza la corrupción con mucha más firmeza que antes de su administración, donde hasta se festejaba y admiraba. Me consta y vale la pena recordar la vida frugal que Andrés ha llevado desde esos años.

Haber sido jefe de Gobierno del DF significó un rosario de historias, de eventos y de cambios. Fue una gran tarea recuperar los documentos y datos para escribir este libro sobre todo lo que llevaba años planeando que aplicaría cuando llegara a ese puesto y los resultados que quedaron instalados para siempre cuando dejé mi despacho el 5 de diciembre de 2012.

¿Cómo acomodar los cientos de momentos de seis años al frente de una ciudad que es un organismo vivo? Las fechas, los resultados, los cambios, las cifras, los pendientes, los ajustes, las escenas, los eventos… Si ponía todo cronológicamente iba a ser una especie de informe de gobierno frío, lejano y tedioso.

Tomé mi cuaderno de hojas amarillas y mi siempre afilado lápiz naranja y arranqué con una lista ("siempre hacemos listas de todo", decía Umberto Eco).

Y me acordé del método que usó Ray Bradbury para escribir *Fahrenheit 451* (1953): anotar en una hoja todo lo que más amaba (en su caso los libros) versus otra con lo que más odiaba (que fuera quemado).

ACIERTOS

EL VALOR DE LA SEGURIDAD

Me queda muy claro que una de las razones de mi triunfo en la ciudad fue por las reformas en el tema de ataque a la delincuencia y en la modernización de la policía que bajaron los niveles de delitos. Había mucho por continuar haciendo.

Una de las primeras acciones fue desarticular en Tepito "La Fortaleza", un edificio que era un verdadero centro de operaciones del crimen y un símbolo de la impunidad. Se hizo de manera inteligente y sin violencia. Un año más tarde repetimos el operativo en "La Ford", en Iztapalapa. Era un tianguis inmenso de piezas robadas de vehículos (se confiscaron dos hectáreas de autopartes). El lugar se demolió y allí se levantó un centro médico, una guardería y un centro de atención para personas con discapacidad. Promoví la Ley de Extinción de Dominio y creamos la primera Unidad de Inteligencia Financiera. ¿Qué significaba? Que si el Estado confisca bienes relacionados con algún delito no necesita pagarles a los dueños. Esto requirió una reforma ni más ni menos que a la Constitución. En 2008 se aprobó en nuestra legislatura y en 2009 a nivel nacional.

Se presentaron 130 casos de extinción de dominio a cargo de Javier González del Villar. Aumentamos de 150 a 8 000 las cámaras de seguridad en las 16 delegaciones.

Después del evento de la discoteca New's Divine designé como nuevo secretario de Seguridad Pública a Manuel Mondragón y Kalb, que era mi subsecretario cuando ocurrió el caso de Tláhuac. A su cargo quedó la creación de las fuerzas especiales y las diferentes categorías de policías en la ciudad, así como los Centros de Atención, para mejorar el compromiso de la policía y de investigación interna en la fuerza (algo tan inédito como necesario), e implementó el Plan de Cuadrantes, que asignaba responsabilidades por manzanas. También unificamos los seis grupos de control de la vialidad, un foco de corrupción que había resistido por décadas, desde las motopatrullas hasta las grúas, los cóndores —helicópteros—, los cisnes y la Dirección de Control de Tránsito, y se creó un área central de vialidades.

Al terminar mi mandato, el DF quedó en el lugar 25 entre los 32 estados en índice de homicidios por cada 100 000 habitantes; hubo un recambio de 35 000 policías y dejé una fuerza mucho mejor entrenada, con una reducción de 40% en el índice de delitos. Cayeron las denuncias por homicidio, robos de todo tipo y secuestros. Los delitos de alto impacto bajaron 11% entre 2006 y 2012 mientras a nivel nacional crecieron.

La ciudad se tornó segura en la percepción pública.

EL MASCARÓN DE PROA: LOS DERECHOS HUMANOS

Mientras escribo este libro, el estado de Tamaulipas acaba de ser la última entidad en aceptar el matrimonio igualitario. Ya es un derecho nacional y fue una iniciativa que nació en el DF, donde fuimos incluso pioneros en toda Latinoamérica cuando el 21 de diciembre de 2009 los legisladores locales aprobaron la unión entre personas del mismo sexo que propuso el entonces diputado David Razú.

Fue un debate enorme, que me enfrentó con el entonces portavoz de la arquidiócesis de México, Hugo Valdemar, quien amenazó con excomulgarme. Eso sí, para lograrlo le dije que yo iba a pedir que aplicara el derecho canónico y que iba a escalar el tema para que el proceso fuese llevado a cabo ante el papa Benedicto XVI en Roma.

Nadie, ninguna institución debe ir contra un derecho tan importante como es el de decidir a quién amar. Hay una persona a la que adoré y en la que pensé mucho en ese momento, porque la reforma entró en vigor en marzo de 2010, meses antes de su muerte: Fernando Ebrard, mi hermano. Lo recuerdo como una de las personas más alegres y creativas que haya conocido. Diseñador de moda con profundo buen gusto. Lo vi reír, pero también lo vi sufrir. Ser gay no era fácil para alguien nacido en 1965. Fui testigo de la terrible discriminación con la que batalló, la manera en la que una persona sumamente sensible y generosa tenía que luchar por sus sentimientos. ¿Por qué alguien debe decidir sobre lo que quieres para tu vida? ¿Por qué tiene que haber condenas a quienes deciden cómo y a quién amar? Su muerte, el 9 de noviembre de 2010, me marcó de una manera profunda. Tenía solo 45 años y merecía ser feliz.

El año de la implementación se celebraron 689 bodas entre personas del mismo sexo en la ciudad y en 2021 sumaron 4 341 en todo el país.

Otra ley que nos puso a la vanguardia como una ciudad de libertades fue la de la interrupción legal del embarazo (ILE) durante las primeras 12 semanas de gestación. La ILE fue legal en la ciudad casi 11 años antes de las olas de pañuelos verdes que coparon todas las capitales de la región y de nuestro país a partir de 2018.

La interrupción del embarazo es una decisión que debe tomar cada mujer, no el Estado. Cuando llegamos al gobierno, 14% de las muertes de mujeres se debían a abortos clandestinos. Los diputados tuvieron que trabajar protegidos por más de 400 granaderos y ante un cerco de centenares de grupos opositores que reclamaban "abortar la ley del aborto", aprobada finalmente el 24 de abril de 2007, con un margen de votos que hablaba de que ya vivíamos en una ciudad progresista: 44 a favor y 19 sufragios en contra. Armando Ahued, secretario de Salud del DF, lo dijo mucho más claro: "El aborto es una cuestión de salud pública, no moral, no religiosa". Fue central en toda la arquitectura de la ley nuevamente Leticia Bonifaz, una feminista que encontró maneras incluso de involucrar a las organizaciones civiles en este cambio. Hoy, la Suprema Corte de Justicia de la Nación resolvió que la criminalización absoluta del aborto es inconstitucional e invalidó su penalización en Coahuila. El aborto es legal en Oaxaca, Hidalgo, Veracruz, Baja California, Sinaloa, Guerrero y Baja California Sur. Cuando lo legalizamos en el DF se hablaba de turismo abortivo, de explosión de abortos, y no ocurrió. Desde la aprobación de la ley en 2007 hasta 2022 se realizaron 237 643 ILE en la capital.

Y como ya me iban a excomulgar, que se me ocurre invitar al fotógrafo Spencer Tunick para que retratara a 20 000 personas desnudas en el Zócalo ¡frente a la Catedral Metropolitana! Sigue siendo para él una de las experiencias más convocantes de toda su carrera, y de hecho batió un Récord Guinness. "La obra contribuyó a la investigación visual del desnudo colectivo y a la desmitificación del pudor en una sociedad tan conservadora como la mexicana en 2007", publicó al día siguiente el diario *El País*.

Un año más tarde conseguimos otra victoria para las libertades individuales: la Ley de Voluntad Anticipada. En el DF cualquier persona puede negarse a someterse a medios, tratamientos o procedimientos médicos que pretendan prolongar de manera innecesaria su vida y fundamentalmente protege en todo momento la dignidad de la persona. Hoy este derecho está vigente, además de en la CDMX, en 13 entidades de la República (Coahuila, Aguascalientes, San Luis Potosí, Michoacán, Hidalgo, Guanajuato, Guerrero, Nayarit, Estado de México, Colima, Oaxaca, Yucatán y Tlaxcala) y hay más de 10 000 mexicanos que han firmado el documento que habilita este derecho.

También tuvimos en cuenta a las minorías indígenas, los pueblos originarios y los migrantes, implementando una agencia especializada del Ministerio Público con traductores y abogados hablantes de diferentes lenguas para garantizar el acceso efectivo a su derecho.

El gabinete completo tomó cursos de náhuatl y comenzamos a publicar los documentos oficiales en ese idioma.

Construimos la ciudad del derecho a decidir.

LA INEQUIDAD ES LÍQUIDA

La desigualdad en el DF empieza con el acceso al bien más primario: el agua. Mientras que en la zona occidente de la capital hay agua sin restricciones, en el oriente no hay. Una zona que fuera el manto de un lago, con terrenos salitrosos, es tan seca como un desierto y carente de toda infraestructura hídrica (sobre todo en las zonas altas) para proveer agua a áreas densamente pobladas. Era una injusticia que mientras la mitad de la capital consumía agua subsidiada a muy bajo costo (con el plus de que si no se pagaba por el servicio no se suspendía), en la otra mitad costaba cada vaso, cada garrafón de agua en efectivo y con un sobrecosto infame.

Decidimos empezar poniendo un control en la zona poniente para que el agua llegara a la zona oriente. Hasta 2006 solo 40% de los chilangos pagaba puntualmente sus boletas de agua. Comenzamos a ser estrictos en el cobro y redujimos el servicio a quien no estuviera al corriente. Solo con esta medida logramos aumentar el suministro al extremo más lejano de acceso que es Iztapalapa. En esta zona los vecinos se surtían con garrafones que costaban 22 pesos (cuando el mismo volumen de agua a un vecino de las Lomas de Chapultepec, Interlomas, Bosques de las Lomas y otras anexas, le costaba un peso). Montamos en Iztapalapa numerosas plantas de embotellamiento de agua alimentada por pipas, en las que el costo del garrafón bajó a 4.5 pesos. Luego, con este ejemplo rehabilitamos y repusimos 110 pozos profundos, automatizamos 300 y se equiparon 120 de un total de 640 y rehabilitamos más de 500 000 micromedidores para cobrar el consumo real. Y pusimos todo lo necesario para que fuese una realidad el acuaférico de La Noria a Iztapalapa.

La Ciudad de México tiene, además, un doble problema con el agua: mientras falta en buena parte de su geografía, la otra se inunda. Gastamos 8% de la energía de la ciudad para subir el agua desde Cutzamala 1 500 metros hasta la capital para luego distribuirla de manera inequitativa, luego verterla en Tula y, de ahí, al mar.

Las zonas bajas del valle viven con el riesgo permanente de las inundaciones, lo que afecta las viviendas en zonas vulnerables de la ciudad, como Venustiano Carranza o Iztapalapa.

No solo había que invertir en una mayor red de acceso al agua, sino en un sistema de drenaje que evitara esos eventos cada año.

Como antecedente tenemos la inundación de las 80 manzanas de El Arenal. En esta zona de la delegación Venustiano Carranza en febrero de 2010 corrían ríos de aguas negras cuando una lluvia atípica durante 48 horas provocó que colapsara el drenaje profundo. Recuerdo que esa semana me movía en Unimog (unos enormes camiones todoterreno) trabajando de cerca con el equipo del Sistema de Aguas del DF para apoyar a la gente que había perdido sus bienes y donde peligraba la salud de la población. Había que desahogar las calles y vacunar a la población, además de movilizar a médicos y enfermeras. El drenaje desbocado tras una atípica lluvia nos puso de cabeza a trabajar en casi 50 obras distintas para evitar un caso similar en el futuro.

Las inundaciones fueron una pesadilla desde tiempos de la antigua Tenochtitlan, cuando Nezahualcóyotl innovó con sus sistemas de diques para evitar que la capital azteca se inundara, hasta el porfiriato, cuando construyeron las primeras grandes obras de desagües, como El Canal, El Túnel y El Tajo de Tequixquiac.

El agua (faltante y en exceso) era mi obsesión al asumir la jefatura de Gobierno. Por un lado, para ampliar su cobertura construimos el acuaférico de La Noria a Iztapalapa y el de La Viga, y, por el otro, invertimos en la rehabilitación del Túnel Emisor Central e interceptores del drenaje profundo, y en la ampliación del Túnel Emisor Oriente.

Aumentamos en 100% la inversión en infraestructura hídrica en el DF, que sirvió incluso para construir cinco plantas potabilizadoras como la de Iztapalapa, cuatro tanques de almacenamiento y el acueducto de Santa Catarina.

UNA REAL CONCIENCIA MEDIOAMBIENTAL

Cuando iba a comparecer a la Asamblea Legislativa durante el gobierno de Andrés Manuel, me acuerdo de que siempre me abordaba una entusiasta diputada, Martha Delgado Peralta. Una mujer verde (para resumir su impronta), comprometida con temas medioambientales y una legisladora sin partido (su movimiento México Posible no había logrado su registro). Me identifiqué con ella por tener los dos el impulso de fundar partidos y de aferrarnos a nuestros ideales. Ella traía mucha fuerza social, representaba a más de 40 grupos ciudadanos, enfocados en temas de ecología, algo que yo abracé desde que trabajaba con Camacho Solís. En mi última comparecencia en 2004, ya como secretario de Desarrollo Social, se acercó y me entregó una carpeta impecable con el título "La ciudad que queremos". Me gustó su plan y semanas más tarde me reuní con ella porque era la persona perfecta para ser secretaria de Medio Ambiente en mi gabinete. El Programa Acción Climática tenía 20 líneas de acción para mejorar la calidad de vida y reducir en siete millones de toneladas la emisión de gases de efecto invernadero. También se implementó la Gestión Integral de Residuos Sólidos (producíamos en ese momento 12 500 toneladas diarias). Con la coordinación de Fernando Aboitiz, nuestro secretario de Obras y Servicios, se cerró el Bordo Poniente e implementamos por primera vez en Latinoamérica una norma para "azoteas verdes" que además ofrecía un descuento de 10% en el impuesto predial al inmueble que la implementara.

Fuimos tan activos en planes de atención al medio ambiente que en diciembre de 2009 fui nombrado presidente del Consejo Mundial de Alcaldes por el Cambio Climático.

Fueron reemplazados en esos años 86 000 taxis y 6 000 microbuses por autobuses y trolebuses en 10 corredores en las principales arterias de la ciudad. Se impusieron normas de verificación vehicular más estrictas y se incorporó el sistema de parquímetros. Se construyeron las líneas 2, 3 y 4 del Metrobús en toda la ciudad (pasamos de 20 a 95 kilómetros de recorrido), un crecimiento de 350%. Además, la Línea 12 del Metro vino a reducir la contaminación que significaba la movilización diaria de 450 000 personas. De 2008 a 2012 se logró la meta de disminuir en 7.7 millones las toneladas de CO_2, 10% más que lo calculado en el inicio del Programa de Acción Climática.

Según datos del Centro Mario Molina, en seis años se redujeron 4.5% los gases de efecto invernadero en la ciudad.

A RODAR Y RODAR

"Si va a instalar el modelo de bicicletas compartidas, hágalo pensando en las mujeres: desde el tipo de bicicleta hasta por imitación. Las mujeres usan transporte seguro, y si ellas las adoptan, el éxito será rotundo", me aconsejó en 2006 Ritt Bjerregaard, la entonces alcaldesa de Copenhague.

No solo pensé en mujeres usuarias, sino que todo el proyecto recayó en una mujer, Martha Delgado Peralta. La bicicleta te iguala y el auto te separa. Aquel consejo fue muy atinado, porque las mujeres tenían una oportunidad de hacer ejercicio y de acortar tiempos de traslado para estar más tiempo con sus hijos. Una vez implementado el sistema de transporte individual Ecobici en 2010 tuvimos a 60% de usuarios alrededor de los 30 años, el perfil que me describió desde el otro lado del mundo Ritt. Fue la primera ciudad en la región en contar con este modelo de bicicletas públicas y la meta inicial era tener 24 000 usuarios y 9 000 viajes diarios.

Nuestro sexenio terminó en 2012 con 21 kilómetros de ciclovías, 275 estaciones, 4 000 bicicletas y 79 000 usuarios, con 27 500 viajes anuales. Estábamos por delante de todas las ciudades de América.

Además, dimos cátedra en los foros globales porque la relación de la gente con las bicis públicas era muy diferente por ciudad: en París se destruían cuatro de cada 10 unidades al año, en Barcelona se robaban 15% de las bicis y aquí solo se perdía o rompía 2.5% de las bicicletas. La gente las adoptó y las cuidó como propias. Fue un ganar-ganar indiscutible y hoy es parte de la cultura chilanga.

Cerré Reforma, un domingo al mes, como otro espacio ganado para los chilangos: un corredor de tres carriles de varios kilómetros por la avenida más importante hasta el Zócalo. Al principio el Ciclotón fue una lucha, porque parecía una locura cerrar por unas horas una arteria tan importante. Lo cierto es que ya no se ha podido quitar por la enorme cantidad de gente que lo disfruta en bicicleta, patines, triciclos, patines de diablo, corriendo con sus mascotas. Es un lugar seguro, amplio, donde me consta que muchos han aprendido a usar patines y bicicletas, ¿dónde más en la ciudad puedes recorrer todo este espacio rodeado de vecinos disfrutando como tú?

A 12 años de puestas en marcha (2010-2022) las ecobicis sumaron 374 544 usuarios que han realizado más de 76 millones de viajes, con más de 121 millones de kilómetros recorridos.

LAS MUJERES PRIMERO

La mitad de mi equipo eran mujeres y los resultados fueron maravillosos. Incluso se impartieron cursos a los mandos medios para que esta igualdad se replicara en toda la gran estructura gubernamental. Martha Lucía *Malú* Mícher aceptó dirigir el Instituto de las Mujeres del DF, incorporando el activismo feminista a todas las acciones de gobierno.

Con 33% de los hogares en la ciudad encabezados por una mujer, se creó un programa integral para madres jefas de familia: una pensión, apoyo legal y psicológico gratuito, así como planes de capacitación para su inserción laboral.

Creamos en 2009 la Comisión Interinstitucional de Género del DF para dar seguimiento a la aplicación de presupuestos destinados en todas las áreas del gobierno para invertir con perspectiva de género. En paralelo, la Asamblea (pionera en paridad de género) votó a favor de la Ley de Acceso a las Mujeres a una Vida Libre de Violencia, la Ley de Igualdad Sustantiva entre Mujeres y Hombres, la Ley para Prevenir la Discriminación, además del Programa General de Igualdad de Oportunidades y No Discriminación hacia las Mujeres. De hecho, diseñamos un Protocolo de Prevención, Atención y Sanción al Acoso Sexual, y se impartieron cursos a los servidores públicos con perspectiva de género.

Logramos, dentro del Índice de Competitividad Estatal 2012 del IMCO,[1] el primer lugar entre todos los estados en indicadores de igualdad de género y el primer lugar en paridad de ingresos.

---

[1] https://api.imco.org.mx/release/latest/vendor/imco/indices-api/do cumentos/Competitividad/%C3%8Dndice%20de%20Competitividad%20 Estatal/2012-01-01_0900%20%C2%BFD%C3%B3nde%20qued%C3% B3%20la%20bolita%3F%3A%20Del%20federalismo%20de%20la%20re criminaci%C3%B3n%20al%20federalismo%20de%20la%20eficacia/Do cumentos%20de%20resultados/2012%20ICE%20Presentaci%C3%B3n%20 -%20D%C3%B3nde%20qued%C3%B3%20la%20bolita.pdf

Pago para que estudies

No muchos lo saben, pero fui maestro en la Escuela Nacional de Estudios Profesionales Acatlán, de la Universidad Nacional Autónoma de México (UNAM) en 1981, hoy Facultad de Estudios Superiores. Daba la materia de Política Internacional Contemporánea. En el primer semestre muchos de mis alumnos reprobaron el examen. Me puse a evaluarlos más allá de las notas: muchos dormitaban en las clases, no leían nada porque no tenían dinero ni para comprar un periódico y la mayoría llegaba sin comer al salón. Eran 42 alumnos y conseguí un presupuesto de 25 pesos para un sándwich para cada uno y yo me encargaría de traer libros y diarios para leer en clase. Al final aprobaron todos.

Este recuerdo de mi etapa como maestro y el modelo de El Colegio de México, que me pagaba una beca por —y no para— estudiar (con lo que yo ya no dependía de mi familia), fueron la base de Prepa Sí, un programa que es de mis mayores orgullos. Detrás estaba el Fideicomiso de Educación Garantizada (Fidegar). Cuando llegamos al gobierno del DF, una encuesta de la Secretaría de Educación Pública (SEP) identificó que más de 35% de los jóvenes desertaba de los estudios por la necesidad. Entregamos entre 500 y 700 pesos mensuales (entre 46 y 65 dólares en ese entonces) a más de 530 000 alumnos (dependiendo de sus calificaciones) para ayudarlos a no soltar los libros y que terminaran la preparatoria. Esos pocos años hacen una diferencia abismal en calidad de vida, calificaciones y oportunidades de movilidad social. El estímulo era el mejor mensaje de que el gobierno de la ciudad creía en ellos, los admiraba y los cuidaba. Según datos que nos reportó la UNAM, la deserción en la ciudad bajó 6% (menor a la del sistema público de Estados Unidos) y el promedio de las calificaciones subió de 7.3 a 8.2.

Para el pago a los jóvenes me costó mucho conseguir una institución bancaria que quisiera darme un plástico para menores de 18 años, un instrumento más seguro y veloz de dispersión. Finalmente,

Banorte aceptó el reto de tener esta cantera de futuros clientes de su banco. Primero Mario Carrillo Huerta como secretario de Educación y luego su sucesor Mario Delgado fueron los coordinadores de esta impronta.

El plan formaba parte de un programa llamado Jóvenes en Impulso que incluía un inédito sistema de bachillerato semipresencial, cobertura de uniformes y becas a niños talento en primaria. Era un programa-estímulo para los alumnos con promedio de 9 que podían acceder gratis a clases extracurriculares, premios y becas. Fueron en total 120 000 los talentos a los que les dimos visibilidad dentro del sistema educativo.

Mucho antes del confinamiento de la pandemia y el modelo de escuela en casa implementado en 2020, hicimos una alianza en 2007 con la UNAM para desarrollar un programa de bachillerato universitario en línea con la férrea intención de lograr la universalización de los estudios superiores en los jóvenes chilangos. Equipamos con aulas digitales e internet de banda ancha a 2 000 escuelas públicas primarias (98% de las instituciones del DF) y apoyamos a 1.2 millones de alumnos con útiles y uniformes escolares gratuitos. La inversión en educación creció 125% en esos seis años.

FINANZAS: NÚMEROS NEGROS

Conocí a Mario Delgado cuando llegó de estudiar en Essex, Inglaterra, su posgrado en Economía. Era hijo y sobrino de dos políticos que habían trabajado con Camacho y conmigo. Fue mi asesor cuando fui diputado entre 1997 y 2000 (sí, juntos padecimos el Fobaproa) y luego asumió el cargo como secretario de Finanzas. Fue de los secretarios de Finanzas más jóvenes que ha tenido la ciudad cuando tomó el cargo en 2006 (34 años). Fue el arquitecto detrás de la reestructura de la deuda pública del DF, que ascendía a 3 000 millones de dólares: consiguió que un *pool* de 12 bancos tomara la deuda, movió el vencimiento de la deuda de ocho a 30 años (aprovechando un momento de alta liquidez global) y se bajaron de manera estratégica las tasas de interés. Es el mayor monto realizado en la historia del país para una entidad federativa.

Solo estos ajustes —no menores— nos dieron un ahorro de 2 000 millones de pesos para que sirviera de cimiento para el programa de obra pública más grande en la capital hasta ese momento. La deuda pública chilanga llega a tener calificación crediticia AAA, la más alta del país.

La fórmula de coordinación fiscal se modificó en 2007 y la base de coparticipaciones se comenzó a basar en población domiciliada, una medida que afectó al DF y benefició al Estado de México. Tuvimos que mejorar la recaudación (creció 11% el cobro del agua en términos reales), con el tesorero Luis Rosendo Gutiérrez al frente, y a partir de ese año recuperar con ingresos propios lo suficiente para cubrir los gastos básicos de la administración local. Y se logró: pasamos de tener 4.7 millones a 7.6 millones de contribuyentes.

Entre 2006 y 2012 la atracción de inversión extranjera directa (IED) fue importante para la ciudad, que captó 63% de los ingresos que llegaron de empresas internacionales al país y fuimos líderes en atracción de inversión (de 9 900 millones de dólares en 2006 a 13 120 en 2010).

Logramos incrementar el PIB per cápita de 159 347 a 163 001 pesos, comparando el inicio y final de mi periodo de gobierno.

Con la combinación de inversión pública y privada, mantuvimos al DF como la ciudad número uno del país en creación de empleos. Nos mantuvimos entre 2008 y 2010 en el primer lugar en competitividad estatal que evalúa el IMCO,[2] y dentro de todas las variables que evalúa,

---

[2] https://api.imco.org.mx/release/latest/vendor/imco/indices-api/do cumentos/Competitividad/%C3%8Dndice%20de%20Competitividad%20 Estatal/2012-01-01_0900%20%C2%BFD%C3%B3nde%20qued%C3% B3%20la%20bolita%3F%3A%20Del%20federalismo%20de%20la%20re criminaci%C3%B3n%20al%20federalismo%20de%20la%20eficacia/Docu

en la de economía y finanzas públicas pasamos del lugar 16 al 7 en el ranking nacional.

En julio de 2012 el *Financial Times* reconoció a nuestra ciudad como una de las 10 ciudades del futuro en el mundo. Y el turismo suele ser un gran termómetro: a pesar de la crisis de la epidemia en 2009, en el sexenio creció 75% el número de visitantes en comparación con 2006.

SALUD: PANDEMIA E INVERSIÓN

Era importante ampliar la infraestructura del sector sanitario para poder cumplir con la promesa de la cobertura universal de salud. Se construyeron el Hospital General de Tláhuac "Dra. Matilde Petra Montoya Lafragua" y el Hospital General de Iztapalapa "Dr. Juan Ramón de la Fuente", y se terminaron el Hospital Materno Infantil Cuautepec y el Hospital General Ajusco Medio "Dra. Obdulia Rodríguez Rodríguez" en Tlalpan. Incorporamos el modelo de médico a domicilio para las personas de edad avanzada o para grupos vulnerables, como aquellos que vivían con alguna discapacidad. También fuimos pioneros en dedicar un presupuesto a tratamientos preventivos y sumamos en nosocomios públicos especialidades como bariatría (para control de la obesidad mórbida), oncología, control de diabetes, análisis de antígeno prostático y cardiología. ¿El resultado? Conseguimos reducir 10% la obesidad infantil y con la detección temprana (y curable) del cáncer de mama, sumando 700 000 mastografías extras, salvamos la vida de 17 500 mujeres.

En marzo de 2009 nos volvimos el centro de las noticias de salud: había comenzado en México una epidemia de alto contagio que podría ser "la gran pandemia" que había predicho la Organización Mundial de la Salud (OMS).

En nuestro país hubo poco más de 70 000 casos confirmados y 1 172 muertos y fuimos el tercer país en incidencia detrás de Estados Unidos y Brasil. La bautizaron como fiebre porcina o gripe americana. Finalmente quedó como gripe A H1N1. Todos los focos estaban puestos en nuestro país, que por el tamaño de la población podía ser el gran dispersor global. Incluso se activaron créditos inmediatos desde el Banco Mundial para atender la emergencia.

Fue una tensión más entre el gobierno federal y el de la ciudad, porque preferimos la prevención e implementamos por 10 días un cierre total de actividades, excepto las esenciales (sin saberlo lo aprendimos 11 años antes del covid-19, la verdadera gran pandemia). Armando Ahued, secretario de Salud del DF, fue central en este operativo, así como el doctor Ignacio Villaseñor Ruiz.

Hubo muchas quejas por las pérdidas financieras en una ciudad que cumplió a rajatabla la medida. ¿Recuerdan? Parecía una metrópoli fantasma, un escenario apocalíptico que salvó cientos de vidas y que se convirtió en un ejemplo internacional en manejo de crisis sanitarias.

Menos vulnerables, mayor bienestar

Nunca perdí de vista la enorme desigualdad en la capital, una de las más marcadas entre las grandes ciudades. Abrimos 382 comedores populares, que entregaron más de 30 millones de comidas a personas en situación de pobreza. Para este esfuerzo contamos con un aliado que nos apoyó incondicionalmente, como fue la Central de Abasto (por cierto, el mercado más grande del mundo). Se mantuvo el subsidio al transporte público, que en ese periodo mantuvo un costo de tres pesos, cubriendo la diferencia con recursos propios de Finanzas del DF.

La pensión alimentaria para personas adultas mayores (mayores de 68 años) creció desde la implementación en el sexenio de Andrés Manuel hasta alcanzar un total de 480 000 beneficiarios (de ellos 62% eran mujeres), un programa único en su tipo hasta ese momento en Latinoamérica.

Se creó un Seguro de Desempleo que desde su inicio (octubre de 2007) hasta el final de 2012 había entregado 1.2 millones de apoyos a personas que habían perdido su trabajo.

LAS VERBENAS DE NIEVE Y ARENA

Hubo más chilangos contentos que detractores de algunas ideas que trajimos a la ciudad y que afortunadamente se han replicado en gobiernos que me sucedieron. Desde las playas y las albercas en los parques hasta las pistas de patinaje sobre hielo en el Zócalo, una postal que cada año se repite no solo aquí, sino en grandes ciudades como Nueva York o Moscú. Siempre invitamos a empresas privadas a invertir en imagen para que no tuviera un costo para el erario y que en todos los casos fueran de acceso libre y gratuito. Había cientos de familias que nunca habían salido de vacaciones fuera de la ciudad y este se convirtió en su destino durante Semana Santa y Navidad desde 2007.

Recuperamos el centro de la ciudad para los vecinos, pero también para los turistas, que llegaron a sumar 2.5 millones al año, que se animaron a volver a uno de los cascos históricos más bellos del mundo y ahora con mayor seguridad personal y más espacios peatonales, corredores culturales renovados e iluminados.

UN PREMIO ÚNICO PARA MÉXICO

Recuerdo perfecto a Martha Delgado entrar corriendo a mi despacho (obviando pedir chance a mi incondicional asistente Elva Huitrón) y gritar "jefe, ganó el premio al mejor alcalde del mundo". Soy tan propio, tan ecuánime que nunca me verán eufórico con una noticia como esta, aunque por dentro sentí como esas explosiones nucleares invisibles que hacían en los atolones franceses. La satisfacción era inmensa.

Fue en mayo de 2011 y me habían declarado "El mejor alcalde del mundo 2010", un premio que entrega cada año la Fundación City Mayors.[3] El proceso de selección es muy

interesante, porque vía internet —al menos ese año— fueron nominados 840 alcaldes, y una base de votantes de 320 000 personas de todo el mundo elige al mejor perfil del año de una lista más acotada por la fundación de 25 alcaldes semifinalistas. Entre ellos estaban Dianne Watts, de Surrey (Canadá); Beto Richa, de Curitiba (Brasil); Omar Maani, de Amán (Jordania); Adeline Hazan, de Reims (Francia); Hussain Nasser Lootah, de Dubái (Emiratos Árabes), y Mick Cornett, de Oklahoma (Estados Unidos). Todo el proceso lleva 18 meses.

La nominación incluía una carta del editor de la organización que decía: "El alcalde Marcelo Ebrard Casaubon se ha distinguido desde 2006 como un reformista liberal y pragmatista que no ha temido enfrentarse a la ortodoxia de México". La representante local de esta organización mitad inglesa, mitad alemana, Adriana Maciel, dijo en el evento que me entregaba el galardón "por abanderar los derechos de la mujer y de las minorías, así como por ser un defensor activo y promotor de asuntos en materia ambiental". Cuando tomé la palabra le contesté que ese reconocimiento "era muy importante porque valora las políticas inspiradas en convicciones de izquierda en México, es un reconocimiento al avance de toda la ciudad, más que a una persona".

El día a día muchas veces te hace perder la dimensión de todo lo que ya has hecho y lo que sigues impulsando. Esa escultura pesada de metal era la prueba de que íbamos por buen camino, que las decisiones —muchas veces impopulares pero

[3] http://www.worldmayor.com/contest_2010/world-mayor-2010-nominations.html

necesarias— siempre pagan al final. Sentí que era el reconocimiento por haber descubierto el lenguaje que quería hablar la ciudad y entender lo que necesitaban los habitantes y lo que los iba a volver a ser comunidad.

Me alegró ingresar al gobierno capitalino con una aprobación de 46% y retirarme con 64% de vecinos que aprobaban mi gestión.

El DF ocupó, al final de mi mandato, el primer lugar en desarrollo humano, transparencia, promedio de escolaridad, acción climática, perspectiva de género, derechos humanos, inversión pública, Inversiones Extranjeras Directas (IED), expansión de la infraestructura, calidad del espacio público, creación artística, entretenimiento, como destino turístico, investigación científica y en competitividad.

La ciudad, gracias a sus planes y el apoyo de su Asamblea Legislativa, logró ubicarse como una de las más avanzadas en derechos humanos del mundo.

Todos los esfuerzos en la construcción de infraestructura pública y privada en esos seis años generaron de manera directa 60 000 empleos en la ciudad.

La esencia de todo lo que hicimos se resume en haber logrado el fortalecimiento del sentido de comunidad a través de la igualdad de género, la igualdad social, la organización del espacio público y la seguridad

DIFICULTADES

Estratégicamente la mayor dificultad que tuvimos fue la distancia y tensión permanente con el gobierno federal.

Como decidí ser leal al movimiento encabezado por Andrés, el arte de sobrevivir requería ser competentes y ganar respaldo popular.

Incrementar los ingresos y mejorar la seguridad sustancialmente nos garantizaba la autonomía relativa.

La tensión alcanzó momentos culminantes cuando el gobierno de Felipe Calderón impugnó ante la Suprema Corte de Justicia de la Nación la interrupción legal del embarazo y ganamos el caso gracias a las convicciones de ministros como Olga Sánchez Cordero y por la brillante conducción de Leticia Bonifaz, que fue mi consejera jurídica.

Pero la mayor dificultad y tristeza durante mi gestión (más allá de las diferencias políticas) fue el caso New's Divine.

En junio de 2008 un operativo en una discoteca de la delegación Gustavo A. Madero terminó con el fallecimiento de 13 menores de edad. Solicité una investigación independiente a cargo de la Comisión de Derechos Humanos del Distrito Federal (CDHDF) y trabajamos intensamente con las víctimas. Encabezando este esfuerzo estuvo Martha Patricia Patiño Fierro. Al cabo de esas indagatorias me quedó claro que el comportamiento de la policía había sido el origen de la tragedia, porque cerraron las puertas de salida, aparentemente esperando autobuses para transportar a los menores de edad, y ello, aunado a una estampida a la salida del local, generó la tragedia de esa noche. La investigación presentada por la CDHDF,[4] a cargo de Emilio Álvarez Icaza, era contundente. Resolví solicitar la renuncia a los mandos de seguridad de la ciudad: Joel Ortega, de la Secretaría de Seguridad Pública (SSP), y el procurador capitalino Rodolfo Félix Cárdenas (aun cuando no participó en los hechos, Rodolfo ofreció su salida entendiendo la gravedad de lo sucedido), y nombré a cargo de la seguridad al doctor Manuel Mondragón y Kalb y a Miguel Ángel Mancera como procurador.

Se iniciaron los procesos penales contra los responsables. Sustituimos a todo el personal preventivo de la Policía Bancaria en el perímetro.

---

[4] https://cdhcm.org.mx/wp-content/uploads/2014/06/informe-policias.pdf

El comportamiento de la policía fue atroz. Necesitábamos hacer algo profundo, amplio, irreversible, para que esto no pasara nunca más, para cambiar a fondo.

Diseñamos uno de los programas de derechos humanos más ambiciosos de los que se tenga memoria: participaron 400 instituciones de la sociedad civil, se establecieron objetivos por cada institución de gobierno y se estableció un mecanismo autónomo de gestión. Esta inmensa tarea, este programa de derechos humanos,[5] fue coordinado desde mi gobierno por Juan José García Ochoa y Luis González Placencia, sucesivamente, por parte de la CDHDF. Si bien hubo una relación muy crítica de la Comisión con mi gobierno, fue una búsqueda común para cambiar las cosas. Se convirtió en uno de los programas más avanzados en el mundo (con 2 000 líneas de acción) y, de acuerdo con Kang Kyung-wha, alta comisionada adjunta de las Naciones Unidas para los Derechos Humanos,[6] "un programa así no lo tiene ninguna ciudad del mundo, sólo la de México".

Trabajé intensamente para que nunca más se viviera lo ocurrido en aquella trágica noche. Me propuse mantener esa convicción profunda donde quiera que esté y no olvidar nunca a los jóvenes que perdieron la vida en el New's Divine.

[5] https://piensadh.cdhdf.org.mx/images/publicaciones/libros/2009_PD HDF_Piensadh.pdf

[6] https://hchr.org.mx/comunicados/alta-comisionada-adjunta-de-la-onu-pa ra-los-derechos-humanos-resalta-la-experiencia-de-la-ciudad-de-mexico-en-fo ro-internacional-sobre-ciudades-de-derechos-humanos/

12

LA LÍNEA 12: MI VERDAD

Despacito y buena letra, que hacer las
cosas bien importa más que hacerlas.

ANTONIO MACHADO

La Línea 12 del Metro fue una de las obras de infraestructura más importantes de mi gobierno. Cuando asumí la jefatura de Gobierno en 2006 una de mis prioridades fue la movilidad. De hecho, si recuerdan, el eslogan de nuestra administración fue "Ciudad en movimiento".

La restricción de acceso a los servicios de transporte público incide con mayor gravedad en la periferia de las ciudades y zonas metropolitanas, porque aumenta considerablemente el tiempo necesario para acceder a otros servicios esenciales (como salud o educación), y no se diga al empleo. Además, está demostrado que esto afecta incluso de manera preponderante a las mujeres y a los pobres, pues les encarece la vida social cotidiana. Existe un vínculo muy estrecho entre patrones de movilidad y desigualdad social.

No era solo el eslogan: yo sabía que el transporte (Metro, Metrobús y bicicletas de uso compartido) era un componente básico para mejorar la calidad de vida de la gente que habita en la periferia pero que alimenta cada día el desarrollo de la capital.

Asimismo, había que pensar siempre en la sustentabilidad, en crear ciudades más sanas y vivibles, por lo cual también la disminución de emisiones de CO_2 debía formar parte del aumento en las opciones de movilidad urbana. Más movilidad, menos contaminación y mayor calidad de vida.

DINAMIZAR UNA ZONA OLVIDADA

La Ciudad de México llevaba muchos años sin hacer obras de transporte público importantes que modificaran el perfil de la urbe.

La Línea 12 estaba dentro del Plan Maestro del Metro desde sus albores a finales de los años ochenta.

Las dos últimas obras que se habían incorporado a este sistema consistieron en la ampliación de la Línea B, Villa de Aragón-Buenavista y Ciudad Azteca-Villa de Aragón. El primer tramo lo inauguró Ernesto Zedillo en diciembre de 1999, y el segundo, Rosario Robles en noviembre del 2000.

Si bien no seguimos el orden numérico del plan (aún siguen pendientes las líneas 10 y 11), apostamos por la 12, porque, analizando la demografía de la capital, era la que más iba a impactar en la población, con un aforo incluso similar al de la Línea 1.

En la zona oriente de la ciudad, correspondiente a Tláhuac, Milpa Alta, Iztapalapa y los límites con el Estado de México, no había ningún tipo de infraestructura para semejante volumen de habitantes, y eso era una injusticia creciente. Esa zona de la capital carecía de todo: desde agua hasta de buenas vialidades, de espacios seguros de recreación y sobre todo de transporte público. Quienes viven ahí tardaban en promedio tres horas para trasladarse para estudiar, trabajar o ir a un centro de salud.

En estos días leí un reporte que decía que "alguien con un viaje de una hora en automóvil necesita ganar 40% más para ser tan feliz como alguien que llega más rápido a su trabajo. Por otro lado, si alguien pasa de un largo viaje al trabajo a una caminata, su felicidad aumenta tanto como si se hubiera enamorado". Es un análisis, un estudio basado en datos de trabajadores de grandes ciudades de todo el mundo que realizó James Francisco, diseñador y planificador urbano de la firma neoyorquina Arup, dedicada a la ingeniería sustentable.

Sin estos datos en aquellos años, pero conociendo el día a día de los vecinos de la ciudad y con las encuestas de origen-destino que nos brindaba el Instituto Nacional de Estadística y Geografía (Inegi), me debatía mirando el enorme mapa de la ciudad que siempre tenía en mi oficina sobre cómo cambiarles la vida a esos miles de personas, que además son las que más productivamente aportan a la ciudad de manera individual.

Lo primero fue lo primordial: el agua. Pusimos todo lo necesario para que fuera una realidad el acuaférico desde La Noria. De hecho, mi primer acto de gobierno cuando tomé posesión fue ir a Iztapalapa a iniciar un ambicioso programa de sustitución de las redes de agua potable.

Ese "periférico de agua" (el Santa Catarina) permitió proporcionar 700 litros de agua por segundo y se construyeron cinco nuevas plantas potabilizadoras. Solo como ejemplo, esta obra benefició a 302 400 personas que vivían en esa zona.

Lo segundo fue buscar una solución de movilidad. Es cuando surgió como mejor alternativa una línea del Metro, teniendo en cuenta la cantidad de gente, la distancia y la saturación de las vías tradicionales de transporte. Este ramal —que ya estaba demarcado en el plano original— uniría Mixcoac con Tláhuac. En las encuestas del Inegi observamos que la zona que más lo requería era justamente ese costado de la capital.

Inicialmente iba a ser Mixcoac-Xochimilco, pero hicimos la Consulta Verde para que la población participara en la decisión. La consulta se llevó a cabo el 29 de julio de 2007 y fue un éxito porque participó más de un millón de vecinos[1]: 734 459 personas a través de urnas tradicionales, 8 727 llamadas telefónicas al servicio de Locatel, 269 874 vía el centro de llamadas, 2 161 participaciones mediante las urnas electrónicas del Instituto Electoral del Distrito Federal (IEDF) y 17 969 a través de la página www.observatoriociudadanodf.org.

Organicé este observatorio[2] durante mi gobierno precisamente para hacer este tipo de ejercicios de participación ciudadana, una instancia colegiada de colaboración institucional y participación de los habitantes de la ciudad para realizar evaluaciones y estudios sobre las políticas públicas de las administraciones del Distrito Federal y para fomentar, de manera efectiva y directa, la rendición de cuentas y la transparencia de las mismas.

Fue una alianza que logramos concretar a mediados de 2007 entre el gobierno de la ciudad y la UNAM, el Instituto Politécnico Nacional (IPN), el Colmex, la Academia Mexicana de Ciencias, la Universidad Autónoma Metropolitana (UAM) y la Universidad Autónoma de la Ciudad de México (UACM). Desafortunadamente fue un laboratorio de información y medición ciudadana que se cerró.

Tras los resultados de la Consulta Verde, el 8 de agosto de 2007 anunciamos la obra, que tendría 20 estaciones a lo largo de 24 kilómetros para 435 000 usuarios diarios.

Todo fue *by the book*. Por ejemplo, entre los requisitos de la licitación internacional dejamos claro que

las empresas interesadas debían haber realizado proyectos con cobertura mínima de 30 km de líneas de ferrocarril urbano en cualquier ciudad del mundo o al menos 5 km en las zonas de suelos blandos de la propia Ciudad de México, o que solas o asociadas hubieran tenido participación en la construcción de obras de gran

[1] http://www.earthgonomic.org/biblioteca/2007_Consulta_VerdeDF.pdf
[2] http://www.contraloriadf.gob.mx/prontuario/vigente/1465.htm

envergadura como presas, carreteras, puertos, aeropuertos, edificios, túneles o hidroeléctricas, y por lo menos la mitad de su personal tuviera experiencia en esas áreas de trabajo. Si la empresa fuera de reciente creación, 100% de su personal tendría que tener experiencia en este campo de trabajo.

Quedaron como finalistas dos grupos: uno mexicano y uno hispano mexicano liderado por la firma española FCC Construcciones.

A pesar de la crisis financiera de 2008, que congeló los fondos de inversión y aumentó la incertidumbre global, logramos terminar todo este proceso y el grupo ganador fue el consorcio liderado por Ingenieros Civiles Asociados (ICA) el cual se había aliado con Carso Infraestructura y Construcción y con la firma francesa Alstom.

Los razonamientos detrás de esta elección fueron los siguientes: *1)* ICA era la empresa con mayor experiencia, ya que había construido todas las líneas del Metro previas y conocía el complejo terreno de la ciudad de una manera única; *2)* tenían el apoyo financiero para llevarla adelante y que no se frenara la obra con el cronograma de entregas pautado, y *3)* Alstom había construido la tecnología del Metro de la ciudad.

En nuestras manos quedó la creación de Proyecto Metro como un órgano desconcentrado de la Secretaría de Obras y Servicios (Sobse), y a cargo de esta dirección quedó Enrique Horcasitas, así como otro profesional, el ingeniero Francisco Bojórquez Hernández, quien estaba a cargo del Sistema de Transporte Colectivo Metro en ese periodo.

Se realizaron 5 000 reuniones a lo largo de los cuatro años en 24 mesas de trabajo diferentes, todas documentadas.[3]

[3] Las oficinas donde estaban todos estos documentos del Proyecto Metro se "quemaron" en el incendio ocurrido en el edificio de la Secretaría de Obras y Servicios (Sobse) el 13 de junio de 2022. Allí también había reportes del colapso de la Línea 12 del 3 de mayo de 2021.

ARRANCA EL TREN

Las obras comenzaron oficialmente el 3 de julio de 2008. Un año y medio después, en septiembre de 2009, iniciaron sus revisiones y manuales las empresas certificadoras (un consorcio certificador, formado por cuatro firmas líderes en este tema, como DB International, ILF Beratende Ingenieure, TÜV-SÜD Rail y Hamburg Consult).

De hecho, el dictamen de este consorcio desde 2012 fue que "todos estos elementos funcionaban correctamente en términos de seguridad" y el mismo 30 de octubre (día en que la inauguramos) emitió todos los dictámenes y certificados correspondientes.

¿Qué me daba seguridad? La gente a cargo de la obra: el supervisor era el ingeniero Alejandro Vázquez Vera, Premio Nacional de Ingeniería, un profesional que llevó adelante la construcción de ocho líneas del Metro. Estaba a cargo también otra eminencia de la ingeniería, Guillermo Guerrero Villalobos, del Instituto de Ingeniería de la UNAM (uno de los creadores del Sistema de Drenaje Profundo del DF) y académico de honor de la Academia de Ingeniería. Ideal, la constructora fundada por Carlos Slim, también puso a sus mejores ingenieros a coordinarse con el equipo de ICA y de Alstom.

Recuerdo perfecto haber dicho muchas veces en reuniones con los directores generales de esas empresas y sus equipos técnicos que debíamos construir la mejor línea del Metro y la más confiable.

A pedido del ingeniero Francisco Bojórquez Hernández se hizo un *scouting* internacional, incluyendo en China, para elegir al fabricante de los trenes de la Línea 12. El proceso llevó tres años y, a pesar de numerosas presiones, sobre todo de Bombardier, el Metro determinó que la empresa española CAF presentaba la mejor propuesta en precio, calidad y tiempo.

Esta empresa realizó el diseño de los vagones del tren según todas las especificaciones de obra, y el propio equipo del Metro viajaba a la planta en Zaragoza a verificar pieza por pieza de cada carro para la Línea 12.

Las versiones de los últimos años de que el tren no coincidía con la vía, o la muy propalada por el exdirector del Metro, Joel Ortega, de que la vía era para neumáticos y se hizo férrea, resultan ridículas. El equipo del Metro autorizó y supervisó el diseño de todo y desde un principio prefirieron férreo. De hecho, nunca se ha llamado a declarar a ninguno de los integrantes del equipo técnico del Metro ni se les llamará porque solo se daría por tierra con todas las versiones que se han propalado con insistencia en los últimos años.

El Sistema de Transporte Colectivo Metro propuso que fuese férreo porque se consideraba que había muchos más oferentes para este tipo que para un sistema con ruedas neumáticas, además de que la operación sería más económica porque la línea férrea ahorraría el cambio permanente de neumáticos.

Cuando las unidades llegaron al DF, se le realizaron 16 pruebas a cada uno de los 30 trenes que cubrían la línea con sus 210 coches.

Siempre, tanto el consorcio constructor como el consorcio certificador y la propia empresa CAF hicieron hincapié en la importancia del mantenimiento de esta nueva línea del Metro. Algo que evidentemente no se llevó a cabo.

Cuando en 2014 se cerró la línea y los dedos acusatorios cayeron sobre mí, emplacé a Miguel Ángel Mancera a dialogar públicamente para esclarecer lo que había sucedido con la Línea 12, y le dije que tenía la conciencia tan tranquila que lo invitaba a proceder penalmente en caso de que tuviera pruebas de corrupción en mi contra. La respuesta fue el silencio.

El costo final de la Línea Dorada fue de 90 millones de dólares por kilómetro construido, mientras que el promedio mundial es de 140.9 millones. El más caro en esos momentos era el Metro de Estocolmo, que costó 259 millones de dólares el kilómetro, y el menos caro, el de Barcelona, con 39 millones de dólares. Nuestro costo igualó al de los Metro de Bangalore y de Dubái.

¿Y EL MANUAL?

El gran problema que ha tenido la Línea 12 es el mantenimiento, con sismos relevantes de por medio.

Cuando se hizo la entrega-recepción de la línea de director a director (de Bojórquez Hernández a Joel Ortega) se revisó palmo a palmo la línea durante 240 días buscando cualquier falla en la obra. Fue una entrega excepcionalmente lenta, acuciosa y tardada. Al fin, luego de un proceso desgastante, se firmó el acta de entrega SIN OBSERVACIONES en julio de 2013.

Sin embargo, el mismo equipo que revisa, recibe y FIRMA el acta decide —sin dictamen técnico de por medio— cerrar la Línea 12 ¡apenas ocho meses después de haber dado su conformidad! Increíble, pero así fue. El propio Miguel Ángel Mancera tuvo que despedir a Joel Ortega en 2015, después de un año de cierre sin hacer prácticamente nada.

Cuando entregamos todo lo referente a la Línea 12 a la administración de Miguel Ángel Mancera, estaba incluido un poderoso documento: el Manual de Mantenimiento.

Todos los ingenieros —locales e internacionales— que han estado de alguna manera involucrados antes, durante o después de esta obra han sido consistentes en decir que "los desgastes ondulatorios en las vías son comunes y ocurren en todos los sistemas férreos del mundo, sobre todo en curvas de radio reducido. Este es un componente que demanda mayor atención, mas no es un impedimento para construir u operar las líneas. La manera de atender el desgaste ondulatorio es con un programa adecuado de mantenimiento preventivo y correctivo".

El contrato de mantenimiento del consorcio constructor terminó el 30 de octubre de 2013, un año después de inaugurada la obra.

Desde esa fecha hasta el 1 de mayo de 2014 la Línea 12 operó sin ningún responsable de mantenimiento.

Fue la primera vez desde 1969, cuando se inauguró el Metro en la ciudad, que se cerró una línea sin un diagnóstico del organismo operador.

Uno de los puntos que recuerdo que incluía aquel manual "fantasma" era una especial revisión a toda la línea en caso de un sismo; era una colección de recomendaciones enumeradas punto por punto. Y hubo un terremoto, el del 19 de septiembre de 2017, y no hay registros de que se hayan seguido los protocolos creados exprofeso para una línea subterránea y elevada en una ciudad con permanentes movimientos telúricos. Cuando ocurrió este sismo, la línea ya tenía cinco años de inaugurada, sin olvidar los 18 meses que estuvo parada durante la gestión de Mancera, y en ese tiempo debió también revisarse metro a metro todo el corredor. Jorge Gaviño, entonces director del Metro y ahora diputado, declaró haber reparado el tramo de la Línea 12 que se colapsó en 2021. Hoy es asesor del Sistema de Transporte Colectivo Metro, por más increíble que parezca.

EL COLAPSO DE OLIVOS

El famoso Manual de Mantenimiento tampoco existía en los registros de la actual administración, cuando Florencia Serranía Soto recibió el Sistema de Transporte Colectivo Metro en diciembre de 2018. Nadie tenía idea de que existiera el manual tras el trágico colapso del 3 de mayo de 2021 entre las estaciones Tezonco y Olivos, que causó la muerte a 26 personas y dejó más de 100 heridos. Se solicitó una investigación independiente a una firma de análisis de siniestros, la noruega Det Norske Veritas (DNV); en sus tres reportes la consultora dijo textualmente: "El análisis causa-raíz señala por primera vez las fallas en el mantenimiento como una de las cuatro causas concurrentes del siniestro".

Durante mi administración todos los viernes tenía una reunión con todos los directores de los medios de transporte. Estaban todos los de movilidad de la ciudad: el trolebús, los trenes y el Metro. A ello se sumaban las reuniones extra solo para la Línea 12, que eran dos veces a la semana. Toda la obra es muy compleja, por lo que pusimos un sistema de bitácoras y seguimiento por áreas y responsables. Todo está documentado.

Esta línea ha sido la obra pública más auditada de los últimos años: 15 auditorías tanto de la Contaduría Mayor de Hacienda de la Asamblea Legislativa del DF como de la Auditoría Superior de la Federación.

Incluso el 13 de junio de 2021 el *New York Times* publicó un artículo interactivo,[4] una investigación propia del accidente en el que colapsó la Línea Dorada, donde yo aparecía entre los supuestos culpables del accidente. Contesté a la redacción local del medio puntualmente a los 13 cuestionamientos que hacían referencia a mí en esa nota con datos, fechas, responsables e información transparente. Desafortunadamente, el diario nunca publicó mi réplica, pero puede consultarse en https://drive.google.com/file/d/1-u3Bb2nznrrxq-VLgBBCKox0iGgCwACeR/view.

MI CONCLUSIÓN

Hubo una licitación internacional en 2008, ganó un consorcio mexicano encabezado por ICA (empresa que había construido ocho líneas del Metro), se integró la gerencia del proyecto y la supervisión de la obra civil a ingenieros altamente reconocidos, los mejores de México.

---

[4] https://www.nytimes.com/es/interactive/2021/06/12/espanol/america-latina/metro-ciudad-de-mexico.html

Invité al Instituto de Ingeniería de la UNAM y al IPN, las instituciones más respetadas en nuestro país.

Hice lo que debía hacer.

Mi convicción es que se pudo evitar el colapso a nueve años de que se entregó la obra sin observación alguna. Lo demás es politiquería.

13

ROSY

Pienso en ella e inmediatamente se dibuja una sonrisa en mi rostro. Así fue siempre. Cuando me preguntan qué es Rosalinda Bueso para mí, sin dudarlo respondo: "Es mi amor".

Tengo la fortuna de tenerla a mi lado, con una mezcla de admiración, ternura, inteligencia, pasión y genuino compañerismo.

Lo sé porque cada vez que me asomo a sus ojos ella también levanta las comisuras de la boca con la misma expresión que me regaló el día que nos conocimos.

La conocí hace 13 años. Ella era la embajadora de Honduras en México cuando el 20 de julio de 2009 se produjo el golpe de Estado que destituyó al presidente Manuel Zelaya en Tegucigalpa. Me llama por teléfono Mauricio Camps, en ese entonces coordinador de Asuntos Internacionales del gobierno de la ciudad, y me cuenta que los golpistas tomaron la sede diplomática en México antes de que ella llegara a trabajar esa misma mañana.

A Rosalinda (o Rosy, como le digo siempre) la había visto en un par de eventos públicos, pero nunca había tenido la oportunidad de conversar con ella. La situación por la que estaba pasando era un tema de acción inmediata.

Nos vimos y me explicó que no solo le preocupaba que dentro de la embajada estuvieran todas sus cosas, documentos, computadora, sino fundamentalmente su gente: había tres empleados, entre ellos su secretaria, a los que tenía que proteger y rescatar.

Durante el tiempo que estuvimos tratando de resolver esa situación la noté tan consistente y a la vez tan humana que me conmovió profundamente. Me demostró su prudencia y genuino interés por su equipo (aunque fuera muy pequeño).

Comenzamos a charlar con más frecuencia, porque es una mujer que además de ser bellísima es agradable, sencilla, razonable y con una inteligencia emocional que me cautivó por completo.

Poco a poco me enamoré y fui yo quien dio el primer paso y le propuse que comenzáramos una relación formal.

Nos casamos en octubre de 2011 y han sido 11 años felices, en la prosperidad y en la persecución. Hoy puedo decir con toda mi voz que ella es mi gran amor.

NUESTROS HIJOS

Rosy fue mamá primeriza. Muy guadalupanos, los mellizos que tuvimos nos sorprendieron naciendo la madrugada del 12 de diciembre de 2013. Ivanna y Julián se llevan bien con sus hermanos Francesca, Anne y Marcelo.

La cancillería y mis funciones me permiten el oxígeno de la primera hora de la mañana para despedirme de ellos.

De lunes a viernes me levanto a las cinco de la mañana para hacer mis reportes de gabinete y salir a la primera junta en el Palacio Nacional. Una vez terminada, trato de trasladarme lo más rápido posible de nuevo a casa para despedirlos antes de que se vayan a la escuela. Son minutos nada más, un beso, un "que tengas suerte hoy", pero que sé que lo valoran muchísimo. Luego me esperan las largas jornadas en la secretaría, donde siempre hay cientos de documentos por firmar (tenemos una cultura notarial todavía), eventos y llamadas para estar al día siempre.

Los domingos preparamos juntos el desayuno. Y siempre tiene que haber un ratito de bicicleta.

Acaban de cambiar de rodada, por unas "de niños grandes", y es una de sus actividades favoritas, como lo es para mí, pues siempre fui fan de la bici, de ir al colegio rodando, al menos hasta la prepa.

Cuando impulsamos en el gobierno del DF las bicicletas comunitarias, las ecobicis, lo hice con un genuino gusto por ellas y porque sabía que eran una excelente alternativa de movilidad y ejercicio combinada. Por seguridad personal ya no puedo dar esos largos recorridos por la ciudad en mi bicicleta como me gustaba, pero no dejo de caminar la mayor cantidad de cuadras al día que puedo. Algunas tardes incluso me escapo a nadar a una alberca cerca de la secretaría, aunque es un lujo al que siempre le gana un compromiso.

Mi chiquita y mi chiquito (como les digo de cariño) saben lo que hago en el día, los domina la curiosidad por saber "¿y hoy qué hiciste?", y a mí me gusta también platicarles de mi trabajo, en qué ando, y por supuesto saben que quiero ser presidente.

Para Julián está bien, pero para Ivanna no tanto. "Si ganas estarás menos tiempo con nosotros y yo te extraño mucho", me dice cada vez que sale el tema en alguna conversación en la casa.

Si por ella fuera, estaría todo el día conmigo. Muchas veces pide que la lleven para llegar de sorpresa a mi oficina y hay ocasiones en que no encuentra al papá en su oficina, listo para recibirla "en visita protocolaria".

Pero me conmueve cuando regreso a mi despacho y dejó alguna nota como esta sobre mi escritorio:

Secretaría de Relaciones Exteriores

Marcelo Ebrard Casaubon
Secretario de Relaciones Exteriores

Hola papa vine con mi mama a cansilleria te extraño !! con mucho amor de IVANNA

Mi hija pequeña me extraña mucho, y cuando me visita en mi oficina y no me encuentra, me deja estos mensajes que me encantan.

"Lo mío son la música y las matemáticas", me confesó hace unos días Julián. Tiene la colección más grande de canciones que yo haya visto en su tableta. Le encanta sorprenderme con temas nuevos y se queda siempre esperando ver mi cara de sorpresa cuando encuentra un artista ignoto, pegadizo y me arranca el celular para "dejármelo en mi *playlist*".

Hace unos días descubrí que a mí también me gusta un tal Serhat Durmus, un joven turco que apareció en su lista de recomendaciones, mezclado con los temas que yo había guardado en mi lista de Pink Floyd.

El ritual es así: pone un tema que acaba de descubrir y tenemos que quedarnos los dos en silencio escuchándolo. Me encantan esos momentos (y a él también).

Julián y yo jugamos a las batallas, a los soldaditos y a los romanos. Repasamos cada batalla, nos preguntamos por qué Aníbal no tomó Roma, por qué Moctezuma invitó a los españoles a su capital, por qué Napoleón destruyó su ejército en la invasión a Rusia. Jugamos y somos compañeros de juegos y de preguntas en busca de respuestas. Es un apasionado del dibujo, y desde muy pequeño me ha retratado en sus obras:

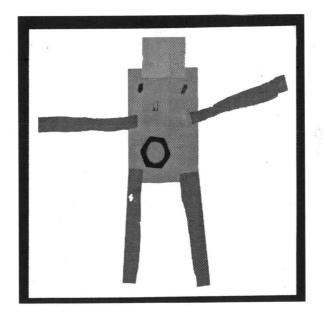

Ivanna es sensible, romántica, y me atrevo a decir que tantito vintage, porque podemos escuchar horas y horas la misma versión de "Nunca es suficiente" de Los Ángeles Azules.

Y sí, también la tengo que cantar con ella.

Hay muchas cenas, muchos eventos que yo sé que si aviso con tiempo que no estaré disponible no pasa nada, porque prefiero llegar a casa y tararear juntos, mientras movemos las piernas hacia atrás...

Y tú te vas jugando a enamorar
Todas las ilusiones vagabundas que se dejan alcanzar
Y no verás que lo que yo te ofrezco es algo incondicional
Incondicional

Los cinco hermanos Ebrard se ven con cierta frecuencia, y a pesar de la enorme diferencia de edad han encontrado temas comunes.

UNA RELACIÓN QUE NECESITABA

Cuando conocí a Rosalinda yo venía de un segundo divorcio. Mi matrimonio con Mariagna Prats había durado casi mi sexenio: nos casamos recién asumido en mi cargo de jefe de Gobierno y nos divorciamos en enero de 2011.

Rosy fue una bocanada de aire fresco en mi vida: una política bien plantada, con valores tan arraigados como los míos, con afinidad ideológica, teníamos en común la diplomacia y muchos gustos similares. Es inteligente pero prudente, es valiente pero cuidadosa de su entorno y de lo que representa.

Además de que es un ser lleno de luz, es una mujer extremadamente bella, que tanto me prepara un picnic sorpresa como me organiza un evento en casa para que no se complique mi agenda ni tenga que cambiar compromisos. Piensa antes que yo, me entiende con una mirada, me rescata, me renueva, me hace feliz.

Si bien nos unen muchas cosas, creo que el éxito de esta pareja que empezó "de golpe" ha sido la capacidad de navegar en aguas turbulentas sin que eso ponga en riesgo el amor que nos tenemos. Nos casamos en octubre de 2011 y a las pocas semanas le tocó acompañarme, después de los resultados de la encuesta que me sacó del camino a la presidencia de México, los últimos meses como jefe de Gobierno en el DF y durante las grillas internas por el control del PRD.

Fue compañera incondicional durante todo el proceso de persecución que vivimos por culpa de la casa fastuosa de una ex primera dama que terminó siendo un problema para mí y toda mi familia. Tuvimos que dejar todo atrás en México con un par de bebés en brazos, una situación que en mi vida jamás pensé que nos iba a pasar. Otra me habría dejado, pero no Rosy.

Con ella vivimos tanto en una casa en la colonia Roma en el DF con jardín y flores, como en un departamento minúsculo junto a nuestros bebés en París.

Y con la misma sonrisa de siempre nos acomodábamos y nos movíamos de un lado a otro sin reclamos, sin culpas y jamás con dudas. Compartimos desde preparar los biberones, bañar a los nenes, lavar la ropa o empujar la carriola por horas.

Fue maravilloso y difícil a la vez.

Más de la mitad de nuestro matrimonio la hemos pasado bajo una extrema presión.

Y resistimos, y nos acostumbramos a resolver lo que aparecía cada día, pero sin jamás pelear entre nosotros. No: somos un equipo, nos conocimos resolviendo problemas y disfrutando los buenos momentos cuando llegan, porque siempre (visto luego en perspectiva) son menos y más fugaces.

Yo sé que ningún mar calmado ha hecho grandes marineros, pero lo que sí es cierto es que ante la adversidad solo hay dos caminos: o truenas o te vuelves irrompible.

Rosalinda es política y viene de un mundo que la hace entender el mío. Pero además de eso trajo a mi vida paz, comprensión, apoyo y alegría. Es una socia incondicional para cualquier proyecto: desde modificar áreas en la Secretaría de Relaciones Exteriores (donde me ayudó a instalar lactarios y guardería) hasta recuperar y volver eléctrico mi vochito de la adolescencia.

Entiende mis ritmos y mis tiempos. Nunca estoy en guardia; al contrario, sé que pase lo que pase, al cruzar el umbral de nuestra casa, ella será mi lugar seguro.

Hoy es mi fan número uno en redes sociales, se ríe de mis chistes en TikTok, y es materia dispuesta para cualquier plan de último minuto. Estoy feliz con ella, venga lo que venga.

14

¿Y YO QUÉ TENGO QUE VER CON LA CASA BLANCA DE LA PRIMERA DAMA?

> Omitir las verdades no es otra cosa que
> una variedad refinada de la mentira.
>
> ALMUDENA GRANDES

"Hay un auto de la PGR en la puerta de mi casa, estamos todos muy asustados, ¿qué está pasando, Marcelo?".

La llamada de mi hermano Eugenio me dejó muy preocupado. Corrían los primeros meses de 2016.

Cuando me dio los datos del vehículo que alcanzaba a ver desde su ventana pude averiguar que se trataba de una unidad perteneciente a la Agencia de Investigación Criminal que dirigía Tomás Zerón de Lucio, hoy prófugo, pero entonces operador directo del presidente Peña Nieto.

"Tenemos que hablar en persona. Y es necesario que tú y tu familia vayan preparando su viaje urgentemente. Hablamos luego de los detalles", fue lo que le dije un par de horas más tarde de manera escueta.

Eugenio es alguien incapaz de cualquier violación a la ley, es el hombre más *by the book* de la familia: supertrabajador, honrado, buena persona y gran padre.

De repente y sin deberla, estaba siendo seguido no solo por Zerón y su equipo de élite, sino en un inicio por el propio procurador general de la República, Jesús Murillo Karam, y luego por sus tres reemplazos en la PGR: Arely Gómez, Raúl Cervantes Andrade (quien renunció ante sospechas de corrupción) y Alberto Elías Beltrán. Entre la lista de funcionarios que debían denunciar a Marcelo Ebrard y familia estaban Aristóteles Sandoval del SAT y Crisógono de Jesús Díaz Cervantes, Quicho Díaz, quien era titular de la Unidad de Análisis Financiero de la PGR. También, convocado por Luis Videgaray, se sumó a la cacería Alberto Bazbaz, entonces titular de la Unidad de Inteligencia Financiera (UIF).

En la lista de funcionarios detrás de los pasos de Eugenio —un ejecutivo jubilado del Sam's Club— estaban Felipe de Jesús Muñoz Vázquez, titular de la Subprocuraduría Especializada en Investigación de Delincuencia Organizada (SEIDO), y José Guadalupe Medina Romero, quien cuando fui alcalde era director general del Registro Público de la Propiedad y Comercio del DF y en el gobierno de Enrique Peña Nieto asumió como fiscal especial para el Combate a la Corrupción dentro de la PGR.

Seguí investigando y no solo estaban vigilando y siguiendo a Eugenio, sino a mí y a toda mi familia, a mis hermanos que vivían en el país (excepto Lourdes y Francisco, que radican en Estados Unidos y Francia) y a una extensa lista de contactos cercanos a nosotros.

El nombre clave de la operación era "Los Carnales", en alusión a mi denominación como el carnal de Andrés Manuel. "Maléfica" era la clave que usaban para Carmen Aristegui, "Los Maléficos" para su equipo, familiares y amigos. "El Príncipe" era el nombre clave que dieron a Epigmenio Ibarra y así sucesivamente.

"Todo esto está relacionado con la Casa Blanca de la esposa del presidente, la investigación que publicó Carmen Aristegui hace unos días", me había dicho Gonzalo Aguilar Zinser al despuntar 2015, cuando el pleno de la Cámara de Diputados, a través de una de las legisladoras más cercanas a Miguel Ángel Osorio Chong, propuso que se me hiciera responsable del cierre de la Línea 12 y se votara para proceder en mi contra. Un linchamiento.

—La idea es meterte al reclusorio y la primera denuncia la hará ni más ni menos que Aristóteles Sandoval desde el SAT a pedido del secretario de Hacienda, Luis Videgaray. Vas a ser defenestrado en la Cámara de Diputados. Yo te defiendo probono. Estás solo contra un atraco —agregó Aguilar Zinser.

—¿Y yo que tengo que ver con la Casa Blanca? —fue lo único que atiné a responderle, mientras trataba de entender cómo podía haber alguna conexión entre los Ebrard y los Peña Nieto en un tema que yo conocí por los medios al mismo tiempo que el resto de los mexicanos.

El SAT fue el más expedito y de inmediato inició auditorías contra toda persona vinculada a mi círculo más cercano: mis hermanos Fabián, Eugenio y Enrique, mis exesposas Francesca Ramos y Mariagna Prats, mi cuñada Carolina Zamudio Cruz y su hermana Georgina. En paralelo se realizaron auditorías a las empresas de mis hermanos, así como de amigos y relacionados con ellos y sus empresas, lo que sumó un total de 26 auditorías supervisadas personalmente por Luis Videgaray. Llegaron al extremo de investigar a mi mamá, Marcela Casaubon Lefaure, y a Fernando, mi hermano, ambos finados para entonces (ella murió en 2004 y él en 2010).

El 4 de mayo de 2015 la UIF presentó una denuncia: "Marcelo Luis Ebrard Casaubon, sus hermanos, exesposas y diversas personas más, tanto físicas como morales, por hechos que supuestamente podrían constituir el delito de operaciones con recursos de procedencia ilícita (lavado de dinero) dándose inicio a las averiguaciones previas AP/PGR/UEAF/010/2015-04".

Un mes después José Guadalupe Medina Romero fue nombrado subprocurador especializado en Investigación de Delitos Fiscales, quien tomó a su cargo toda esta averiguación a la que se le asignó el número: SEIDF/CGI/013/2015.

El 19 de junio del mismo·año Crisógono de Jesús Díaz Cervantes inicia, tras una denuncia anónima, otra averiguación previa en mi contra (número AP/PGR/UEAF/017/2015) involucrando a mi exesposa Francesca Ramos y a mi hermano Enrique Ebrard. En este caso había un pedido expreso del presidente Peña Nieto de investigar la casa donde residían Francesca y mis tres hijos mayores y otra sobre la casa donde vivíamos Rosy, los bebés y yo. La causa era por el supuesto delito de operaciones con recursos de procedencia ilícita, entre otros delitos.

Gonzalo Aguilar Zinser, un gran amigo que nunca olvidaré, me envió esta y otras capturas de pantalla de la UIF que consiguió:

Name	Location	Size	Hits	Type
29 EBRARD CASAUBON FRANCISCO JAVIER CON FN 10.docx	\\fsuif50\DGAA...\CIRCULO\	22 KB		Documento
1.5 EBRARD CASAUBON FABIAN JORGE	\\fsuif50\D...\INMUEBLES\			File Folder
1.6 MASSE EBRARD SERGIO EUGENIO DE JESUS	\\fsuif50\D...\INMUEBLES\			File Folder
Nota de Avisos EBRARD CASAUBON FABIAN JORGE.docx	...\1.5 EBRARD CASAUBON FABIAN JOR	25 KB		Documento
AVISOS CON ERROR EBRARD CASAUBON FABIAN JORGE.docx	\\fs...\AVISOS CON ERROR\	744 KB		Documento
AVISOS EBRARD CAUSAUBON FABIAN JORGE.xls	\\fs...\AVISOS NORMALES\	350 KB		Hoja de cálc
DETALLE AVISOS EBRARD CAUSAUBON FABINA JORGE.xls	\\fs...\AVISOS NORMALES\	115 KB		Hoja de cálc
Nota de Avisos MASSE EBRARD SERGIO EUGENIO DE JESUS.docx	...\1.6 MASSE EBRARD SERGIO EUGENI	32 KB		Documento
AVISCO CON ERROR MASSE EBRARD.txt	\\fsu...\AVISO CON ERROR\	1 KB		Documento
AVISCO CON ERROR MASSE EBRARD.xls	\\fsu...\AVISO CON ERROR\	27 KB		Hoja de cálc
AVISOS CON ERROR DE MASSE EBRARD SERGIO EUGENIO DE JESUS.docx	\\fsu...\AVISO CON ERROR\	690 KB		Documento
AVISOS MASSE EBRARD SERGIO EUGENIO.xls	\\fsuif50\DGAAO\...\AVISOS\	350 KB		Hoja de cálc
15 NOTA MASSE EBRARD SERGIO EUGENIO DE JESUS 1.docx	...\CONCENTRADO NOTAS\	44 KB		Documento
16 NOTA EBRARD CASAUBON FABIAN JORGE_en Avisos09Abr2015.docx	...\CONCENTRADO NOTAS\	147 KB		Documento
16 RESUMEN - EBRARD CASAUBON FABIAN JORGE_en Avisos09Abr2015.d...	...\CONCENTRADO NOTAS\	67 KB		Documento
16 resumen ejecutivo - EBRARD CASAUBON FABIAN JORGE_en Avisos09A...	...\CONCENTRADO NOTAS\	43 KB		Documento
19 NOTA EBRARD CASAUBON ENRIQUE CAMILO.docx	...\CONCENTRADO NOTAS\	62 KB		Documento
24 EBRARD CASAUBON EUGENIO JOSE CON RFC EACE670902T19.docx	...\CONCENTRADO NOTAS\	145 KB		Documento
26 Nota Actualizada EBRARD CASAUBON MARCELO LUIS.docx	...\CONCENTRADO NOTAS\	770 KB		Documento
29 EBRARD CASAUBON FRANCISCO JAVIER CON FN 10.docx	...\CONCENTRADO NOTAS\	22 KB		Documento
5. EBRARD CASAUBON FABIÁN JORGE	...\actualizacion AVISOS - 37 deptos\			File Folder
CIF CIAAV - EBRARD CASAUBON FABIÁN JORGE.xls	...\5. EBRARD CASAUBON FABIÁN JOR	175 KB		Hoja de cálc
AVISOS CON ERROR - EBRARD CASAUBON FABIAN JORGE.txt	\\fs...\AVISOS CON ERROR\	1 KB		Documento
AVISOS CON ERROR - EBRARD CASAUBON FABIAN JORGE.xls	\\fs...\AVISOS CON ERROR\	190 KB		Hoja de cálc
AVISOS - EBRARD CASAUBON FABIÁN JORGE - Inmuebles_ok.xls	\\f...\AVISOS CORRECTOS\	82 KB		Hoja de cálc
AVISOS - EBRARD CASAUBON FABIÁN JORGE.xls	\\f...\AVISOS CORRECTOS\	82 KB		Hoja de cálc
EBRARD CASAUBON MARCELO LUIS	\\fsuif50\DGAAO\L...\AMEX\			File Folder
Analisis cta 0134855906 EBRARD CASAUBON ENRIQUE CAMILO.xlsx	\\...\OF 214-4-892328-2015\	16 KB		Hoja de cálc
EBRARD CASAUBON MARCELO LUIS	\\fsuif50\DGA...\BANORTE\			File Folder
EBRARD CASAUBON MARCELO LUIS	...\BANORTE IXE TARJETAS\			File Folder
Analisis cta 0134855906 EBRARD CASAUBON ENRIQUE CAMILO.xlsx	\\...\OF 214-4-892328-2015\	16 KB		Hoja de cálc
EBRARD CASAUBOND FCO JAVIER	...\MONEX CASA DE BOLSA SA DE CV\			File Folder
3. EBRARD CASAUBON FABIAN JORGE	\\fs...\01. tabla inmuebles\			File Folder
7. MASSE EBRARD SERGIO EUGENIO DE JESUS	\\fs...\01. tabla inmuebles\			File Folder
AVISOS - EBRARD CASAUBON FABIAN JORGE.xls	...\3. EBRARD CASAUBON FABIAN JOR	79 KB		Hoja de cálc
TABLA CONTRAPARTE - EBRARD CASAUBON FABIAN JORGE.xls	...\3. EBRARD CASAUBON FABIAN JOR	23 KB		Hoja de cálc
AVISOS - MASSE EBRARD SERGIO EUGENIO DE JESUS.xls	...\7. MASSE EBRARD SERGIO EUGENIO	46 KB		Hoja de cálc
TABLA CONTRAPARTE - MASSE EBRARD SERGIO EUGENIO DE JESUS.xls	...\7. MASSE EBRARD SERGIO EUGENIO	23 KB		Hoja de cálc
tabla relacion familiar EBRARD.xlsx	...\07. tabla relacion familiar\	14 KB		Hoja de cál

Él y su socio Alejandro Pascal Cabral, gran abogado y mejor amigo en la adversidad, dan cuenta de la persecución emprendida.

—Ustedes se tienen que ir de México porque el presidente se enojó conmigo y no tengo manera de defenderlos. Esto no es un tema legal —les dije a todos mis hermanos en una reunión familiar.

—Pero si nosotros no hicimos nada...

—Eso no importa, en política primero te fastidian la existencia y luego averiguan.

Les cambió la vida de raíz de un día para el otro.

Les recomendé moverse a Francia, donde ya vivía nuestro hermano Francisco desde el 2000.

Iba a ser mucho más sencillo desembarcar en un país que conocíamos y con él como sherpa hasta que pasara la tormenta judicial. Desde que Pancho se mudó a un pueblo de donde venía la familia de mi mamá, a una hora de Biarritz, se dedicaba a la importación de vinos al país. Solo que, 15 años más tarde y por órdenes de Luis Videgaray cuando era secretario de Hacienda, le incautaron sus contenedores en Veracruz y perdió todas las botellas. Allí se acabó su negocio (otra vez por ser portador de un apellido que generaba escozor en la presidencia). Llamarse Francisco Ebrard Casaubon le valió otras auditorías, incluidas las de Aduanas.

Salieron primero Eugenio con su esposa y sus dos hijos adolescentes. Seguido de Fabián. Enrique ya había abandonado el país; con él inició toda la cacería de brujas.

Ninguno de mis hermanos se enojó conmigo. Es más, seguimos tan cercanos hoy como siempre, aunque me apenó profundamente todo por lo que tuvieron que pasar por mi causa.

En mi casa, desde que empezamos a trabajar, todos hicimos un acuerdo: nadie se mete en los asuntos del otro. Ninguno de nosotros manda ni recibe recomendados de los demás. Es una máxima que nos planteamos para que no hubiera problemas.

Lo que más tristeza me dio fue escuchar a mi padre profundamente preocupado. Tenía 86 años y cuando le expliqué todo lo que pasaba me recordó que él nunca quiso que me dedicara a la política porque era un ambiente muy difícil. Pero fiel a la tradición familiar me dijo: "Cerremos filas: no pasarán".

UN CHIVO EXPIATORIO

El 9 de noviembre de 2014 Carmen Aristegui junto a los periodistas Rafael Cabrera, Daniel Lizárraga, Irving Huerta, Sebastián Barragán y Gustavo Varguez publicaron una investigación que revolucionó al país. El reportaje era sobre una enorme y prístina mansión en las Lomas de Chapultepec (CDMX) que supuestamente había comprado la esposa del entonces presidente, la actriz Angélica Rivera. La propiedad —la famosa Casa Blanca— estaba valuada en siete millones de dólares. El verdadero escándalo era que la propiedad había sido construida, pagada y registrada por una firma privada, por Grupo Higa, del empresario Juan Armando Hinojosa Cantú. Su empresa formaba parte del consorcio China Railway Construction Corporation, que había ganado poco tiempo antes la licitación para la construcción del tren de alta velocidad México-Querétaro, un proyecto valuado en 4 373 millones de dólares. Años antes Higa también había sido una desarrolladora muy favorecida con un rosario de obras públicas en el Estado de México, cuando Peña Nieto era gobernador.

Cuando todo se destapó, el presidente se encontraba de viaje en China, en una gira donde participaba en la XXII Reunión de Líderes Económicos del Foro de Cooperación Económica Asia-Pacífico (APEC, por sus siglas en inglés) y que terminaba en visita oficial a Australia.

Desde el exterior se enteró del escándalo de la Casa Blanca y estaba furioso. Bastó con pisar México para preguntar de inmediato cuáles eran los documentos que se filtraron para sostener el reportaje. Eran básicamente dos: uno del Registro Público de la Propiedad en la Ciudad de México, y el otro, aún más importante, el presentado ante la delegación Miguel Hidalgo, que incluso contaba con un registro fotográfico de la obra, conforme lo manda la norma.

Con estos dos documentos obtenidos por Carmen Aristegui y su equipo entre finales de 2013 e inicios de 2014 es como comienza toda la trama de la casa de la familia presidencial. Es más, una vez publicado todo el reportaje y ganados premios de periodismo locales e internacionales, los propios autores negaron que los documentos se los hubiese dado yo.

"Si Miguel Ángel Mancera es nuestro aliado, es amigo, ¿cómo puede ser que él haya entregado estos documentos a la prensa?", dicen que reclamaba Peña Nieto enfurecido.

Fue cuando un par de grandes amigos, Miguel Ángel Osorio Chong y Miguel Ángel Mancera, inventaron la trama de que quien había entregado toda la información para esta investigación había sido ni más ni menos que yo, y lograron convencer al presidente y a Luis Videgaray, a quien luego le encontraron otra propiedad entregada por Grupo Higa.

Era algo imposible: primero, porque ni siquiera en funciones como alcalde podría haber hecho semejante filtración, y segundo, yo ya llevaba dos años fuera de la administración de la Ciudad de México.

Mancera, Chong y Videgaray armaron su propia versión de la fuga de esos datos y la acompañaron de una lista negra donde estaba mi nombre en primer lugar y luego el de toda mi familia y de relaciones más cercanas.

Así comenzó desde Los Pinos y la CDMX una persecución política que impactó a toda mi familia. Una investigación que resultó en 70 tomos con cientos de declaraciones rendidas por testigos, exfuncionarios y parientes.

Suena a ciencia ficción, pero es real.

Gonzalo Aguilar Zinser me dijo que, desde la Procuraduría hasta la Unidad de Inteligencia Financiera, todos estaban revisando nuestra vida completa. La cacería de Peña Nieto y su gente duró desde finales de 2014 hasta 2018.

DEVELANDO AL VERDADERO MANCERA

Cuando cayó todo el vendaval de la persecución por la Casa Blanca, yo estaba en otros temas: quería dirigir el PRD, modernizarlo y darle un nuevo impulso.

Por su lado, Andrés Manuel López Obrador había tomado la decisión de fundar el Movimiento de Regeneración Nacional (Morena). Andrés pensaba que era imposible regenerar la dirigencia del PRD y resolvió empezar de cero una nueva organización política, y yo pensé entonces que esa opción llevaría muchos años. Mi ruta pasaba por competir y ganar la dirigencia del PRD para recuperar su carácter opositor y sustraerlo del Pacto por México.

Andrés había visto, como yo, cuánto se había corrompido internamente el PRD y su opción fue mucho más radical. Mi propósito fue buscar la manera de rescatar a la que había llegado a ser la segunda fuerza nacional desde su interior.

La última vez que vi y conversé con Miguel Ángel Mancera fue a finales de 2013. Sabía que —sin estar afiliado— tenía mucho peso dentro del PRD.

—¿Tienes algún problema con que me presente en las internas del PRD?

—No tengo ningún inconveniente.

—Aprovecho para comentarte que quienes trabajaron conmigo en el Metro me comentan que la Línea 12 está abandonada en cuanto a mantenimiento y podría pasar algo si no lo revisan como recomendaron los constructores.

—Los técnicos de Alstom van a hacer una serie de trabajos.

La Línea 12 siempre fue un tema áspero entre nosotros, incluso antes de su insólita clausura que la convirtió en una hoguera de vanidades.

El primer mensaje en contra que me mandó fue poner a cargo del Sistema de Transporte Colectivo Metro a Joel Ortega, una persona profundamente resentida conmigo cuando lo despedí como secretario de Seguridad Pública por los sucesos de la noche de la tragedia del New's Divine.

Cuatro meses después de aquella última breve, expeditiva y seca charla, el 11 de marzo de 2014, Mancera avisa desde su cuenta de Twitter:

Técnicos especialistas del @STCMetroCDMX y expertos señalaron que no es factible operar la L12 cumpliendo altos estándares de seguridad #mm.

Nadie tuvo la gentileza de avisarme antes o de convocarme a una charla previa para discutir esta opción de una obra que yo conocía desde que era un dibujo en un papel. Me enteré mientras estaba de gira en Sinaloa.

Nunca estuvieron claras las razones del cierre, las causas a solucionar, pero sí vimos a cientos de miles de vecinos padecer este cierre de 18 meses. Luego vendrían cientos de auditorías formales, mensajes golpeadores informales e investigaciones en contra de quienes estuvimos desde el día uno en el proyecto de esta línea. Eso sí, jamás pudo probar nada en nuestra contra por años.

COLUDIDOS Y ALIADOS

El 2015 fue un año donde, desde el inicio, las puertas comenzaron a cerrarse para mí en México.

El viernes 6 de febrero me presenté ante la Cámara de Diputados convocado por la Comisión Especial para dar seguimiento a los recursos federales destinados a la Línea 12 del Metro. Nos dieron oportunidad a mí y a mi exsecretario de Finanzas, Mario Delgado, de explicar punto por punto lo que se estaba tergiversando detrás de esta obra y que nos hacía erróneamente responsables del cierre de la misma en 2014. La sesión fue en Comisiones, un viernes por la tarde. Nuestra condena, en cambio, fue en martes y el pleno de la Cámara de Diputados[1] había aprobado una condena inusual a mi persona al inicio de año.

Con datos les demostré que todo era falso, que no se dejaran engañar por funcionarios rencorosos y con poco conocimiento. Les aclaré que los problemas de la Línea 12 no eran ni de corrupción ni por irregularidades, sino de una profunda intencionalidad política. La propia Auditoría Superior de la Federación (ASF) respaldaba mis dichos y había oficios de cientos de páginas de este órgano de fiscalización que negaban cualquier caso de manejo fuera de la ley.

El informe del gobierno capitalino que ellos estaban considerando como correcto sí estaba lleno de inexactitudes y falsedades, y básicamente les pedí que hicieran su chamba contrastando con la documentación completa, con las bitácoras de obra y los protocolos que teníamos completamente ordenados y en regla. Les expliqué que la excusa de los actuales funcionarios de que no hubo coordinación entre el consorcio constructor y la firma de trenes CAF era imposible porque teníamos el registro de cada una de las 5 000 reuniones que celebraron durante cuatro años. Les mostré el contrato de prestación de servicios de largo plazo para los trenes, que fue auditado por la Contaduría Mayor de Hacienda en 2011, donde tampoco reportaron irregularidades.

---

[1] https://www.te.gob.mx/Informacion_juridiccional/sesion_publica/ejecu toria/sentencias/SUP-RAP-0125-2015.pdf

Siempre junté todo. Como cuando hacía mis reportes de aviones en el aeropuerto a los 15 años o mis discursos en la preparatoria. Tengo registro de todo lo que ha pasado por mi escritorio, estuviera donde estuviera.

En esa sesión quedó al descubierto que no había más que una línea política detrás de las denuncias en mi contra.

Más adelante el Consejo Nacional del PRD bloqueó mi nominación como diputado. Mientras el presidente del PRD, Carlos Navarrete, decía que era por falta de votos, Petra Santos (quien llevaba el Fomento a la Comunidad dentro del partido) declaró que esa no era la razón: "Se nos dijo que no podría llegar Ebrard porque requería el visto bueno del jefe de Gobierno [Miguel Ángel Mancera], de [Miguel Ángel] Osorio Chong [secretario de Gobernación] y hasta del presidente [Enrique] Peña Nieto, esa es la verdad. Es una vergüenza".

Entendí que había colusión entre el gobierno federal, el gobierno capitalino y el PRD. Una semana después, el 27 de febrero de 2015, renuncié al PRD.

Dante Delgado me aceptó como parte de sus candidatos de Movimiento Ciudadano, pero la candidatura la impugnaron el PRD, el Partido Nueva Alianza (Panal) y el PVEM. El Tribunal Electoral del Poder Judicial de la Federación resolvió rápidamente quitarme esta segunda candidatura, alegando simultaneidad, por haber buscado una diputación por dos partidos al mismo tiempo (lo cual era falso). A la decisión propuesta por la magistrada María del Carmen Alanís, con el fin de impedirme ser votado, se le denominó "cláusula Marcelo".[2]

---

[2] https://eljuegodelacorte.nexos.com.mx/caso-ebrad-el-tribunal-electoral-contra-el-derecho-a-ser-votado/

DESTINO ONU

Con la misma franqueza con la que hablé con mis hermanos, lo hice con Rosy. "Nos vamos a Europa. Nos quedaremos en la casa de Francisco cerca de Biarritz, pero estaré viajando bastante".

Nos mudamos por ocho meses. Mis hijos, Ivanna y Julián, eran unos bebés de apenas año y medio. Y no faltaron los periodicazos: que si vivía en París, que si me alojé por meses en el Hotel Peninsula, uno de los más caros de Francia. Pura mitología armada. En uno de los momentos de mi estancia en Francia tenía que trabajar varias semanas con equipos de la OCDE y tenía que quedarme sí o sí en París.

En ese momento busqué a un amigo de la familia para que me prestara su departamento en la ciudad. Su abuelo y nuestro tío abuelo habían compartido tanque en la Segunda Guerra Mundial y quedamos muy cercanos y siempre en contacto con ellos. Él en realidad tenía un estudio de una sola recámara donde nos quedamos los cuatro. En esos días otro amigo había viajado a París y él sí se alojaba en el Peninsula. Le avisé que nos veríamos allí para desayunar y llegamos los cuatro al restaurante del hotel a esperarlo esa mañana.

Pero no era el único mexicano alojado allí: me informaron que también estaba un empresario dedicado a la logística de medicinas y proveedor favorito del gobierno. Él nos vio, tomó la foto y se la envió al periódico *24 Horas*. Otra calumnia más en el catálogo.

Recuerdo la mañana de ese día, cuando un colaborador me envió desde México la portada del periódico *24 Horas* (de Antonio Torrado y Eduardo Salazar). No lo olvido; estábamos justo en la lavandería y mientras Rosy colocaba la ropa, yo mecía a los bebés en la carriola, y con algo de humor negro le dije: "¿Viste que bautizaron esta lavandería como Peninsula?".

BUSCANDO BAJO LAS PIEDRAS

No era la primera vez que mi familia estaba bajo los reflectores porque "seguro que se beneficiaron con contratos y prebendas de su hermano el político". El león cree que todos son de su condición.

En junio de 2015 la Secretaría de Hacienda y Crédito Público congeló las cuentas bancarias de dos empresas inmobiliarias a las cuales mi hermano Enrique había comprado departamentos en la zona de Santa Fe. Su lógica era que estos inmuebles iban a subir de precio después de la preventa. Enrique se ha dedicado a los bienes raíces toda su vida, mucho antes de que yo fuera funcionario de gobierno. Lo suyo era encontrar oportunidades inmobiliarias. Él aprendió mucho de mi padre que, como muchos arquitectos, compraba, remodelaba y vendía viviendas.

Perseguían a Eugenio y Fabián porque habían comprado departamentos para sus hijos. Mis hermanos pudieron entregar los comprobantes de las compras de esos departamentos, las transferencias bancarias de los enganches al inicio de la obra y con los mismos valores que pagaron el resto de los 240 compradores de este desarrollo. La UIF había mentido, reportando que "no había registro de pagos". Quedó en evidencia.

Mis hermanos, al ver afectadas sus operaciones financieras, presentaron diversas demandas de amparo contra la PGR, aunque en todos los casos la Procuraduría negó cualquier acto contra mi familia, afirmando que ninguno de ellos estaba siendo investigado, lo que evidentemente era falso y constituía un delito.

El propio Alonso Israel Lira Salas, entonces titular de la Subprocuraduría Especializada en Investigación de Delincuencia Organizada (SEIDO), presentó denuncias con pruebas alteradas por él, lo cual propició que mi familia hiciera denuncias penales por delitos cometidos por servidores públicos y contra la administración de justicia. Ninguno de estos casos tuvo consecuencias.

Gonzalo tenía razón: estuvimos durante cuatro años bajo una de las investigaciones penales y financieras más exhaustivas que se han hecho en México. En total, la indagatoria completa contra los Ebrard fue integrada por 70 tomos.

Como la PGR no pudo demostrar ninguna de las irregularidades, el 27 de diciembre de 2017 la Procuraduría tuvo que emitir un oficio mediante el cual estableció el no ejercicio de la acción penal (NEAP) en contra de todos los investigados "al no haberse podido demostrar ningún delito".

La autoridad empleó sin cortapisas todas sus facultades y poderes. Investigaron la obra de la Supervía Poniente, la Línea 12 del Metro, el Segundo Piso, los parquímetros y todos los desarrollos inmobiliarios que pudieron. Fuera de Andrés Manuel, dudo que haya otro político más investigado que yo en estas últimas décadas en el país.

¿Por qué si se tenía todo el poder y ninguna restricción no se actuó en mi contra desde mayo de 2015 hasta diciembre de 2017, durante 21 meses? No había fundamento: la piedra angular de las imputaciones contra mi familia descansa en testimonios o hechos falsos o vinculados con dos personas que fallecieron antes de 2015.

En noviembre de 2016, me llamó Gonzalo Aguilar Zinser, muy contento, para anunciarme que había conseguido una copia de la tarjeta informativa del licenciado José Guadalupe Medina, subprocurador especializado en investigación de delitos federales de la PGR, en la que daba cuenta de lo siguiente a la titular, Arely Gómez González:

> De las investigaciones realizadas hasta el momento y con el cúmulo de datos recabados por el Ministerio Público de la Federación, no se ha acreditado ninguna de las imputaciones referidas por la UIF en su denuncia en contra de familiares del ex jefe de Gobierno del entonces Distrito Federal, ni tampoco se deriva alguna diligencia en la que Marcelo Ebrard Casaubon se viera involucrado, por lo que se analiza la propuesta de no Ejercicio de la Acción Penal en la presente indagatoria.

PGR
PROCURADURÍA GENERAL
DE LA REPÚBLICA

TARJETA INFORMATIVA
Marcelo Ebrard.
SEIDF/CGI/013/2015. Denuncia UIF

24 de octubre de 2016

Para: Mtra. Arely Gómez González.
Procuradora General de la República

De: Lic. José Guadalupe Medina Romero.
Subprocurador Especializado en Investigación de Delitos Federales

ANTECEDENTES

PROSPECTIVA DE LA AVERIGUACIÓN PREVIA ARRIBA CITADA.

SÍNTESIS DE LOS HECHOS

La averiguación previa SEIDF/CGI/013/2015 se inició con la denuncia formulada desde la Unidad de Inteligencia Financiera de la Secretaría de Hacienda y Crédito Público, por el delito de operaciones con recursos de procedencia ilícita, en contra de quien resulte responsable, mencionando en la narrativa de hechos a diversas personas ligadas al ex jefe de gobierno del D.F., toda vez que fueron detectadas operaciones financieras irregulares, y que, a criterio de la UIF, se traducen en constitutivas del delito de lavado de dinero.

IRREGULARIDADES SEÑALADAS POR LA UIF

- Transferencias de dinero entre empresas sin justificación alguna, con las que se presume se simuló el pago de servicios que supuestamente no se realizaron.
- Envíos de recursos económicos a través del sistema financiero sin que presumiblemente se justificaran dichas operaciones.
- La transmisión de la propiedad de bienes inmuebles (departamentos) a familiares y personas cercanas a la familia del ex jefe de Gobierno, sin que al parecer se hubiera cubierto el pago total del valor de los mismos.

RESUMEN JURÍDICO

A. Se desarrolla investigación en contra de RAÚL MIGUEL ÁNGEL CEDILLO VAN PRATT, ENRIQUE MERAZ ESTRADA, SERGIO FUENTES CALDERÓN, ALEJANDRO CASTRO GARCÍA, ERNESTO CASTRO GARCÍA, ALEJANDRO ISMAEL HERRERA LA MADRID y ADRIÁN PATRICIO CAMERAS MORENO, personas que se relacionan con la operación de las sociedades mercantiles denominadas SOLUTIONS CMV, S.A. DE C.V., CONDOMINIO SÁNCHEZ DE LA BARQUERA, S.A. DE C.V., COMERCIALIZADORA VAN PRATT, S.A. DE C.V., GRUPO CONSTRUCTOR CAER, S.A. DE C.V., FABIMAGA, S.A. DE C.V. y CONSTRUCTORA ENALSER, S.A. DE C.V.

B. Asimismo, la UIF bloqueó cuentas bancarias correspondientes a:

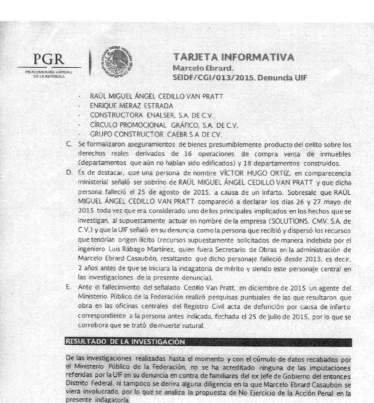

PGR
PROCURADURÍA GENERAL
DE LA REPÚBLICA

TARJETA INFORMATIVA
Marcelo Ebrard.
SEIDF/CGI/013/2015. Denuncia UIF

- RAÚL MIGUEL ÁNGEL CEDILLO VAN PRATT
- ENRIQUE MERAZ ESTRADA
- CONSTRUCTORA ENALSER, S.A. DE C.V.
- CÍRCULO PROMOCIONAL GRÁFICO, S.A. DE C.V.
- GRUPO CONSTRUCTOR CAEBR S A DE CV.

C. Se formalizaron aseguramientos de bienes presumiblemente producto del delito sobre los derechos reales derivados de 16 operaciones de compra venta de inmuebles (departamentos que aún no habían sido edificados) y 18 departamentos construidos.

D. Es de destacar, que una persona de nombre VÍCTOR HUGO ORTIZ, en comparecencia ministerial señaló ser sobrino de RAÚL MIGUEL ÁNGEL CEDILLO VAN PRATT y que dicha persona falleció el 25 de agosto de 2015, a causa de un infarto. Sobresale que RAÚL MIGUEL ÁNGEL CEDILLO VAN PRATT compareció a declarar los días 26 y 27 mayo de 2015 toda vez que era considerado uno de los principales implicados en los hechos que se investigan, al supuestamente actuar en nombre de la empresa (SOLUTIONS. CMV, S.A. de C.V.) y que la UIF señaló en su denuncia como la persona que recibió y dispersó los recursos que tendrían origen ilícito (recursos supuestamente solicitados de manera indebida por el ingeniero Luis Rábago Martínez, quien fuera Secretario de Obras en la administración de Marcelo Ebrard Casaubón, resaltando que dicho personaje falleció desde 2013, es decir, 2 años antes de que se iniciara la indagatoria de mérito y siendo este personaje central en las investigaciones de la presente denuncia).

E. Ante el fallecimiento del señalado Cedillo Van Pratt, en diciembre de 2015 un agente del Ministerio Público de la Federación realizó pesquisas puntuales de las que resultaron que obra en las oficinas centrales del Registro Civil acta de defunción por causa de infarto correspondiente a la persona antes indicada, fechada el 25 de julio de 2015, por lo que se corrobora que se trató de muerte natural.

RESULTADO DE LA INVESTIGACIÓN

De las investigaciones realizadas hasta el momento y con el cúmulo de datos recabados por el Ministerio Público de la Federación, no se ha acreditado ninguna de las imputaciones referidas por la UIF en su denuncia en contra de familiares del ex jefe de Gobierno del entonces Distrito Federal, ni tampoco se deriva alguna diligencia en la que Marcelo Ebrard Casaubón se viera involucrado, por lo que se analiza la propuesta de No Ejercicio de la Acción Penal en la presente indagatoria.

Atentamente

Me puse feliz. Difícil reproducir aquí el sentimiento de liberación de aquel día. Llamé a mi papá, también le dio muchísimo gusto. Cenamos Rosy y yo con los nenes en el microcomedor que teníamos entonces, y hasta brindamos y les compartimos las buenas nuevas aquella noche inolvidable.

El no ejercicio de la acción penal no se produjo de inmediato, sino que ¡transcurrieron 12 meses más!

El 27 de diciembre de 2017 el Ministerio Público llegó a la misma conclusión que el subprocurador y autorizó el NEAP. Al año siguiente, en noviembre de 2018, se produciría otro NEAP respecto a la otra denuncia referida por mi familia ante la PGR.

Diría, por último, que contra mi persona no ha habido ningún proceso o causa enderezada ante ningún juez ni autoridad en mis 40 años de servicio público. Ni la habrá.

Y aunque mi padre y mi madre ya no están en este mundo, les digo donde quieran que estén que tengo la frente en alto al igual que toda la familia Ebrard Casaubon.

Mi papá, Marcelo
Ebrard Maure,
en 1952.

Mi mamá, Marcela
Casaubon Lefaure,
el día de su boda, en
1955.

Mi mamá, Marcela, en la casa de los Casaubon en calle de Ayuntamiento, Coyoacán, en 1941.

María de la Luz Maure García del Valle, viuda de Ebrard, mi Mamágrande, a sus 49 años, poco después de la muerte de mi abuelo en 1948.

Tenía cinco años e iba al kínder apenas. Los 21 de marzo, como cada Día de la Primavera, nos disfrazábamos y decorábamos nuestros triciclos, coches y bicicletas para hacer un desfile en la cuadra de nuestra casa en Coyoacán.

Mi primera casa, en la calle Ignacio Zaragoza 31, junto a la famosa mansión del Indio Fernández en Coyoacán.

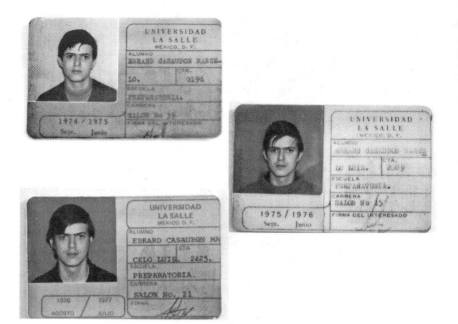

En la Universidad La Salle nació mi vocación política y tuve un grupo de compañeros que abrazó las mismas causas.

Mi hija Francesca en mi oficina del gobierno del DF.

Mis padres, Marcelo Ebrard y Marcela Casaubon, de vacaciones en los años noventa.

Con mi papá, Marcelo Ebrard Maure, el día que festejamos sus 80 años, en 2009.

Mis tres hijos mayores, Anne Dominique, Francesca y Marcelo, en el cumpleaños 80 de su abuelo Marcelo Ebrard Maure.

Rosy es mi compañera, consejera y socia incondicional de vida.

Mi pequeña hija Ivanna el día de su bautizo.

Mi hijo Julián, con su mirada siempre atenta a Rosy, su mamá.

Con mi hijo Julián cuando apenas tenía un año, en 2014.

Mis hijos y yo jugando en los alrededores de la casa de mi hermano Francisco, cerca de Biarritz. Todo ese tiempo conviví mucho con ellos.

Este es el departamento en el que vivimos en París en 2015. Era un estudio tan pequeño que mis niños dormían en la sala y estancia, pues teníamos una sola recámara.

En mi cumpleaños 63, Rosy me regaló un vochito eléctrico fabricado completamente por un taller regio.

MI AHORA

A veces uno sabe de qué lado estar simplemente
viendo quiénes están del otro lado.

LEONARD COHEN

15

UN CANCILLER QUE ESTUDIÓ RELACIONES INTERNACIONALES

> Nunca negociemos desde el temor y
> nunca temamos negociar.
>
> JOHN F. KENNEDY

Controlar y acordar los mejores términos del futuro Tratado de Libre Comercio con Donald Trump.

Esa fue —ni más ni menos— que mi primera tarea a cumplir a pedido del nuevo presidente López Obrador, como uno de esos 12 trabajos que le dieron a Hércules.

El decidió sumarme desde la mañana siguiente en que ganó las elecciones porque es imposible pensar la relación con Estados Unidos sin la política.

A diferencia de los sexenios priistas previos, donde todo lo vinculado con las negociaciones del TLCAN estaba en manos de las secretarías de Economía o de Hacienda, ahora el control de este tema debe pasar también por la diplomacia.

Con este cambio no menor en la relación con el enorme país que es nuestro principal socio y destino comercial, debía sentarme a negociar con el presidente más duro y menos diplomático de la historia reciente de Estados Unidos, un hombre de negocios que había ganado las elecciones en noviembre de 2016 usando como lemas de campaña deshacer los acuerdos comerciales con México, levantar un muro en la frontera con nuestro país y movilizar el sentimiento antiinmigrante.

Poco antes de las elecciones, Andrés Manuel ya me había dicho que quería que fuera su canciller, pero dependía de los resultados del 1 de julio de 2018, porque quien estaba listo y hasta casi anunciado para el puesto era Héctor Vasconcelos, quien, al quedar electo como senador, se consideró que sería un apoyo fundamental para el gobierno en el Legislativo; de hecho preside la Comisión de Relaciones Exteriores.

Como es el estilo del presidente, todos empezamos a trabajar en la transición el mismo 2 de julio, 24 horas después de las elecciones, en las *due diligence* con cada una de las secretarías y otras mil piezas que forman un gobierno federal.

En mi caso, tenía solo 10 días para coordinar la primera reunión entre López Obrador y la delegación enviada por Donald Trump encabezada por Mike Pompeo, en ese momento su secretario de Estado.

Lo más urgente era resolver las diferencias sustantivas relativas al Tratado entre México, Estados Unidos y Canadá (T-MEC).

La otra preocupación de Andrés Manuel era contar con una agenda de política exterior que atrajera inversiones a la zona más olvidada de México, al sur del país y también a Centroamérica, convenciendo incluso a Estados Unidos a sumarse como una manera de contener la presión migratoria en la zona.

Antes de pisar la rojiza torre frente a la Alameda, ya llevaba más de 30 años de carrera política y de formación, sabiendo claramente lo que significaban las relaciones internacionales de una de las economías más abiertas de toda Latinoamérica, uno de los principales socios comerciales de la mayor economía del planeta y uno de los grandes impulsores de la diplomacia a nivel regional.

Tenía claras las prioridades de la nueva administración, que era, sin dudas, la primera gran y real transición política que iba a vivir el país en más de ocho décadas.

Mi familia nunca imaginó que aquel título de licenciado en Relaciones Internacionales por el Colmex que obtuve en 1981 sería finalmente colgado en una oficina *ad hoc*.

VER NACER, MORIR Y REVIVIR UN TRATADO

El 21 de enero de 2020 acompañé al presidente López Obrador a Washington para que firmara con su homónimo en la Casa Blanca el acta de nacimiento del nuevo Tratado de Libre comercio que reemplazó al TLCAN, el T-MEC.

Antes, Donald Trump no se cansaba de decir que este tratado era "el peor acuerdo de la historia", donde los únicos que se beneficiaban eran sus socios mexicanos. En realidad, su mayor coco fue y sigue siendo China, pero era más sencillo tener un adversario cerca y con menos peso.

Para entender el tamaño de este bloque comercial del que seguimos siendo socios, el libre comercio entre Canadá, Estados Unidos y México equivale a 18.9% del PIB mundial y 15% de toda la economía del planeta. Representa el destino de 81% de nuestras exportaciones y contribuye con 35% de nuestro PIB.

Donald Trump llegó en 2017 a la Casa Blanca e impuso una relación bilateral distinta: se acabó la diplomacia tradicional. Su cancillería era su celular, y su cuenta de Twitter, el vocero y embajador más eficiente. El presidente de Estados Unidos dice y hace, aunque lo que anuncie suene poco probable. Desde su red social favorita, el 26 de abril de 2017 avisó que su país abandonaba este bloque económico. Ese día fue bautizado como el "miércoles negro" por las enormes y millonarias implicaciones que traía para los tres socios.

Me enteré del anuncio como todos, por la prensa, y en ese momento ni me imaginé que un tema de esa envergadura caería un poco más de un año más tarde en mi oficina ni que fuera yo quien participaría junto con Jesús Seade, Graciela Márquez y Alfonso Romo en la resolución de un desafío tan importante para México.

Esa ruptura unilateral de un tratado —que llevaba 23 años en vigor— metió muchísima presión al equipo de Hacienda, de Economía y toda la diplomacia del gobierno de Peña Nieto.

El 17 de agosto de 2017 se anunció el inicio de las renegociaciones, una tarea titánica que demandó cientos de mesas de trabajo por 16 meses entre los tres países. La redacción general de un nuevo tratado justo para que fuera el último acuerdo que Peña Nieto alcanzara a firmar como mandatario mexicano se terminó en la Cumbre del G20 de Buenos Aires, junto a Donald Trump y Justin Trudeau, solo 24 horas antes de entregar la banda presidencial a Andrés Manuel López Obrador.

Pero aún faltaba mucho para cerrarlo y ponerlo en vigor: protocolos que incluir en distintos temas bilaterales, reglas de origen, mismas que lograron incluir hasta un año después, ya con Jesús Seade como subsecretario mexicano para América del Norte. Él fue un muy buen negociador que mejoró mucho el último tramo del acuerdo. Había que hacer ajustes muy relevantes en tres esferas: la autonomía energética de México, la laboral y la resolución de diferencias.

EL T-MEC SÍ ES MEJOR

Visto en perspectiva, el T-MEC que se logró es un tratado mucho más moderno, flexible y favorable para México que el TLCAN. Tiene otra orientación que supera la maquila de la mano de obra barata. Es decir, cambia por completo el supuesto de salarios bajos y debilidad sindical y suprimió también el capítulo de integración energética que había introducido el gobierno de Peña, con lo que se preservó la autonomía constitucional de México en la materia.

CAPÍTULO 8

RECONOCIMIENTO DEL DOMINIO DIRECTO Y LA PROPIEDAD INALIENABLE E IMPRESCRIPTIBLE DE LOS ESTADOS UNIDOS MEXICANOS DE LOS HIDROCARBUROS

Artículo 8.1: Reconocimiento del Dominio Directo y la Propiedad Inalienable e Imprescriptible de los Estados Unidos Mexicanos de los Hidrocarburos

1.   Según lo dispone este Tratado, las Partes confirman su pleno respeto por la soberanía y su derecho soberano a regular con respecto a asuntos abordados en este Capítulo de conformidad con sus respectivas Constituciones y derecho interno, en pleno ejercicio de sus procesos democráticos.

2.   En el caso de México, y sin perjuicio de sus derechos y remedios disponibles conforme a este Tratado, Estados Unidos y Canadá reconocen que:

(a)   México se reserva su derecho soberano de reformar su Constitución y su legislación interna; y

(b)   México tiene el dominio directo y la propiedad inalienable e imprescriptible de todos los hidrocarburos en el subsuelo del territorio nacional, incluida la plataforma continental y la zona económica exclusiva situada fuera del mar territorial y adyacente a éste, en mantos o yacimientos, cualquiera que sea su estado físico, de conformidad con la Constitución Política de los Estados Unidos Mexicanos.

Versión final que logramos sacar después de una semana de ruptura de negociaciones. México mantuvo su soberanía a pesar de que Peña ya había concedido lo contrario.   Enero 2020,

8-1

Este artículo parecía imposible de conseguirse. Cuando se logró le regalé esta copia al presidente López Obrador, con dedicatoria, en enero de 2020.

Es tiempo de creernos nuestra relevancia en este tratado que representa 18.9 del PIB mundial, pero no solo por lo que le exportamos a Estados Unidos, que fue la relatoría más usada para no hacer olas y llegar a perder el destino de 81% de nuestra producción. Es importante saber que también somos relevantes para Estados Unidos, al ser uno de sus principales socios comerciales, porque somos, en contraparte, el destino de 16% de sus exportaciones, estas equivalen a lo que consume toda la Unión Europea junta.

Otro buen argumento de nuestra importancia (y no solo dependencia) es que los mexicanos rompimos récord de inversiones productivas en Estados Unidos. Empresarios mexicanos han invertido cerca de 43 000 millones de dólares en Estados Unidos en stock total, lo que convierte a México en el decimonoveno inversionista más grande del país norteamericano, según datos de la Embajada de Estados Unidos en México. Es un récord incluso si tomamos como referencia el tiempo del TLCAN.

Los sectores en los que más creció la inversión mexicana fueron en servicios profesionales, científicos y técnicos, tecnologías de la información, comercio mayorista, alimentos, industria química y metales. Actualmente hay registrados 1.2 millones de empresarios y emprendedores de México en el vecino del norte.

Hoy el mercado hispano (donde 63% son mexicanos) es la minoría que más está aportando al crecimiento de la economía más grande del mundo: según la Oficina del Censo de Estados Unidos en 2019, el mercado hispano lo componen 60 millones de personas (de ellas casi 38 millones son paisanos), que equivale a 18% de la población total del país, con el pronóstico de que para 2060 sean más de 110 millones (30% del total nacional).

Según el reporte de Economía Multicultural que realiza el Centro Selig de la Universidad de Georgia, el poder adquisitivo de los latinos en Estados Unidos suma 1.5 billones de dólares. Y son los más activos en una economía que vive desde la pandemia un fenómeno, un freno de su población económicamente llamada "la lenta renuncia". Millones de estadounidenses no regresaron a sus empleos de antes del covid-19 y el confinamiento está pateando un tablero basado en la productividad de su mano de obra.

De acuerdo con una investigación que hizo la Iniciativa de Emprendimiento Latino de la Universidad de Stanford, en los últimos 10 años la cantidad de latinos dueños de sus propios negocios creció 34%, comparado con 1% que aumentó el total de propietarios de nuevos negocios en general.

Este auge del emprendimiento latino en Estados Unidos (donde seis de cada 10 son mexicanos) se traduce en 500 billones de dólares en ventas anuales, 4% de las ganancias totales de los negocios en ese país y 5.5 % de los empleos, es decir, los emprendedores y empresarios latinos generan ni más ni menos que tres millones de empleos en Estados Unidos.

LAS MEJORAS LOGRADAS

El peso principal de la negociación recayó en Jesús Seade y Robert Lighthizer, el representante comercial de Estados Unidos, donde también se sumaron Jared Kushner por parte del presidente Trump, y del lado mexicano Alfonso Romo, secretario de la Presidencia; Graciela Márquez, secretaria de Economía, y yo.

El punto más álgido fue la sustitución del capítulo de integración energética norteamericana, mismo que implicaba salvaguardar íntegra la reforma energética de Peña Nieto y suprimir cualquier posibilidad de autonomía de México en ese campo, dada la asimetría de nuestras economías.

Se llegó a una gran tensión y de hecho se suspendieron las negociaciones; fue sin duda el momento más decisivo que vivimos como equipo.

El presidente López Obrador fue muy firme y así se lo transmitimos al presidente Trump.

Aquella tarde pude escuchar voces altisonantes y hasta malas palabras por parte de Robert Lighthizer. Sabíamos que las cosas habían llegado a su límite. Intervino el propio Donald Trump. Según se nos hizo saber horas después, el presidente estadounidense, puesto en la disyuntiva de perder el resto del T-MEC, optó por aceptar el texto, del todo inusual, que envió el presidente López Obrador.

Se trata en el fondo de una salvaguarda histórica, por el reconocimiento de Estados Unidos en la prevalencia de la Constitución mexicana por encima del T-MEC en materia de hidrocarburos.

Participar en este acuerdo tan inédito y constatar el resultado en favor de nuestro país ha sido una de las más relevantes experiencias de mi vida.

En materia laboral no hubo a estas alturas mayor problema, porque Andrés Manuel tenía ya resuelto impulsar una profunda reforma laboral que desmontaba cualquier posibilidad de mantener el modelo de bajos salarios como supuesto de crecimiento.

Jesús Seade aceptó los paneles de resolución laboral hábilmente y los intercambió por paneles para arbitrar diferencias, algo que Estados Unidos nunca había aceptado antes. La verdad es que no le convenían.

EL SECTOR ESTRELLA

A finales de 2022 se logró otro triunfo para uno de los sectores más beneficiados por el tratado, como es el automotriz. Se trata de un Panel de Solución de Controversias —como es su nombre formal— que comenzó a trabajarse en enero de 2022, el cual trata sobre las reglas de origen del valor del contenido regional (VCR).

El resultado fue muy favorable para México y por añadidura para Canadá.

A diferencia del TLCAN, que pedía a las armadoras un 62.5% de contenido regional de los tres socios, el nuevo acuerdo elevó ese porcentaje a 75% y agregó que los componentes clave como motores, transmisiones y baterías también debían cumplir con un mínimo regional.

Fue la manera en la que se hizo ese cálculo la que generó la controversia. Nuestro argumento (al que luego se subió Canadá) fue que el nuevo acuerdo nos permitía redondear de 75 a 100% en cuanto al VCR, mientras que para Estados Unidos ese redondeo no era posible. Si primaba la postura estadounidense, las armadoras tendrían que pagar un arancel de 17 por ciento.

En la negociación, México buscó flexibilidad para poder cumplir con los requerimientos establecidos, para asegurar la competitividad de la industria automotriz de Norteamérica. En medio de la escasez de semiconductores, el fallo a nuestro favor es un respiro para las automotrices y fue un gran acierto de Tatiana Clouthier, por entonces secretaria de Economía.

Un planteamiento sólido y sin ponernos en desventaja nos dio una imagen de confianza y estabilidad en cuanto al cumplimiento que les da el sector automotriz a los compromisos que adquiere en los esquemas comerciales. Este fallo será otro de los atractivos para la enorme inversión extranjera directa que va a llegar a nuestro país en este negocio.

Solo la Industria Nacional de Autopartes de enero a septiembre de 2020 recibió inversión extranjera por 1 271 millones de dólares, una cifra que podría incrementarse para años posteriores. Según constatamos con la Secretaría de Economía, solo los anuncios de inversiones en el sector automotriz sumarían en los próximos años unos 10 000 millones de dólares.

Tener resuelta esa fórmula de componentes regionales —que fue favorable para nuestro país y que seguramente en otra administración se hubiera aceptado solo lo que Estados Unidos considerara— es un factor que suma a las inversiones que llegarán por otro factor, como son las tensiones comerciales entre China y Estados Unidos, lo que motiva la relocalización de plantas en territorio T-MEC.

En 2022, 85.4% de las exportaciones automotrices mexicanas tuvo como destino Estados Unidos. Con este ajuste en la fórmula de componentes podría crecer a 90%. Los paneles funcionan.

Estados Unidos y Canadá han promovido ahora otro panel respecto a diversas medidas en el ámbito energético por parte de México.

Mi impresión es que el sistema de paneles está aumentando los incentivos de cooperación y autorregulación entre los tres países y reducirán la asimetría que ha caracterizado nuestra relación bilateral con Estados Unidos.

El T-MEC significa, por esta y otras razones, un viento a favor para nuestro buque nacional.

16

UN TUIT, LOS ARANCELES
Y EL TERCER PAÍS SEGURO

Nuestras controversias parecerán tan raras a las edades futuras,
como las del pasado nos han parecido a nosotros.

JEAN-JACQUES ROUSSEAU

Llevábamos seis meses de gobierno. Las negociaciones del futuro
T-MEC estaban encauzadas y el tramo final de la negociación estaba
ya en nuestra cancha, sin la presión del equipo del expresidente Enrique Peña Nieto.

El 30 de mayo de 2019 amanecimos con un mensaje vía Twitter
del presidente Donald Trump, donde anunciaba que en 10 días se
aplicarían aranceles de 5% a todos los productos mexicanos que les
exportamos, un porcentaje que podía subir a 25% en fases escalo-
nadas hasta octubre de ese año. La medida afectaba a los 346 500
millones en artículos que les vendimos, por ejemplo, el año previo,
que iban desde vehículos hasta frutas y verduras.

Desde la Casa Blanca condicionaban la aplicación de aranceles
"hasta que se resuelva el problema de la migración ilegal". Todas
las alertas estaban encendidas, los mercados financieros reaccionan-
do, los analistas revisando la letra chica de lo que sí y lo que no era
posible.

Donald Trump es un negociador duro y ofensivo muchas veces. Estaba muy enojado por el aumento en el número de inmigrantes en la frontera. De hecho, desde mi primera reunión en 2018 con Jared Kushner y Mike Pompeo, fueron muy sinceros: "Marcelo, el único foco del presidente Trump es que no siga subiendo el flujo de migrantes".

SANGRE FRÍA

Soy un negociador nato. Es de mis *soft skills* que pondría en mi currículo: desde negociar con miembros de la sociedad civil organizada para la reconstrucción del DF tras el sismo del 85 hasta convencer al Ejército mexicano de dar una tregua a la guerra con los zapatistas para comenzar los diálogos de paz o armar un frente multipartidario para evitar el Fobaproa.

El juego de la negociación es ceder lo menos y ganar lo más.

La clave cuando vas a sentarte en una mesa (sea en un destacamento chiapaneco o en la Casa Blanca) es llegar habiendo estudiado y analizado a cada uno de los participantes en las negociaciones. Lo segundo es ubicar cuál es el triunfo que busca tu contraparte, qué es lo que verdaderamente quiere, y tercero, trazar una ruta mental de cómo y cuándo podría resolverse a partir de los límites de cada cual. En una negociación la victoria unilateral no es posible.

Viajé el 31 de mayo a Washington, porque esto requería cirugía mayor e inmediata. Les dije lo que ellos ya sabían: aplicar aranceles era un balazo en el pie porque hay muchísima inversión de empresas estadounidenses en México.

Su equipo lo había convencido de que la única forma de que se redujera el número de migrantes de manera decisiva era firmar un tratado para convertirnos en tercer país seguro. Era y es una idea inaceptable para México.

Recuerdo que llegué a Washington el miércoles y fui recibido por el vicepresidente, Mike Pence, un tipo adusto y profundamente republicano. No avanzamos. Mantuvo la amenaza de los aranceles a partir del siguiente lunes.

Gracias a Mike Pompeo pude tener una junta con el abogado de la Casa Blanca, un funcionario en el que Trump confiaba mucho y que había sido contratado en 2018: Pasquale Anthony *Pat* Cipollone. Y conocí a una persona bastante brillante, buen abogado e hijo de inmigrantes italianos. Pude hablar con él sobre lo que parecía imposible: evitar los aranceles y al mismo tiempo el tratado de tercer país seguro.

LO QUE TRUMP QUERÍA

Le expliqué a Pat la situación desde la imposibilidad procesal, por el tiempo:

—Mira, lo que me pides del tercer país seguro es un tratado y eso lo tengo que llevar a que lo apruebe el Congreso en México, lo cual veo prácticamente imposible porque hay un acuerdo de todas las fuerzas políticas en contra del tercer país seguro. Sería muy desgastante y está fuera de mi alcance. Aún más, suponiendo que después de largas tensiones y costos económicos se accediera a un tratado de esa naturaleza, va a tomar entre 90 y 100 días adicionales el proceso legislativo. Lo que tú necesitas son resultados para el lunes y evitar impacto en la economía de Estados Unidos, ¿no es así?

—Tienes un punto importante, ¿cuál es tu propuesta?

—Regreso a México y armamos una estrategia de lo que como país podemos hacer con respecto a la migración compatible con nuestra ideología e historia.

—¿Y si no funciona?

—Si esto no funciona, si el flujo de migrantes no baja, nos volvemos a reunir en 45 o 90 días y volvemos a plantear y revisar la propuesta de tu gobierno y la nuestra. Lo que te propongo, a diferencia del tratado de tercer país seguro, sí implicaría un resultado para el lunes y es factible.

Recuerdo que se me quedó viendo y me dijo: "Ok, pero firmemos un texto que diga tal cual que si tu plan no funciona nos vemos en 45 días".

Estaba conmigo Alejandro Celorio Alcántara, de la consultoría jurídica de la SRE. Le dije a Pat: "Hagamos el texto ahora y lo suscriben ustedes dos". Alejandro fue extremadamente inteligente para lograr que la redacción cuidara el margen de maniobra de México y fuese compatible con nuestra postura. Se ganó mi admiración y respeto.

Roberto Velasco Álvarez también fue y es una figura decisiva en esas horas difíciles para lograr la negociación y para llevar a buen puerto la relación con Estados Unidos. Brillante y paciente, es un gran diplomático.

Cuando Pat aceptó, fue a hacer consultas en tanto yo hacía las propias. Pensé que estábamos a 80% de lograr una salida sin aranceles y sin tercer país seguro.

Una vez elaborado el texto, Pat se fue al aeropuerto a revisarlo con el presidente Donald Trump. Permanecimos en la sala de juntas del Departamento de Estado; de hecho, estuvimos horas ahí hasta que me pidieron que pasara a la oficina de Mike Pompeo para recibir una comunicación del presidente Trump. Por teléfono me dijo que aceptaría el trato, pero entendí que seguiría una gran tensión, como ocurrió.[1]

El texto acordado quedó así:

---

[1] El informe de las actividades y otras reuniones de este viaje y acuerdo en Washington D. C., del 31 de mayo al 8 de junio, se puede consultar aquí: https://infosen.senado.gob.mx/sgsp/gaceta/64/1/2019-06-14-1/assets/do cumentos/Informe_SRE_140619.pdf o https://www.gob.mx/cms/uploads/at tachment/file/468631/Informe_al_Senado_MEC.pdf

Acuerdo suplementario Estados Unidos-México

En referencia a la declaración conjunta de los gobiernos de los Estados Unidos y México del 7 de junio de 2019, las partes acuerdan además las siguientes medidas para abordar la situación actual en la frontera sur de los Estados Unidos.

Los Estados Unidos y México iniciarán inmediatamente negociaciones para establecer los términos definitivos de un acuerdo bilateral vinculante para abordar el reparto de la carga y la asignación de la responsabilidad de procesar las solicitudes de refugio de migrantes.

Como mínimo, dicho acuerdo incluiría, de conformidad con las obligaciones legales nacionales e internacionales de cada parte, un compromiso bajo el cual cada parte aceptaría la devolución y procesaría las solicitudes de estatus de refugiado de nacionales de terceros países que hayan cruzado el territorio de una de las partes para llegar a un puerto de entrada o entre puertos de entrada de la otra parte. Además, las partes tienen la intención de que dicho acuerdo se integre al enfoque regional para compartir la carga en relación con el procesamiento de las reclamaciones de los migrantes a la condición de refugiado.

México también se compromete a comenzar de inmediato a examinar leyes y regulaciones nacionales con el fin de identificar cualquier cambio que sea necesario para que entre en vigencia y aplique dicho acuerdo.

Si Estados Unidos determina, a su discreción y después de consultar con México, después de 45 días calendario a partir de la fecha de emisión de la declaración conjunta, que las medidas adoptadas por el gobierno de México de conformidad con la declaración conjunta no han logrado resultados suficientes al abordar el flujo de migrantes a la frontera sur de los Estados Unidos, el gobierno de México tomará todas las medidas necesarias conforme a legislación nacional para poner el acuerdo en vigencia dentro de los 45 días siguientes.

Firmado este 7 de junio de 2019 en Washington D. C., por:

[EL CONSULTOR JURÍDICO DEL
DEPARTAMENTO DE ESTADO EN
FUNCIONES MARIK STRING]
A NOMBRE DE ESTADOS UNIDOS

[EL CONSULTOR JURÍDICO DE LA
SECRETARÍA DE RELACIONES
EXTERIORES
ALEJANDRO CELORIO ALCÁNTARA]
A NOMBRE DE MÉXICO

Donald Trump lo dio a conocer a los medios el lunes siguiente y yo le envié todo el detalle (incluido el texto) al Senado de la República.

Este acuerdo se basó esencialmente en entender la incompatibilidad entre el fin del gobierno de Estados Unidos de reducir el flujo de migrantes solicitantes de asilo y el medio que buscaban imponer (el tratado de tercer país seguro), que por definición enfrentaba la oposición del gobierno de México, de todas las fuerzas presentes en el Senado de la República, y era, por consiguiente, impracticable.

Desde mi punto de vista, la negociación que logramos fue un éxito muy relevante que permitió superar la crisis de los aranceles de la mejor manera posible.

Nunca concedimos el tercer país seguro, nos escabullimos por la ranura existente entre el fin y el medio. Sorteamos el momento.

PRUEBA SUPERADA

La reunión de seguimiento la habíamos acordado para que tuviera lugar el 10 de septiembre de 2019. Presenté la información disponible: había una reducción importante en el flujo migratorio.

Fui invitado a pasar al despacho del presidente Trump para "un saludo".

Recuerdo haber preparado una gráfica que mostraba convincentemente cómo se regulaba el número de migrantes ordenando los incentivos dada la demanda de mano de obra en Estados Unidos.

En la oficina ya estaban Mike Pompeo, Jared Kushner y Kevin McAleenan, por esas fechas secretario de Seguridad Nacional de Estados Unidos.

Bastó sentarme para que me dijera: "¿Por qué no aceptan el tercer país seguro como vamos avanzando con El Salvador?".

Mi respuesta fue mostrarle la gráfica que había preparado. La miró, se la mostró a Kevin —que tenía sentado a su izquierda— y le preguntó: "¿Esto es verdad?".

Kevin la leyó con atención y le alcanzó a contestar: "Sí, señor, pero…". Trump no lo dejó terminar de formular la objeción. Fue un segundo crítico; no saben lo largo que corre el tiempo en situaciones como esta.

Trump se paró súbitamente y me pidió que lo acompañara a otra sala en la que lo esperaba un grupo de senadores republicanos. Me presentó con ellos y finalmente me despedí con un breve saludo. Esa gráfica había hecho mucho más que mil palabras y evitó regresar al reclamo de convertirnos en tercer país seguro.

La caída del flujo migratorio no se debió a que aumentáramos en la misma medida el número de rescates y repatriaciones. De hecho, siguió siendo el reclamo permanente por no hacerlo de esa manera por parte del departamento de Aduanas y Protección Fronteriza (CBP, por sus siglas en inglés).

Lo que realmente se consiguió fue el cambio de expectativas: la eficacia de cruzar México y solicitar asilo en Estados Unidos se fue perdiendo por el gran número de personas que lo hacían. Se dieron cuenta de que ya no daba resultados y los riesgos eran cada vez mayores.

Insistimos en la necesidad de invertir más en Centroamérica y se hicieron compromisos relevantes (conseguimos un aporte de más de

18 000 millones de dólares), aunque solo logramos que se invirtieran efectivamente poco más de 4 000 millones de dólares, porque tienen que ser inversiones privadas.

El otro punto crítico en el que insistimos entonces (se lo presentamos al equipo de Trump en Washington) y ahora es que debe haber un proceso regular para poder manejar el flujo migratorio, que en buena medida es movilidad laboral.

Dicho de otro modo, como lo demuestran los casos de permisos humanitarios en Estados Unidos a venezolanos, si existe una vía legal, esta será respetada por la mayoría que necesita moverse hacia ese país por el mercado de trabajo.

¿Cuál es el motor de todo este movimiento?

La creciente demanda de mano de obra de la economía más grande del mundo que solo tiene 0.3% de crecimiento demográfico al año. Este factor, aunado al efecto de la pandemia en Centro y Sudamérica, así como el tremendo impacto social de las sanciones económicas impuestas a Cuba y Venezuela, dan como resultado un flujo creciente, que es el efecto de decisiones que ha tomado y debe modificar Estados Unidos si realmente busca tener un resultado diferente.

Hay algo que se ha mantenido constante en nuestra postura como país tanto ante la negociación del T-MEC como en la tensión por el flujo migratorio y en la crisis de seguridad. En los tres casos conseguimos resultados positivos manteniendo lo que es esencial para nuestro país: la autonomía energética, la defensa de nuestra propia estrategia de seguridad y la negativa a aceptar ser un tercer país seguro.

¿Las claves? Firmeza y capacidad de negociación.

17

COVID-19: UNA CRISIS PARA LA QUE NO HAY MANUALES

> Esta pandemia ha magnificado todas las desigualdades
> de nuestra sociedad, como el racismo sistémico,
> la desigualdad de género y la pobreza.
>
> MELINDA GATES

Helaba en la pista del Aeropuerto Internacional de la Ciudad de México.

Era el 23 de diciembre de 2020 y quedamos con todos los miembros del gabinete involucrados en la crisis sanitaria en vernos directamente en el hangar de la empresa DHL. Cuando vi aterrizar el avión amarillo en la pista respiré de tranquilidad a pesar del apretado cubrebocas KN95 que tenía puesto.

Llevaba siete meses buscando tener acceso a las vacunas o la vacuna que se autorizara primero. Hubo incluso discusiones interminables con algunos responsables de la Secretaría de Salud porque nunca se había producido una vacuna en cosa de meses, todas toman años para producirse y aprobarse y por tanto suponían que no habría ninguna en el corto plazo contra el virus del covid-19.

Mi visión siempre fue la opuesta: tendríamos vacunas muy pronto y había que garantizar el acceso de nuestro país a ellas en un escenario de competencia extrema.

El 23 de diciembre de 2020 nos convertimos en el primer país latinoamericano en recibir dosis de la vacuna de Pfizer-BioNTech para comenzar la vacunación nacional.

Sin duda era algo inédito, sí, pero en momentos únicos como este hay que estar preparado para escenarios distintos y para oportunidades que pueden ser sorpresivas, siempre bajo la presión extra de que todo el planeta estaba buscando lo mismo al mismo tiempo y en algunos casos con los recursos necesarios como para monopolizar una compra.

Me dio tranquilidad ver bajar el primer contenedor cuadrado: con cerca de 120 000 muertes hasta ese día, habíamos logrado ser el primer país de América Latina —y uno de los 10 en todo el mundo— en recibir la primera vacuna contra covid-19 aprobada por la Administración de Alimentos y Medicamentos de los Estados Unidos (FDA, por sus siglas en inglés) y en *fast track* por la Comisión Federal para la Protección contra Riesgos Sanitarios (Cofepris).

A las 9:03 llegaban a suelo mexicano desde Bélgica las primeras 3 000 dosis desarrolladas por Pfizer-BioNtech. Y eso era una buena noticia en uno de los años más letales para nuestro país desde tiempos de la Revolución.

Desde que se declaró la pandemia comencé a sumarme a las reuniones matinales del Consejo General de Salubridad, lideradas por Jorge Alcocer y Hugo López-Gatell de la Secretaría de Salud. Todos teníamos el mandato del jefe de conseguir lo que fuera y donde sea aquello que fuera útil para la población mexicana, algo que mermara esta curva ascendente de casos y mortalidad.

En mayo de aquel año les comenté en ese desayuno de las seis de la mañana que había leído un artículo sobre China donde habían comenzado las pruebas fase tres de una vacuna experimental contra el virus SARS-CoV-2 con miembros de su ejército. Era una *joint venture* entre un laboratorio chino y un centro de investigaciones en Canadá. La vacuna, lo traía anotado, se llamaba CanSino.

El país estaba en pausa, los niños con clases a distancia (los que podían), familias encerradas, trabajo a distancia, negocios cerrados, mucha angustia en la población y los hospitales y funerarias saturadas. Ese día nos avisaron que había 29 estados en semáforo rojo, 45 000 nuevos casos confirmados y casi 5 000 muertes por covid-19.

Un miembro de la Secretaría de Salud me tildó de ingenuo: "Quienes saben de medicina y vacunas entendemos que estas soluciones tardan hasta cinco años en salir al mercado, no es una molécula de una nueva medicina, no hay que creer todo lo que se publica".

Atiné a explicarles mi razonamiento: "Si ellos, si los chinos lograron estar en fase tres con pruebas ya en humanos, es posible que el resto de los laboratorios también acelere sus desarrollos propios. Estamos en un momento histórico para mal, pero tal vez surja una solución con tanta presión y toneladas de dinero que reciben los laboratorios y sus equipos de desarrollo de gobiernos y empresas".

Me recomendaron que siguiera con mi parte del apoyo en esta contingencia, que tampoco era menor: habíamos logrado en tiempo récord crear un puente aéreo permanente con Asia para la importación de insumos hospitalarios, materiales descartables como los cubrebocas y seguir buscando proveedores de tecnología avanzada en el tema de ventiladores porque la saturación en camas covid estaba al límite. Solo 39 días después del primer caso confirmado en México, el 7 de abril, la subsecretaria para Asuntos Multilaterales y Derechos Humanos, Martha Delgado Peralta, aterrizaba en China para inaugurar el puente aéreo que nos garantizaría acceso a insumos y equipo médicos de manera permanente. Aeroméxico se unió a la cruzada y se logró rápidamente un flujo de alto volumen de materiales para el sector salud. El puente duró hasta julio de 2020 y sumó 25 vuelos con millones de productos e insumos.

Esta tarea de facilitador internacional nos había permitido ser muy ágiles para ubicar a los proveedores en todo el mundo, acelerar los procesos con la Secretaría de Salud de contratos de compra, coordinarnos con el equipo que lleva Aduanas para los permisos de importación y con Cofepris para la autorización en "velocidad crucero" de cada nuevo ítem y dispositivo que ingresaba al país y que aun y con las urgencias debía contar con todos los sellos de aprobación de seguridad.

Ya sabíamos el caminito e incluso nos convertimos en facilitadores de compras para muchos otros países latinoamericanos con menor capacidad de maniobra y logística que nosotros.

Mientras me iba de Palacio a mi oficina pensaba en cómo podíamos aprovechar esa capacidad de reacción y cooperación ya ganada entre distintas dependencias federales (desde Hacienda para los fondos, Economía para las Aduanas, Salud para Cofepris) y tener todo listo para el momento en que se aprobara la primera vacuna. En total logramos involucrar a 53 áreas de gobierno.

Llamé a la mujer detrás de toda esta cadena de proveeduría, mi subsecretaria para Asuntos Multilaterales y Derechos Humanos, Martha Delgado Peralta. Le pedí que me hiciera un listado de todos los laboratorios en el mundo que estaban anunciando avances en sus vacunas y que los fuéramos contactando desde ese momento, ya fuera desde la embajada de cada país o directamente vía cancillería. Martha se subió con su "Claro que sí, lo vamos a conseguir" en un instante y agregó: "Arrancaremos con esa china que comenta, jefe, con CanSino".

En unas horas ya teníamos los contactos de CanSino Biologics, pero también de Pfizer-BioNtech, AstraZeneca, Janssen, Sputnik V, Sanofi y Moderna. Ella había logrado armarse de un equipo de mujeres (que les valió una nota en el sitio *La-Lista*[1]) "que investigaron, conectaron, negociaron, obtuvieron autorizaciones, pusieron al país en el mapa de las investigaciones clínicas y detonaron cadenas de producción y abastecimiento. Algo inédito en un entorno tradicionalmente liderado por hombres".

Le comenté en corto a Andrés Manuel y me dio todo su apoyo y autorización para seguir adelante con la búsqueda y contratos para vacunas.

FRONTERAS ABIERTAS Y CERRADAS

La pandemia puso a la diplomacia mexicana a prueba, quizá como nunca antes en la historia reciente. El escenario difícilmente podía haber sido más adverso: la mayor crisis económica y sanitaria globales en casi un siglo; las fronteras cerradas; el turismo y el comercio internacional en los suelos; las cadenas globales de valor trastocadas; el multilateralismo bajo acoso y el valor de la cooperación internacional en su peor expresión frente al nacionalismo sanitario.

Lo más urgente fue, a escala mundial, repatriar en cuestión de días a miles de turistas que habían quedado varados en distintos países en medio del *lockdown* de la pandemia. Nos coordinamos con

[1] https://la-lista.com/las-mujeres-que-lucharon-por-las-vacunas/2021/01/05/ellas-son-las-mujeres-que-lucharon-por-las-vacunas-para-mexico

embajadas, consulados, el Instituto Nacional de Migración y con aerolíneas privadas para acelerar el regreso de mexicanos al país. Si bien nuestras fronteras nunca se cerraron, en gran parte de los países sí, y eso era una tragedia para quien no tenía manera de embarcarse de regreso a México. La cancillería desplegó un esfuerzo diplomático sin precedente: Carmen Moreno Toscano, Maximiliano Reyes (quien había coordinado con éxito la operación Evo) y Roberto Velasco hicieron un trabajo extraordinario en combinación con embajadas y consulados. Fue nuestra mejor hora. En cuestión de semanas se logró la repatriación de 18 079 mexicanos desde los cinco continentes. Entre marzo y abril de 2020 hubo 77 vuelos con el apoyo de la Fuerza Aérea Mexicana (en aquellos países donde sus aeropuertos ya estaban cerrados) más alianzas con aerolíneas privadas y charters para otros 100 vuelos especiales. Otro tema central fue la repatriación desde los cruceros, en los cuales había 1 200 mexicanos en 74 barcos. México fue pionero en establecer un puente humanitario que permitió que más de 1 500 extranjeros volvieran a su país desde más de 60 países. México decidió no cerrar los puertos para apoyar a personas varadas en altamar, por lo que permitió que atracaran embarcaciones con ciudadanos de otros países en puertos nacionales para luego volar desde nuestro país a sus destinos.

LA PANDEMIA COMO LUPA

La crisis sanitaria mundial exacerbó el nacionalismo y debilitó la cooperación internacional. Llegamos a ver discusiones en Europa sobre si permitían que algún laboratorio dentro de su zona exportara a otros países fuera de la Unión vacunas una vez aprobadas. "Primero nosotros" era la consigna. Fue patente cuando detectamos que las grandes potencias económicas como Estados Unidos o Canadá reservaban y pagaban dosis de vacunas para inocular tres o cuatro veces a su población.

México, como es su tradición, buscó los espacios para proponer mecanismos de ayuda global, de democratización de las ayudas. El presidente López Obrador propuso en la reunión del G20 de marzo "igualdad en el acceso a medicinas y vacunas".

A pocas semanas de declarada la pandemia por la OMS, propusimos ante la Organización de las Naciones Unidas —y sus 193 estados miembros— el 20 de abril de 2020 la resolución "Cooperación internacional para garantizar el acceso mundial a los medicamentos, las vacunas y el equipo médico con los que hacer frente a la covid-19", para que se garantizara el acceso universal, justo, transparente, equitativo, eficiente y oportuno a medicinas, vacunas y todo lo necesario para enfrentar la crisis sanitaria, así como buscar fortalecer las cadenas de suministros que promuevan y garanticen que todos accedan a modos de protección y acceso a cuidados. Sumamos a la resolución la importancia de que las naciones aumentaran el financiamiento en investigación y el desarrollo de biológicos y tratamientos. La propuesta fue respaldada por 179 países y se convirtió en la iniciativa mexicana más votada y respaldada internacionalmente en la historia.

Ese fue el inicio de nuestras acciones multilaterales para buscar el bien común en una situación que igualaba a todo el planeta. El 19 de mayo la OMS aprobó la resolución de la Asamblea Mundial de la Salud, con el respaldo de México, que reconocía la vacunación extensiva contra el covid-19 como un bien de salud pública mundial para la prevención, contención y detención de la transmisión de la enfermedad, y se expuso la necesidad de que todos los países dispusieran de un acceso oportuno y sin trabas.

Lo que vimos a un mes de declarada la pandemia lamentablemente se cumplió: hasta el 30 de junio de 2021, 12 países seguían sin conseguir iniciar sus campañas de vacunación, mientras que cuando se liberaron las primeras vacunas, 10 países concentraron la compra completa de las dotaciones iniciales.

No fue nuestro caso. Desde la cancillería, con el apoyo de la Fuerza Aérea Mexicana, enviamos millones de dosis de vacunas AstraZeneca, envasadas en México, con destino a Belice, Bolivia, El Salvador, Guatemala, Honduras, Paraguay y Jamaica.

EVITAR EL COLAPSO HOSPITALARIO

A finales de marzo de 2020 me llamó el presidente López Obrador a Palacio Nacional. Era un sábado por la tarde y compartimos la mesa con el director del Instituto Mexicano del Seguro Social (IMSS), Zoé Robledo; con Olegario Vázquez Aldir, propietario de la cadena de hospitales Ángeles; y Javier Potes, presidente del Consorcio Mexicano de Hospitales, que agrupa a las principales instituciones del sector salud privado.

La velocidad de contagio de la pandemia estaba saturando todas las áreas de terapia intensiva del sector público; ya estaban a nivel máximo los hospitales del Seguro Social, del Instituto de Seguridad y Servicios Sociales de los Trabajadores del Estado (ISSSTE), los recientemente bautizados como hospitales del Instituto de Salud para el Bienestar (Insabi), los de la Sedena, la Secretaría de Marina (Semar) y Pemex. El gran problema al que nos enfrentamos, además de reducir la letalidad y de conseguir medicinas e insumos de manera urgente, era evitar que el sistema de salud fuese rebasado ante una demanda que superaba la oferta de espacios en todo el país. Para poner en contexto, por ejemplo, pasamos de tener un *stock* de 100 ventiladores en salas de terapia intensiva para casos graves de falta de oxigenación a necesitar de un día para otro 4 000.

Andrés Manuel me pidió que tomara en mis manos la iniciativa de firmar un convenio inédito, que liberara camas en el sector público para atender a más pacientes con covid-19 y derivar a clínicas y hospitales privados a pacientes sin covid-19.

No fue fácil llegar a un acuerdo, a un modelo de derivación ordenada en medio de esta coyuntura e incluso al precio que podíamos cubrir por ese servicio subrogado. Y me lo dijo el propio Potes: "El sector público y privado hablamos idiomas diferentes, pero haremos lo posible para que prevalezca el bien de todos".

Pero lo que empezó solo siendo la búsqueda de camas de hospital terminó convirtiéndose en una de las iniciativas comunitarias más grandes, veloces, generosas y efectivas que recuerdo haber gestionado: Juntos por la Salud.

Cuando regresé con mi equipo en la secretaría, este pedido presidencial tomó otro vuelo. Sumamos a la Fundación Mexicana para la Salud (Funsalud),[2] que dirige Héctor Valle, para que nos apoyara en el *know-how* sobre cómo vincular ambos sistemas, además de su apoyo para proteger a la primera línea de defensa de la pandemia (médicos, enfermeros) con materiales y capacitación, y decidimos buscar a más protagonistas del sector privado y de la sociedad civil para meter anabólicos y evitar desde otros flancos (no solo las camas) el colapso de un sistema que estaba pasando la mayor prueba de resistencia de su historia.

Al día siguiente, creo que eran las 12 de la noche, le llamé directamente a Eduardo Osuna (CEO de BBVA y de la fundación del banco) para que se sumara. "Claro. Nos encargamos de conseguir los fondos para comprar ventiladores en el exterior", dijo y se puso a trabajar directamente con Martha Delgado Peralta para localizar proveedores en Europa y Estados Unidos e importar equipos. De su lado aportaba fondos, y del nuestro, la logística, la autorización en Cofepris y la puesta en marcha en cada sala de terapia intensiva. Pronto se sumó la Facultad de Medicina de la UNAM, por conducto de Germán Fajardo Dolci y con el apoyo del rector Enrique Graue Wiechers.

En paralelo, el Instituto Nacional de Nutrición y los ingenieros de Metalsa, 13 empresas más y el Tec Salud comenzaron a diseñar un ventilador que pudiera fabricarse en el país. Porque si hay algo

---

[2] https://funsalud.org.mx/funsalud/

importante (y nos lo enseñó a la fuerza la pandemia) es el desarrollo de proveeduría local.

"Faltan equipos médicos: desde cubrebocas a batas", nos pedían los hospitales. Los 1.2 millones de trabajadores del sector textil estaban en su casa (70% de ellos, mujeres), porque estaban fuera de la lista de las industrias esenciales. Tras reuniones entre la Secretaría de Economía y la Cámara Nacional de la Industria Textil (Canaintex) logramos liberar a 30% de la capacidad instalada de este sector (400 000 empleados) y muchas pymes se reconvirtieron en cuestión de días, llegando a fabricar hasta 50 millones de cubrebocas *made in Mexico* al mes.

En un *sprint* de seis meses, Juntos por la Salud sumó donativos de todo tipo de 579 empresas, se aliaron 12 fundaciones de empresas privadas (desde Femsa y Televisa a Grupo BAL, de la familia Baillères, pasando por el Consejo Mexicano de Negocios) y se involucraron 1.5 millones de personas, quienes donaron tiempo, dinero, conocimiento y esfuerzo al plan. Se recaudaron 1 527 millones de pesos para apoyar con materiales a 694 hospitales del sector público con cosas tan sofisticadas como los ventiladores, hasta guantes, pasando por raciones de comida y agua. Cada día, un sistema de logística (que terminó cubriendo 178 000 kilómetros) entregaba 45 000 litros de agua a todo el sistema público de salud, se distribuyeron 1.3 millones de kits de protección y cerca de tres millones de cubrebocas y la Asociación Mexicana de Hoteles donó 12 000 noches de alojamiento para médicos. Las gestiones privadas que encabezaba la UNAM, BBVA y el Tec de Monterrey (en especial el doctor Guillermo Torre) hicieron posible importar 4 673 ventiladores (en su mayoría para terapia intensiva) y se capacitó a 40 000 médicos y auxiliares de la salud vía Tec Salud y la Escuela de Medicina para su uso adecuado en tiempo récord. "Es un sueño que jamás creí que llegaría a tener este impacto", dijo el propio CEO de BBVA en el acto de cierre que hicimos en septiembre de 2020 de esta iniciativa en el Antiguo Palacio de la Inquisición.

El *team* Instituto de Nutrición/Femsa/Metalsa/Tec Salud, que coordinaba Lorena Guillé-Laris (directora de Fundación Femsa), presentó semanas más tarde el primer ventilador mexicano (el VSZ-20-2), del cual se fabricaron 200 unidades. Y se donaron otros 34 a países de Centroamérica.

La meta inicial fue superada: 226 hospitales privados se sumaron a la alianza y agregaron 3 427 camas al sistema de salud conjunto, lo que significó 28% de lo pactado inicialmente. Se derivaron y atendieron a 17 000 personas (80% eran mujeres para ser atendidas por parto o cesáreas). Esto permitió al sector público poder atender a miles de pacientes más de los que podía antes de la alianza.

Pocas veces he visto en mi vida el nivel de involucramiento, de compromiso y de trabajo de tantas personas de espacios, medios y negocios diferentes

Esta alianza fue un ejemplo de que sí se pueden coordinar sector público y privado cuando las metas son claras y la rendición de cuentas es transparente. Se convirtió en un círculo virtuoso que tal vez pasó desapercibido en medio de la peor parte de la pandemia, que fue entre abril y septiembre de 2020, en que solo estábamos mirando las curvas de contagio y letalidad. Pero fui testigo de que en las peores circunstancias y bajo una presión extrema cargada de incertidumbre México demuestra su grandeza.

Juntos por la Salud logró en seis meses 30 veces más que las donaciones que recibimos de cooperación internacional. Sí, 30 a 1 fue la relación a la que se llegó gracias a miles de manos amigas. Fue conmovedor.

OTRAS MANERAS DE SUMAR VACUNAS

México es la única nación latinoamericana que participa en el consejo de la Coalición para las Innovaciones en Preparación para

Epidemias (CEPI, por sus siglas en inglés), un organismo dedicado a la respuesta ante epidemias donde están sumados gobiernos, organismos multilaterales, empresas y fundaciones.

Estar en este comité nos alertó de una iniciativa que comandaba la OMS y la Alianza Mundial de Vacunas (GAVI, por sus siglas en inglés): la plataforma de Acceso Global para la Vacuna contra covid-19 (más conocida como Covax), y que sería la responsable de distribuir 2000 millones de dosis entre 77 países, sin importar su capacidad de pago.

Sumarnos a esta iniciativa fue una de las recomendaciones que nos dio el equipo de médicos y especialistas que estaban dentro de la alianza Juntos por la Salud. En ese momento (a mediados de 2020) ya había 18 laboratorios probando en distintas fases sus vacunas contra el SARS-CoV-2.

Martha Delgado Peralta, que siempre le suma su milla extra a cada proyecto, comenzó a tomar clases de mandarín por Zoom para que sus comunicaciones con el gobierno chino y con CanSino fueran más cercanas y sin sorpresas. El *know-how* del puente aéreo sanitario nos había enseñado que los países con más dinero acaparan la compra de productos, y podía ocurrir lo mismo.

La recomendación que le dimos al presidente fue no apostar por un solo laboratorio, sino tener una canasta de precontratos de adquisición de vacunas porque no sabíamos cuáles iban a aprobarlas antes, y diversificar destinos de importación nos aseguraría suministro ante cualquier problema de logística. Para finales de 2020 logramos tener tres vacunas reservadas: CanSino desde Asia (un contrato por 35 millones de dosis), la británica AstraZeneca (77.4 millones) y la estadounidense Pfizer-BioNtech con laboratorios en Estados Unidos y Europa (34.4 millones).

Además, como parte ya oficial de Covax logramos reservar otras 51.5 millones de dosis de un portafolio de opciones con 18 vacunas en proceso de desarrollo.

Entre todos (acuerdos multilaterales y contratos con laboratorios) teníamos ya compradas a finales del fatídico 2020 160 millones de dosis contra el covid-19, una operación compleja para la que la Secretaría de Hacienda etiquetó 1 659 millones de dólares.

El día de Navidad de 2020 nos convertimos en el primer país de América Latina que comenzó a vacunar a su población, cuando aún no habíamos llegado al pico que creíamos superar en mayo.

El 22 de enero de 2021 Andrés Manuel López Obrador habló en directo con el presidente entrante Joc Biden para solicitar su apoyo para capotear la pandemia desde el punto de vista de acceso a más vacunas. Tres días después hizo lo propio con Vladimir Putin, el mandatario ruso. Menos de un mes más tarde llegó el primer cargamento de su vacuna Sputnik V a nuestro país, que se sumó a la canasta de biológicos para aplicar a nuestra población.

Al 31 de agosto de 2021, entre todas las marcas habíamos logrado traer al país 100 millones de dosis de vacunas, el equivalente a 77% de la población total mexicana.

Negociar globalmente con un producto que aún no existe es un desafío no solo de convencimiento a compañeros del gabinete, sino legal y de estrategia internacional. De velocidad. Estos contratos fueron los primeros que firmó México para la adquisición internacional de vacunas aún sin fabricar ni aprobar, con un precio imposible de negociar, ya que estaba estimado por una demanda infinita y una oferta escasa. A Martha Delgado Peralta y su equipo de 13 mujeres (entre funcionarias, ejecutivas y científicas) las bauticé "las damas de hierro".[3]

[3] https://la-lista.com/las-mujeres-que-lucharon-por-las-vacunas/2021/01/05/ellas-son-las-mujeres-que-lucharon-por-las-vacunas-para-mexico

ENTRE WASHINGTON, BUENOS AIRES
Y LA CDMX

Gracias a las gestiones con los propios laboratorios conseguimos otros hitos: que CanSino Biologics nos considerara entre los cinco países a nivel mundial donde haría pruebas de fase tres (en nuestro caso en alianza con el Instituto de Nutrición en el mismo mes de diciembre de 2020) y acuerdos de fabricación conjunta con otros países.

Desafortunadamente México, otrora una potencia a nivel mundial en la producción y vacunación masiva, había descuidado este sector y no podíamos responder ni con talento nacional ni con logística ante una campaña como la que comenzaría a partir de enero de 2021.

Haber comenzado tantos meses antes la relación directa con los laboratorios nos permitió explorar otra oportunidad: producir vacunas en el país.

Entre el 8 y 9 de julio de 2020 el presidente López Obrador hizo su primera visita oficial a Estados Unidos con una delegación de empresarios. Entre ellos estaba Carlos Slim, quien habló en corto con Andrés Manuel y le comentó que tenía la intención de apoyar financieramente al laboratorio de AstraZeneca y a la Universidad de Oxford para que aceleraran la investigación de su vacuna. Se trataría de un acuerdo donde trabajarían en equipo el laboratorio asociado que tenía Astra en Argentina (mAbxience) y la idea era sumar a México con otro laboratorio privado, Liomont. Al otro día recibí una llamada del ingeniero Slim, quien me explicó con detalle cómo sería la alianza: en Argentina se produciría la sustancia activa de la vacuna, se enviaría a nuestro país a granel y se envasaría en México. Su plan era la producción de entre 150 y 250 millones de vacunas en toda Latinoamérica. "El dinero lo pone la fundación, esto es sin fines de lucro y sin beneficio económico ni para nosotros ni para los laboratorios", me aclaró.

COVID-19: UNA CRISIS PARA LA QUE NO HAY MANUALES

Esto era inédito, y luego de platicar con el equipo del presidente argentino Alberto Fernández, ambos países lo anunciamos el 12 de agosto de 2020.

La inversión era de 600 millones de dólares y ponía a los dos países a trabajar en equipo para acelerar un proceso científico que estaba por concretarse y regresar a producir (o al menos envasar) vacunas en nuestro país.

Cuando Slim me platicó de su proyecto lo escuché tan esperanzado, ilusionado y enfocado en esta idea que recordé aquella mañana en la reunión del gabinete donde a muchos de la mesa les parecía un sueño guajiro lo que les había contado de las vacunas chinas.

Como decía el poeta y filósofo Samuel Taylor Coleridge en 1817, a veces es necesario "suspender la incredulidad para poder disfrutar el arte". Él se refería a esa parte racional de nuestro cerebro que desactivamos cuando vamos al teatro y sentimos que efectivamente un actor se murió en una escena. Lo mismo con una película, hay que dejarse llevar por el guion de lo que vemos. Y si bien es cierto que las explosiones de un auto en París no son como las presentan, asumimos que esa historia está ocurriendo así para poder disfrutarla.

Creo que con la ciencia también, en algunos momentos, hay que suspender la incredulidad, porque, si uno tiene un ataque de realismo, no podremos encontrar soluciones nuevas ni modelos de trabajo innovadores. Tenemos cientos de ejemplos de inventos que ocurrieron por error o por accidente más que por lógica. Si uno no tiene esa ilusión de que algo sí es posible, es muy difícil conseguir resultados diferentes.

La vida está compuesta de muchas ilusiones, mismas que nos sostienen en los momentos más difíciles, como es tratar de manejar una pandemia sin antecedentes, sin manuales y sin (hasta ese momento) antídotos para proteger y prevenir una enfermedad altamente letal.

Y lo hicimos. Lo logramos.

Entrega de un nuevo hogar para los afectados por el sismo de 1985.

Desde 1988 hasta 1993, Manuel Camacho Solís fue jefe del Departamento del Distrito Federal (DDF). Asumí como secretario general de Gobierno en 1992; contaba con 32 años entonces.

Cuando fui diputado federal independiente en la LVII Legislatura, mi mayor preocupación y energía se concentró en evitar la aprobación del Fobaproa, una carga injusta a los contribuyentes que aún hoy seguimos pagando.

A los 40 años, en las reuniones previas a la fundación del Partido de Centro Democrático (PCD), el partido que lanzamos con Manuel Camacho Solís en 1999.

Con Manuel Camacho, mi mentor político.

En el 2000 decidí sumarme al proyecto de izquierda que impulsó Andrés Manuel López Obrador. El tiempo le dio la razón y la victoria hasta llegar a la presidencia de México.

En 2003, como secretario de Seguridad Pública del Distrito Federal, entregué reconocimientos a la policía de la ciudad junto al jefe de Gobierno. Nos acompañó Dolores Padierna, quien en ese momento era jefa delegacional de Cuauhtémoc.

En los actos de campaña compartiendo templete para las elecciones de 2006 con Andrés Manuel López Obrador, él como candidato a presidente y yo para jefe de Gobierno del DF.

Durante el plantón de Reforma en julio de 2006, cuando vivíamos en tiendas de campaña mientras protestábamos contra el fraude electoral que puso a Felipe Calderón en Los Pinos.

Con el presidente llevo más de 23 años de hacer equipo por las libertades y la dignidad del pueblo.

Junto con Andrés Manuel en 2006 en la campaña del PRD: él iba por la presidencia y yo por la jefatura del DF.

Martes 5 de diciembre de 2006: rendí protesta ante la Asamblea Legislativa como jefe de Gobierno del DF y presenté un gabinete paritario; Inmujeres también pasó a formar parte del gabinete.

En uno de mis primeros actos públicos como jefe de Gobierno del DF, en 2006.

En este acto, ya como jefe de Gobierno del DF, entregamos computadoras para alumnos de escuelas primarias públicas. La mejora en calificaciones fue el resultado más gratificante.

Una de mis prioridades era evitar las inundaciones y eso requirió planeación e inversión al drenaje profundo de la ciudad, que fue refuncionalizado y ampliado en 2007.

El fotógrafo neoyorkino Spencer Tunick esperaba reunir 4000 chilangos para recrear con cuerpos desnudos el lago de Texcoco en el Zócalo: rompió todos los récords cuando llegaron casi 20000 personas desde las 4:30 a.m.

Las primeras mujeres certificadas como plomeras de nuestro plan de capacitación del gobierno capitalino en 2008.

El 3 de julio de 2008 di el banderazo de inicio de la obra de la Línea 12 del Metro.

Impuse la costumbre de ir a trabajar a la jefatura de Gobierno en Eco-bici para impulsar el uso de las bicicletas comunitarias (2010).

Visitando casa por casa a las personas afectadas por el desbordamiento de aguas negras del drenaje profundo en la colonia El Arenal, en febrero de 2010.

El 16 de mayo de 2010 recibí el premio al mejor alcalde del mundo, que da la City Mayors Foundation. En la foto me acompañan mi secretaria de Medio Ambiente, Martha Delgado, y la representante local de la fundación, Adriana Maciel. El premio es una escultura diseñada por el artista francés Manuel Ferrari y muestra una serie de cubos superpuestos que simbolizan los cimientos sólidos sobre los cuales debe descansar la labor inspiracional de un buen alcalde.

Se logró el sueño de Carlos Monsiváis cuando, en noviembre de 2011, el Museo del Estanquillo recibió sus escrituras por parte del gobierno del DF, que yo presidía. En este acto nos acompañaron la presidenta del Consejo Nacional para la Cultura y las Artes, Consuelo Sáizar, Carlos Slim, José María Pérez Gay y mi esposa, Rosy.

Con mi esposa, Rosy, el 4 de diciembre de 2011, en la inauguración de la pista de hielo en el Zócalo capitalino.

Emotiva entrega de viviendas a familias que habitaban en casas con alto riesgo estructural, en la delegación Álvaro Obregón, cuando fui jefe de Gobierno del DF, en 2011.

Durante mi gestión terminé la Línea 1 del Metrobús en el DF y se construyeron las líneas 2, 3 y 4, lo que representó un crecimiento de la cobertura de 350 por ciento.

En febrero de 2018 Andrés Manuel me presentó en público, en un acto en la CDMX, como el encargado de su campaña presidencial en los estados del noroeste, la circunscripción número uno.

El día de mi toma de protesta como secretario de Relaciones Internacionales, en diciembre de 2018, en el pleno del Senado de la República.

En marzo de 2019 viajé a saludar a su santidad el papa Francisco al Vaticano, y lo invité a que visitara nuestro país en 2021, con motivo del Bicentenario de la Independencia de México.

En junio de 2019, en la reunión del G20, con el presidente de la segunda mayor economía del planeta, Xi Jinping.

Con el expresidente boliviano Evo Morales luego de la travesía cuando lo rescatamos del golpe de Estado en su país, en noviembre de 2019.

En julio de 2020 dos amantes del beisbol intercambiaron bates en el Salón Oval de la Casa Blanca: Andrés Manuel entregó a Trump uno cubierto de arte huichol y él le retribuyó con uno hecho en St. Louis con la rúbrica del presidente de Estados Unidos.

Logramos lo que parecía una fantasía: ser el primer país latinoamericano en tener dosis de vacunas de Pfizer, el 23 de diciembre de 2020. Todos llegamos al evento: Martha Delgado; Arturo Herrera, secretario de Hacienda; Jorge Alcocer por la Secretaria de Salud, y su subsecretario, Hugo López Gatell.

La pandemia renovó el espíritu colaborativo de la CELAC. Bajo esta alianza donamos centenares de miles de dosis de vacunas a países que no habían tenido acceso a las mismas durante la pandemia, como fue el caso de Guatemala, Honduras y Nicaragua.

La subsecretaria de la SRE, Martha Delgado, aterrizó en México en el primero de los 20 vuelos a China para importar insumos, dispositivos y medicinas para México en pleno inicio de la pandemia.

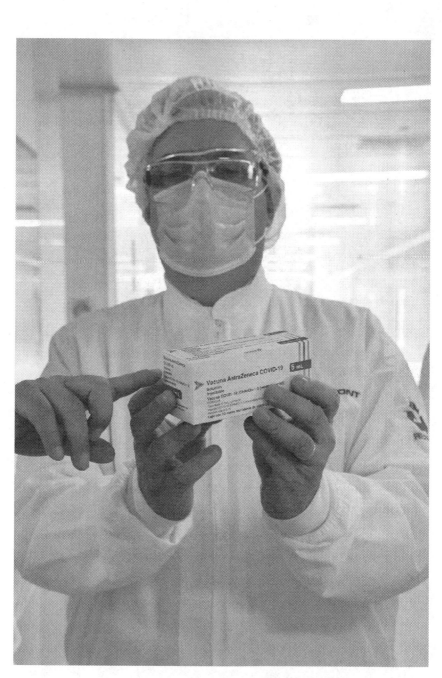

Un hecho histórico: la primera vacuna binacional de AstraZeneca en-
vasada en la planta de Liomont, en Ocoyoacac, gracias a la alianza
entre nuestro gobierno y el de Argentina, así como el laboratorio argentino mAbxience y la Fundación Carlos Slim.

En septiembre de 2021, en Palacio Nacional, nuestro país asumió la presidencia *pro tempore* durante la VI Cumbre de la Comunidad de Estados Latinoamericanos y Caribeños (CELAC). Se firmó la Declaración de la Ciudad de México, con 44 puntos que incluyeron un orden internacional más justo, la consolidación de la democracia, el fortalecimiento de la educación y de la igualdad de género, la lucha contra la corrupción y la pobreza, y el respeto a los derechos humanos y de los derechos de las minorías, grupos vulnerables, pueblos originarios, indígenas y afrodescendientes.

Junto a Antony Blinken durante el Diálogo de Alto Nivel sobre Seguridad México-Estados Unidos, en octubre de 2021.

En octubre de 2021 el presidente Joe Biden convocó a una reunión de los países del G20 para hacer frente a la crisis de suministros por la pandemia, donde México participó en un esfuerzo común con Australia, Canadá, Corea del Sur, Estados Unidos, India, Indonesia, Singapur, Reino Unido y la Unión Europea.

El 31 de octubre de 2021, durante la reunión de la COP26, aproveché para despedirme de la canciller Angela Merkel con motivo del merecido reconocimiento que le dimos los integrantes del G20 por sus 16 años de servicio.

En la Cumbre de las Américas en Los Ángeles (2022), junto al presidente Joe Biden (acompañado por su esposa Jill en esta foto); planteamos un cambio en la política exterior donde nuestra soberanía forma parte de cualquier alianza, negociación y corresponsabilidad entre ambos países.

Tras el desfile militar del 16 de septiembre de 2022, llevé a nuestros invitados especiales, los expresidentes de Uruguay y Perú Pepe Mujica y Evo Morales, a conocer la cantina La Ópera, en el Centro Histórico.

El 13 de octubre de 2022, en el Diálogo de Alto Nivel sobre Seguridad con el secretario de Estado Antony Blinken, le mostré el mapa de municipios mexicanas donde más confiscamos armas de origen estadounidense ingresadas ilegalmente al país.

En octubre de 2022, previo al Diálogo de Alto Nivel sobre Seguridad México-Estados Unidos en Washington, me reuní con el secretario de Estado estadounidense, Antony Blinken.

En octubre de 2022 murió la Iniciativa Mérida y nació, con Anthony Blinken como aliado desde el gobierno de Estados Unidos, Entendimiento Bicentario, una alianza con mayor corresponsabilidades para frenar la violencia y el tráfico de armas y de fentanilo entre ambos países.

Con el presidente de Francia, Emmanuel Macron, a quién, al finalizar la Cumbre del G20 en Bali, invité a apoyar la iniciativa del presidente López Obrador para crear un fondo internacional contra la pobreza extrema y el cambio climático.

"¿Qué sigue para México? Continuidad con cambio", el foro al que acudí en diciembre de 2022 para dialogar con miles de personas que creen en mi propuesta rumbo a la encuesta de Morena.

En diciembre de 2022, tomé protesta a las organizaciones sociales que me representarán en los 300 distritos, en el World Trade Center. Fueron miles quienes acudieron a la cita al foro "¿Qué sigue para México? Continuidad con cambio".

Con el primer ministro canadiense Justin Trudeau; la ministra de Asuntos Exteriores de Canadá, Mélanie Joly, y el presidente Andrés Manuel durante la exitosa Cumbre de Líderes de América del Norte, en enero de 2023, en Palacio Nacional.

La Cumbre de Líderes de América del Norte en México, en enero de 2023, fue una catapulta para todos los proyectos que tenemos, sobre todo con el apoyo de Joe Biden y su gabinete.

18

ESTADOS UNIDOS: UNA NUEVA RELACIÓN

> Un riesgo mexicano es esa facilidad con la que
> pasamos de la desesperanza al optimismo para
> volver a caer de vuelta en la desesperanza.
>
> CARLOS FUENTES

Coexistir con Estados Unidos es una situación complicada porque hay demasiados intereses que cuidar y que coinciden al mismo tiempo.

El modelo de gestión Trump era concentrarse en los temas que a él le importaban.

El modelo Biden, en cambio, tiene un esquema más formal, de gabinete, pero en ambos casos hay 42 agencias que intervienen por parte de Estados Unidos en diferentes temas que deben coordinarse con 30 agencias en México que llevan cuestiones similares.

Es muy complicado controlar tantos flancos (migración, aduanas, comercio, tráfico, seguridad) entre dos países con asimetrías tan grandes como las nuestras, donde una economía es 20 veces más grande que la otra y el poder geopolítico respecto al otro aún más desproporcionado.

Hemos vivido las últimas décadas con la sensación de que nuestro principal socio comercial, el país con el que tenemos una de las fronteras más extensas y activas del mundo, siempre está a punto de un conflicto con nosotros.

Pocas veces somos conscientes de que cada vez somos más importantes para Estados Unidos; caso contrario, no se hubiera ratificado un nuevo tratado de libre comercio con nosotros.

Lo cierto es que tenemos una economía integral entre ambos países, una comunidad mexicanoestadounidense cada vez más poderosa y una vinculación cultural muy estrecha. De cada 100 niños en primaria en Estados Unidos, 24 hablan español, según ha declarado el propio presidente Biden. ¿Cómo no habríamos de ser importantes el uno para el otro?

Somos decisivos.

UNA NUEVA RELACIÓN

El camino de nuestro país tiene que pasar por una determinación central: ¿qué hacer con Estados Unidos? Así ha sido y será.

Hemos pasado históricamente de la fascinación por sus libertades y grandes avances a la decepción y el rechazo por invasiones y su predominio amenazante.

Del extremo de verlos como la salvación de México al otro extremo, también, de considerarlos el origen de todos, o casi todos, los males de nuestro país.

¿Qué hacer?

El camino que hemos recorrido busca exponenciar la integración económica y tecnológica para crear bienestar en nuestro país, y al mismo tiempo ampliar nuestra autonomía e identidad.

¿Se podrá? Parecen dos procesos excluyentes entre sí. ¿No se oponen integración y autonomía?

Pienso que sí se puede, siempre y cuando maximicemos ventajas y reduzcamos debilidades. Es un dilema similar al de Francia y Alemania o Japón y Corea con China, solo que con una asimetría incomparablemente mayor.

La prioridad en estos años de la 4T ha sido exactamente esa: reducir nuestras debilidades. ¿Cuáles son nuestras debilidades? La primera y más importante es la distancia que hubo entre gobierno y sociedad y que creció hasta convertirse en una grieta amplia y profunda. La segunda es la escasa cohesión social debido a la persistente e inaceptable desigualdad social imperante. A mayor cohesión tendremos más fuerza y, por ende, autonomía en nuestra relación bilateral. La tercera debilidad sustantiva es la presunción, más difícil de medir, de que no podremos o estamos predestinados a ser un país con un rol secundario y con pobreza casi atávica. Una falta de confianza en nosotros mismos, una especie de derrotismo crónico.

La victoria de Andrés Manuel en 2018 y el respaldo amplio que ha concitado en nuestro pueblo ha hecho posible reducir las tres a un ritmo acelerado.

Se ha cerrado la brecha entre gobierno y sociedad como no lo habíamos visto en los últimos 40 años. La cohesión social es mayor a pesar de la pandemia y tenemos una amplia confianza en nosotros mismos. Debemos limitar las tendencias estructurales a la tensión y, al mismo tiempo, hacer crecer las que nos llevan a la cercanía y a desarrollar intereses comunes.

Nuestra comunidad (38 millones de estadounidenses de origen mexicano es como otro país), nuestro inmenso vínculo económico y comercial, crecientes lazos culturales y, sobre todo, un futuro común. No tenemos intereses idénticos, pero podemos y seremos buenos socios cada cual con su propia idea del mundo.

Por supuesto, habrá que hacer muchísimas cosas en los próximos años para mantener y consolidar lo alcanzado, pero no tengo la menor duda de que es el camino correcto. La mejor política exterior, dice el presidente, es la interior, ahí empieza y termina la fortaleza y eficacia.

En lo que hace a la relación bilateral, debemos avanzar a la mayor predictibilidad posible, consolidar espacios por cada tema para evitar que una dificultad ponga en crisis a los demás, avanzar lo más rápido posible en los objetivos que nos unen y cimentar la reciprocidad.

En lo que va del siglo XXI es la primera vez que México ha podido acelerar la integración económica y, simultáneamente, fortalecer su autonomía, primero respecto de América Latina y el Caribe, y más recientemente en el ámbito del Consejo de Seguridad de la ONU.

DESACUERDOS, COINCIDENCIAS Y EL ESCENARIO POSIBLE

Un ejemplo de desacuerdo fue la IX Cumbre de las Américas, con sede en Estados Unidos, celebrada en junio de 2022, a donde el presidente Andrés Manuel López Obrador decidió no asistir porque no estaban en la mesa (como se había prometido en la reunión previa) todos los países que conforman la región. México se mostró congruente con su principio de no exclusión, algo que se había debatido precisamente en la VI Cumbre de 2012 en Cartagena, y se pactó que la invitación sería incluyente a todo el continente. ¿Esta congruencia tiene que ser causa de tensión, pérdida de inversiones, caída en las exportaciones y empleos? No.

México condenó la invasión rusa a Ucrania, pero no apoyó la exclusión de Rusia del órgano de derechos humanos del sistema de Naciones Unidas. La razón era obvia y la explicamos en cada uno de los foros y espacios donde nos lo reclamaron: somos consistentes en que es un error excluir a un país de un organismo multilateral, primero porque va en contra de la universalidad del sistema y porque, si cada vez que hay un problema se excluye a un país, en ese momento este deja de tener obligaciones con el organismo y comienza a tener poco sentido que exista dicho grupo. Es el principio de la universalidad.

¿Cuál es nuestra postura? Sencilla: se puede tener una relación económica creciente con un socio del tamaño de Estados Unidos, pero eso no puede significar que se pierda nuestra voz.

MANEJO DE FUERZAS

Mi meta desde que llegué a la cancillería fue crear una arquitectura en la relación con Estados Unidos que permitiera reducir la incertidumbre y evitar las acciones unilaterales, hasta donde se pueda.

Hay actores como la Administración de Control de Drogas (DEA, por sus siglas en inglés) que son disruptores permanentes en la relación bilateral.

Las principales preguntas que nos tratamos de contestar desde el punto de vista diplomático es si es posible contar con una idea de integración regional (la idea de ser parte de Norteamérica) y cómo defender mejor a nuestra comunidad en un país donde está instalado un discurso antimexicano en el primer nivel de gobierno.

Con la llegada de Joe Biden comenzamos a avanzar en proyectos en común, de cooperación, como es el tema de comprometernos a un control en el decomiso de precursores químicos del fentanilo para disminuir su trasiego desde México a Estados Unidos, mientras pedimos el mismo control pero de armas ilegales que cruzan a nuestro territorio. Este es el corazón del proyecto Entendimiento Bicentenario, un plan integral basado en seguridad y que llegó a reemplazar a la Iniciativa Mérida. En esta nueva dinámica reactivamos también el Diálogo Económico de Alto Nivel y un programa conjunto de producción de semiconductores. Fuimos invitados a participar hace unos meses por el secretario de Estado de Estados Unidos, Antony J. Blinken, junto con la secretaria de Comercio, Gina Raimondo.

Y este es otro cambio en el diálogo bilateral: muy diversos temas se manejan entre ambas cancillerías. Por eso fui el responsable de la negociación en Washington con el entonces secretario de Estado Mike Pompeo y con el propio Donald Trump sobre el anuncio unilateral de la implementación de aranceles a México. En sexenios previos lo hubiera visto el secretario de Economía o de Hacienda, cuando la primera puerta de entrada es desde la diplomacia. Diría que se ha ido construyendo una visión común.

La migración es otro tema de tensión que merece ser analizado desde nuevos flancos. Hemos pedido buscar corredores regulares para el flujo migratorio, porque al ser irregular y prohibido en todas las condiciones y casos solo generan un mercado negro de riesgo y sufrimiento para miles de personas.

En 2022 el gobierno de Estados Unidos aceptó nuestra propuesta de aumentar la movilidad laboral con la emisión de 65 000 nuevas visas de trabajo y el acceso de 24 000 personas por vías humanitarias para incorporarse al mercado laboral estadounidense.

Sabemos que, por el bajo crecimiento poblacional, ellos van a necesitar sumar a cerca de dos millones de personas al año a la mano de obra nacional. De ahí que sea muy relevante avanzar, y lo está haciendo el presidente Biden hacia otro modelo.

> La relación con Estados Unidos en los próximos años va a ser crucial.
>
> Tanto desde el punto de vista político como comercial y la oportunidad que tiene México por el estrés geopolítico y la regionalización de las cadenas de valor.
>
> Algo así no había ocurrido en medio siglo.

AY, LAS AMBIGÜEDADES

El tema de qué hacer para reducir el impacto de las drogas siempre ha sido otro "elefante en la habitación". Hay un tema de fondo: la ciudadanía en Estados Unidos está desmantelando el prohibicionismo. En 21 estados ya tienen regularizado el consumo de marihuana para diferentes usos; en Oregón se aprobó incluso la posesión de cocaína. Sí, droga que fue el foco número uno de inversión y seguimiento de la DEA durante 30 años, buscando desde las vías de trasiego de Sudamérica y México hasta el plan de captura de los líderes de los cárteles. Y me parece que la decisión de la ciudadanía tiene una lógica: la denominada guerra contra las drogas ha sido un fracaso. No ha sido posible disminuir el tráfico ni el consumo.

Ahora se ha complicado, aún más, por el fentanilo, un desarrollo farmacéutico de finales de los años cincuenta, altamente adictivo y letal, que ha creado una pandemia.

Vivimos en una contradicción permanente.

El nuevo presidente de Colombia, Gustavo Pietro, tiene razón. Llegó el momento de revisar lo que estamos haciendo porque los resultados a la vista aconsejan hacer algo distinto.

CIENFUEGOS Y LA DESCONFIANZA

El 15 de octubre de 2020 fue detenido en el aeropuerto de Los Ángeles el general Salvador Cienfuegos, exsecretario de la Defensa Nacional (Sedena). Este evento ha sido de los más difíciles que he vivido.

Apenas el 1 de octubre habíamos recibido al director interino de la DEA, Timothy Shea, al más alto nivel y con toda la apertura y buen trato. Nunca nos mencionó nada. Él ya sabía entonces que había una investigación en nuestro país que involucraba ni más ni menos que a Cienfuegos y otros 35 funcionarios de gobierno, entre ellos al exgobernador priista de Nayarit Roberto Sandoval Castañeda. Yo tendría que estar al tanto porque tenemos una alianza de cooperación. Pero no, no me enteré ni por Shea, ni por la embajada de Estados Unidos, ni por el propio gobierno estadounidense.

De la detención me avisó por teléfono nuestra cónsul en Los Ángeles, Marcela Celorio, al poco tiempo de que detuvieran a Cienfuegos. Inmediatamente busqué al fiscal general de Estados Unidos, William Barr, porque esta acción unilateral ponía en tela de juicio toda la cooperación de México con Estados Unidos en materia de narcotráfico. Lo curioso fue que Barr me dijo que no sabía de este caso. Le demandé que nos hiciera saber con qué fundamentos lo habían arrestado.

Lo siguiente fue citar personalmente al embajador estadounidense Christopher Landau a mis oficinas en la cancillería. "Nunca había visto a Marcelo tan enojado. Habíamos pasado por algunas negociaciones complicadas: el comienzo de la pandemia, la política de 'Quédate en México', pero nunca había visto algo así. Se lo tomaron mucho peor de lo que esperábamos", comentó Landau en una investigación publicada por *The New York Times Magazine* en diciembre de 2022.[1]

Le pedí que el Departamento de Justicia de Estados Unidos nos enviara las pruebas y fundamentos que probaban vínculos del general con el narcotráfico. Barr accedió a enviarme copia del expediente en su poder. Al llegar a México me di cuenta de que se trataba de 700 hojas, básicamente copias de carátulas de WhatsApp que jamás habrían podido fundamentar una detención en nuestro país, menos aún la vinculación a proceso del general. Eran pantallas con mensajes de celulares sin registro, entre los miembros de un grupo del crimen organizado de Nayarit (Los H) y un supuesto padrino que llamaban Salbador CienFuego Sepeda, a quien no identificaban. Además, estas personas habían sido asesinadas con anterioridad a las fechas de los mensajes.

En la segunda llamada, una vez revisado el material, Barr accedió a enviar a México al general Cienfuegos. Con ninguna prueba ni contundente ni formal, a la jueza que lleva el caso, Carol Amon, no le quedó más que retirar los cargos contra Cienfuegos, aceptar el pedido urgente del fiscal Barr de abandonar el caso y aceptar que el

---

[1] https://www.nytimes.com/2022/12/08/magazine/mexico-general-cienfuegos.html

exsecretario regresara voluntariamente a México tras dos semanas detenido en California. A la luz de los elementos que nos enviaron, nunca debieron haberlo detenido.

La transparencia y la honestidad son imprescindibles en una alianza.

¿Cuál fue el motivo de fondo entonces? Intimidar a las Fuerzas Armadas mexicanas. No parece haber otra explicación.

"El presidente López Obrador y el canciller Marcelo Ebrard pusieron límites a la intervención extranjera. México no es un patio trasero, sino un país", publicó Juan Villoro en su columna en el *Reforma* el 16 de diciembre de 2022.[2] Su texto relata con lujo de detalles lo tendencioso que puede ser investigar periodísticamente el tema del narcotráfico desde Estados Unidos, aun siendo un reportero con un Premio Pulitzer, como Tim Golden de *The New York Times (NYT)*. Villoro refirió a su reportaje "The Cienfuegos Affair",[3] una investigación que revela la manera en la que con total impunidad Matthew Donahue (responsable local de la DEA), con el apoyo silencioso del embajador Landau, siguiera las pistas en nuestro país de un supuesto nexo entre Cienfuegos y otros exfuncionarios con la banda de Los H. Los dos miembros de este grupo del crimen organizado (los supuestos autores de los mensajes de WhatsApp) habían muerto en enfrentamientos con la Marina meses antes, con lo cual toda la investigación de la DEA se basaba en llamadas entre dos muertos. La investigación de *NYT* agrega que como Mathew Donahue y Christopher Landau sabían que Andrés Manuel no permitiría ninguna extradición con tan

---

[2] https://www.elnorte.com/aplicacioneslibre/preacceso/articulo/default.as px?__rval=1&urlredirect=https://www.elnorte.com/el-patio-trasero-2022-12-16/op239820?referer=---7d616165662f3a3a6262623b727a7a7279703b767a7 83a--

[3] https://www.nytimes.com/2022/12/08/magazine/mexico-general-cien fuegos.html

pobres elementos contra el general, decidieron esperar a que Cienfuegos pisara suelo estadounidense para detenerlo.

La crisis y la firmeza de México para hacerle frente llevaron a una nueva etapa: el Entendimiento Bicentenario.

"Después de 13 años de la Iniciativa Mérida, es hora de un nuevo enfoque integral para nuestra cooperación en seguridad", dijo el secretario de Estado de Estados Unidos, Antony J. Blinken, al iniciar el primer Diálogo de Alto Nivel sobre Seguridad en octubre de 2021, cuando dimos por muerta la Iniciativa Mérida.

El 14 de diciembre de 2022 presentamos un nuevo plan de cooperación: Entendimiento Bicentenario sobre Seguridad, Salud Pública y Comunidades Seguras,[4] un acuerdo histórico que firmamos en

Con Antony Blinken firmamos, en octubre de 2022, el acta de defunción de la Iniciativa Mérida y la partida de nacimiento del Entendimiento Bicentenario.

[4] https://www.gob.mx/sre/documentos/hoja-informativa-entendimiento-bi centenario

la cancillería con los representantes de Estados Unidos y que trato en el siguiente capítulo de este libro.

Mientras tanto, en una cárcel de Nueva York, Genaro García Luna, exsecretario de Seguridad y principal impulsor de la Iniciativa Mérida, espera un juicio por lavado de dinero y nexos con el crimen organizado.

LA DEA

La DEA y nuestro país tienen una contraposición estructural: la narrativa que defiende la agencia estadounidense culpa del aumento en el consumo de drogas siempre a factores exógenos, otros países, porque de lo contrario el debate sería ¿por qué no se reduce el consumo y la disponibilidad de drogas? ¿Cómo entran a Estados Unidos?

En lo que va del siglo, México ha capturado y extraditado a numerosos distribuidores, desde Joaquín *el Chapo* Guzmán hasta Juan Gerardo *el Huevo* Treviño.

La DEA necesita culpar a otros. Desde luego tenemos el grave problema de la delincuencia narcotraficante, pero lejos de reducirse por la acción de la DEA ha ocurrido lo contrario: se ha agravado.

El Entendimiento Bicentenario, una alianza de alto nivel encabezada por el secretario de Estado y el secretario de Relaciones Exteriores obliga a todas las agencias e instituciones y regula su trabajo. La cooperación se ha tornado más eficaz y productiva. Ahora tenemos un plan de acción anual, hay reciprocidad en las metas y tenemos un marco legal en la Ley de Seguridad que obliga a todos los agentes extranjeros a informar al gobierno de México sobre sus actividades.

Decía al inicio de este capítulo que debemos reducir las debilidades de México.

La primera de ellas, en lo que hace a la relación bilateral, es caer en el espejismo de la complacencia o proponer la ruta imposible de la fricción permanente. Lo único que debemos hacer es tener claro cuál es el interés estratégico para México y tratar de alcanzarlo, de diseñar las medidas para alcanzar el fin buscado en cada caso. Si se pudo hace cuatro años, se podrá en los que siguen.

Mayor integración económica y mayor autonomía política. Esa es la nueva era.

19

¿JUICIO A LOS FABRICANTES DE ARMAS? UN PLAN INESPERADO

> No le demos al mundo armas contra
> nosotros, porque las utilizará.
>
> GUSTAVE FLAUBERT

Los crímenes de la delincuencia organizada siguen siendo el principal motivo del aumento en la tasa de homicidios y la violencia con armas de fuego en México. Se estima que dos tercios de los homicidios estuvieron relacionados con actividades de la delincuencia organizada en 2021.[1]

Según el libro *Blood Gun & Money* (Bloomsbury, 2021) del investigador británico Ioan Grillo, 90% de las armas usadas por grupos del crimen organizado en México son fabricadas y compradas en Estados Unidos y luego trasladadas de manera ilegal a nuestro territorio. Grillo llama al tráfico de armas a nuestro país el "río de hierro".

---

[1] Índice de Paz México 2020, Instituto para la Economía y la Paz: https://www.visionofhumanity.org/wp-content/uploads/2022/05/ESP-MPI-2022-web.pdf#:~:text=Esto%20equivale%20a%20aproximadamente%2094%20homicidios%20por%20d%C3%ADa

Solo desde enero de 2020 a octubre de 2022 se incautaron en México 55 996 armas, de las cuales 21 430 son armas largas. Se han capturado principalmente en la frontera como resultado de numerosos operativos para decomisar armas por parte de las autoridades mexicanas. En un puñado de condados de Estados Unidos —en Arizona y Texas esencialmente—, está establecido 12% de las armerías norteamericanas. El mercado de armas hacia México es relevante y creciente en términos económicos.

Como referencia, esta cantidad de pertrechos ilegales es superior en volumen y en poder de fuego que todas las que compran la Sedena y las fuerzas policiales en nuestro país en todo un año.

Desde 2015 la tasa de crímenes de la delincuencia organizada vinculada con crímenes de narcomenudeo tuvo un aumento de 139%. En los últimos siete años las armas de fuego son cada vez más el principal medio para cometer homicidios contra la población mexicana: entre 2015 y 2021 la proporción de homicidios de hombres cometidos con arma de fuego aumentó de 60.9% a 71.3%, mientras que la proporción de feminicidios con arma de fuego se incrementó de 37.8% a 56.8 por ciento.

Las armas han sido las responsables finales de la muerte de más de 200 000 mexicanos desde 2006 a la fecha y de la desaparición de otros 80 000.

Se calcula que, al cierre del año 2022, en nuestro país hay aproximadamente unos 2.5 millones de armas ilegales adquiridas en la última década en Estados Unidos e introducidas ilegalmente a nuestro territorio.

Con esta información, recabada por la Fiscalía General de la República, demandamos en febrero de 2022 a los fabricantes de armas en Estados Unidos. Dentro de las 11 compañías demandadas están Smith & Wesson, Barrett Firearms Manufacturing, Beretta, Century International Arms, Colt's Manufacturing Company, Glock, Sturm, Ruger & Co y Witmer Public Safety Group. Las ventas anuales de estas firmas a clientes en México según nuestros cálculos rebasan las 340 000 armas al año.

La acción legal la presentamos ante una corte federal en Boston (Massachusetts) y tiene como objetivo detener la fabricación de armas diseñadas especialmente para el narco. Nuestro pedido es una señal muy fuerte y un camino de jurisprudencia incluso para otros países de Centro y de Sudamérica en los que los grupos criminales, en más de 50% de los casos, también usan armamento estadounidense.

Nuestro reclamo incluye una indemnización por daños que será definida por el tribunal, pero que según nuestras estimaciones podría alcanzar 2% del PIB de México, tomando como referencia que esto no es solo costo de la violencia de manera directa, sino también por afectaciones económicas, como la sangría de recursos públicos para sostener la guerra contra los grupos criminales, así como pérdidas a industrias como el turismo.

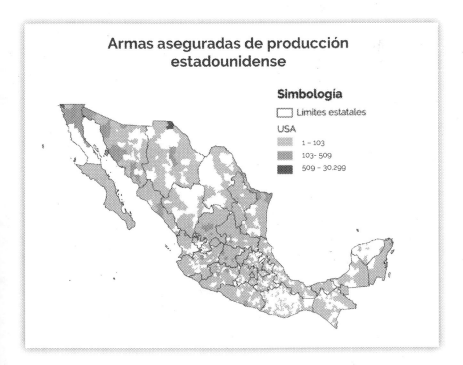

255

Hay un tema importante en este aspecto: desde 2005 se aprobó en Estados Unidos una ley que da inmunidad a los fabricantes de armamentos con respecto al uso de las armas que venden. Justamente para evitar demandas como la que hicimos porque, aunque no lo crean, esta ley federal estadounidense protegería a dichas empresas del uso de sus armas incluso fuera de Estados Unidos. Ese fue el argumento con el que el 30 de septiembre de 2022 el juez de Boston desechó nuestra demanda, que procederemos a apelar.

Preparamos una segunda demanda, esta vez contra cinco armerías de Arizona, una de las entidades fronterizas que concentra gran parte de los vendedores de armas a carteles mexicanos. Aprovechamos la nueva legislación estadounidense que entró en vigor en agosto pasado y que establece como delito federal el tráfico ilícito de armas y penaliza a los prestanombres o a quienes compren armas que terminen en manos del crimen organizado.

ESCALAR EL RECLAMO

Como Estado mexicano, no solamente presentamos demandas en Estados Unidos, sino que denunciamos a las armerías de Estados Unidos ante la Comisión Interamericana de Derechos Humanos (CIDH). Aquí el foco es similar: fincar responsabilidad sobre los fabricantes de armas por sus prácticas comerciales negligentes e ilícitas, que —en contubernio con las distribuidoras— facilitan el tráfico ilegal de armas a México, mismas que terminan en manos del crimen organizado.

Si bien en la Comisión faltó Estados Unidos, las acciones legales inéditas que presentamos y la posibilidad de que estas compañías puedan ser llamadas a cuentas por acciones que afectan los derechos humanos fue una posición respaldada por Bolivia y Paraguay junto con organizaciones civiles de Brasil, Países Bajos e incluso Estados Unidos.

Nuestro país fue un paso más allá y solicitó a la CIDH plantear de qué manera la industria de armas estadounidense podría

A) Aseguramiento de armas de fuego en México

Condados de comercialización

Se han identificado 10 condados en los que se dis-
tribuye la mayor cantidad
de armas aseguradas en
México. Estos son

- Hartford, CT. (1 947 armas)
- Maricopa, AZ. (1 864)
- Harris, TX. (1 425)
- Hampden, MA. (1 149)
- Pima, AZ. (881)
- Dallas, TX. (778)
- Los Ángeles, CA. (778)
- El Paso, TX. (642)
- Bexar, TX. (625)
- Hidalgo, TX (599)

Simbología

- ☐ Límites estatales

Armas comercializadas
- 1 - 196
- 196 - 717
- 717 - 1.947

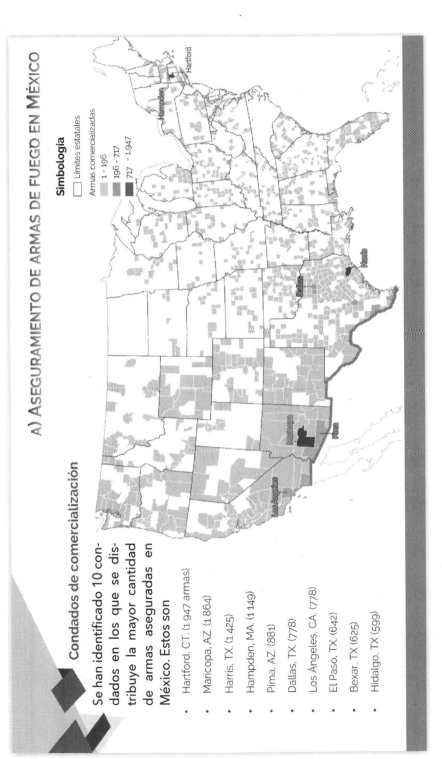

autorregularse para evitar la venta triangulada a grupos criminales que terminan fuera de su territorio y que son cruzadas (sin revisiones de la Policía Fronteriza de Estados Unidos) directo a México y otros países.

EL NUEVO PACTO POR LA SEGURIDAD

Nuestra meta es reducir en los próximos años un 30% el tráfico de armas ilegales a nuestro país. Es una de las metas del Entendimiento Bicentenario sobre Seguridad, Salud Pública y Comunidades Seguras,[2] un acuerdo histórico que firmamos en la cancillería con los representantes de Estados Unidos en nuestro país el pasado 14 de diciembre.

Se trata de una nueva alianza entre los dos países, una estrategia de seguridad común, donde las bases no serán el reclamo, sino la corresponsabilidad y la rendición de cuentas de los acuerdos pactados por ambos.

Este acuerdo lleva trabajándose desde mediados de 2020. La crisis desatada tras la detención en Estados Unidos del exsecretario de la Defensa Salvador Cienfuegos aceleró la sustitución ordenada por el presidente López Obrador de la Iniciativa Mérida, plan implementado desde 2008, basado en la declaración de guerra contra el narco de Felipe Calderón.

¿Cuáles son las principales diferencias entre la Iniciativa Mérida y el Entendimiento Bicentenario?

La clave principal es la reciprocidad. Además, desarrolla una visión más completa e integral de la lucha contra el crimen organizado y la atención a las víctimas en ambos países. Por primera vez se incluye de manera explícita la lucha contra el tráfico de armas como

---

[2] https://www.gob.mx/sre/documentos/hoja-informativa-entendimiento-bi centenario

un compromiso de Estados Unidos hacia nuestro país, para hacer frente a la violencia que nos invade.

Otro punto nodal es que ahora se suma el tema de la atención a la salud pública como un aspecto fundamental de la estrategia entre los dos países, para atender los problemas derivados del consumo de estupefacientes. Y se actualiza la visión de combate al narcotráfico, incluyendo también explícitamente las nuevas drogas sintéticas, los precursores químicos para su fabricación y los equipamientos que se usan para fabricarlas (como las empastilladoras). En esta nueva estrategia se agregan temas de ciberseguridad y ciberdelincuencia, un tema que atañe el ciberespacio binacional.

RESPONSABILIDAD COMPARTIDA

La negociación *quid pro quo* busca priorizar el trasiego a Estados Unidos de fentanilo y de los precursores químicos que se usan en su fabricación a cambio de que ellos tomen acciones para reducir drásticamente el número de armas que pasan a nuestro país.

De nuestro lado, aceptamos implementar políticas que disminuyan el consumo local de fentanilo, seguir en el plan de destrucción de laboratorios y, lo que es prioritario, evitar el ingreso al país de los precursores para la fabricación de fentanilo. También seguiremos en la persecución y detención de los jefes y miembros de cárteles locales.

De su parte, Estados Unidos se compromete a controlar la venta masiva de armas que terminan en manos del crimen organizado en nuestro país. Hicimos un análisis y todas esas casi 56 000 armas fueron compradas en solo 10 condados de todo el país: les compartimos el mapa a nuestros vecinos que señala dónde hay que poner atención.

Y vamos a seguir litigando las demandas en las cuales coincidimos con la política del presidente Joe Biden en favor del control de armas de alto poder.

Este plan se diseñó a partir de una visión compartida entre Andrés Manuel López Obrador y Joe Biden, donde ambos buscan disminuir las adicciones y los homicidios, el tráfico de armas, de personas y de drogas.

UN PREMIO QUE ES UN MANDATO

La demanda de la cancillería mexicana contra las empresas de armas de fuego de Estados Unidos es "una nueva forma de responsabilizar a los actores deshonestos por su papel en la violencia causada por el tráfico de armas pequeñas a través de las fronteras internacionales", dijo en su discurso Daryl G. Kimball, director ejecutivo de la Arms Control Association (Asociación de Control de Armas) al entregarme en enero de 2022 el Premio a Persona del Año 2021.

La nominación se debió a la estrategia legal (inédita, por cierto) de demandar a los 11 fabricantes de armamento. Si bien luego la estrategia fue desechada por el juez de Boston, el paso siguiente fue aprovechar una nueva ley estadounidense contra la distribución y compra ilegal de armas en junio de 2022 (la primera en 30 años en Estados Unidos y muy en sintonía con nuestro argumento) y el siguiente paso fue por una demanda a las armerías.

Como decía Albert Einstein: "Si buscas resultados distintos, no hagas siempre lo mismo".

Mexican Foreign Minister Marcelo Ebrard and the Government of Mexico

20

UNA POLÍTICA EXTERIOR PROPIA

> La única manera de ser provechosamente
> nacionales consiste en ser generosamente universales.
>
> ALFONSO REYES

Las decisiones y las opiniones del gobierno mexicano a partir de 2018 han sorprendido a muchos: se ha retomado la tradición mexicana y nuestro país regresó al espacio latinoamericano.

México es un país que tuvo cuatro intervenciones, dos de Estados Unidos y dos de Francia. El reconocimiento al gobierno mexicano siempre fue un instrumento para tratar de doblegar a los gobiernos en curso o entrantes para, por ejemplo, obtener ventajas indebidas. Por eso el ADN, la genética, de nuestra política exterior tiene como primera definición la no intervención.

En el diseño de la política exterior mexicana, más allá de la definición constitucional en favor de la no intervención, la solución pacífica de controversias y la autodeterminación de los pueblos, hubo siempre dos corrientes distintas y hasta contrapuestas.

La primera propone que nuestro país prácticamente no tenga relaciones internacionales. En esencia es alinearnos con Estados Unidos y desde esa posición tomar postura sea en la Organización de los Estados Americanos (OEA) o en la ONU. En esta orientación se inscriben, por ejemplo, las posiciones del secretario Luis Videgaray de respaldo al Grupo de Lima y otras iniciativas claramente contrarias al prestigio de México y a sus más profundas tradiciones.

Aquí la lógica que impera es la de dar por sentado que es tal la asimetría que tenemos con nuestro enorme vecino del norte que la única posibilidad de tener una buena relación con esta potencia es ser su espejo, su alfil.

Así se planteó la política exterior desde la presidencia de Vicente Fox y hasta la de Enrique Peña Nieto (y todos los intelectuales detrás, que crearon esa narrativa).

Nosotros nos inscribimos en la tradición de la posición mexicana frente al aislamiento a Cuba, o cuando se formó y respaldó en 1983 al Grupo Contadora, entre otros momentos de nuestra política exterior. Así es como México ha ido recuperando su capacidad de defender sus propios intereses a medida que ha adquirido una mayor autonomía relativa.

Si lo explicáramos como una fórmula de física de la ley de Newton, sería así: a mayor sumisión, menor capacidad de defender tus intereses, mientras que, a mayor autonomía relativa, logras una mayor efectividad porque tienes prestigio político y coherencia. La desaparición del prestigio político es el camino de la sumisión.

Una larga cadena de respuestas afirmativas, que podría haberse roto en cualquier nivel, permitió que, en 2021, cientos de mujeres y hombres salieran de Afganistán a México cuando su vida estaba en riesgo. Otra cadena, igual de importante, permitió en 2019 al expresidente Evo Morales y al actual presidente de Bolivia, Luis Arce Catacora, que llegaran a salvo a México. Lo mismo a finales de 2022 para dar asilo en nuestro país a la esposa e hijos del expresidente peruano, Pedro Castillo. Incluso mientras la presidenta interina haya decidido declarar *persona non grata* a nuestro embajador en Perú, Pablo Monroy Conesa.

Nos pareció esencial defender las libertades en Afganistán, pero también en Bolivia y Perú. Nos oponemos a la invasión rusa de Ucrania, pero no vemos con simpatía la exclusión de la Federación Rusa de los órganos de la ONU.

Promovimos el entendimiento en Venezuela y nos opusimos a la histeria de promover un golpe de Estado en ese país.

Nos oponemos a las sanciones y bloqueos que solo generan sufrimiento. El embargo a Cuba es un gran fracaso ético y político y estamos en contra.

Es decir, México tiene su propia voz y peso internacional.

RESCATANDO A EVO

En Latinoamérica el intervencionismo sigue.

Un ejemplo fue el caso de Bolivia y la vergonzosa actuación de la OEA. Tuvimos que mandar un avión militar por Evo Morales el 11 de noviembre de 2019 después de otro golpe de Estado.

Cuando recibí la llamada de auxilio para sacar al expresidente de la capital boliviana pensé no solo en el amigo, sino en el referente que es él para muchos latinoamericanos, una lucha muy profunda en sus raíces, una voz de las comunidades indígenas de su país. Y Andrés Manuel tomó la decisión para impedir una tremenda equivocación estratégica.

Quienes animan ese tipo de golpes están totalmente equivocados y viven en el siglo pasado. Si no hubiésemos mandado el avión y algo le hubiera pasado a Evo, como probablemente habría sucedido, ¿en qué escenario hubiera terminado ese evento? ¿Una guerra civil? Eso es muy grave no solo para ese país, sino para el resto de Sudamérica.

La reacción que decidimos tomar fue la de actuar. Por instrucciones del presidente López Obrador enviamos un avión de la Fuerza Aérea Mexicana con la encomienda de traer al exmandatario con vida. Y la odisea no acabó ahí. En Bolivia, nuestra embajadora María Teresa Mercado Pérez recibió en sus oficinas y su residencia a miembros del gabinete depuesto y (como Pablo Monroy en Perú) ella también fue declarada *persona non grata*. Preparamos los argumentos para llevar al entonces gobierno de Bolivia a cortes internacionales, y logramos así resguardar la vida y la integridad de las personas asiladas hasta que el nuevo gobierno en ese país tomó el poder.

Se inició así, en Bolivia, un nuevo episodio de la tradición mexicana que se remonta a 1823, con el Tratado de No Extradición por Delitos Políticos firmado con Colombia, y que ha sido honrada por nuestro país en numerosas ocasiones, ya sea durante las guerras civiles en España (década de 1930), El Salvador y Guatemala (que se extendieron desde la década de 1960 hasta la de 1990) o a consecuencia de los golpes de Estado en Chile, Uruguay y Argentina (década de 1970), y abarca una lista de personalidades de múltiples nacionalidades que se inaugura con José Martí y conduce hasta Evo Morales y la familia de Pedro Castillo.

"Haberle salvado la vida a Evo Morales es haber sembrado una semilla de esperanza para toda esa gente, independientemente del país, de la lengua, del idioma o de las características físicas que tengamos. Tenemos una gran deuda social en América Latina y el Caribe, y Evo representa un recordatorio permanente de todo eso. Lo ha representado a lo largo de su vida. Para mí ha sido la satisfacción personal más grande en mi vida, en el servicio público, porque nos permitió escribir con nuestro puño y letra una parte de la historia del mundo", escribió la embajadora María Teresa Mercado Pérez luego de todos los avatares del viaje del exmandatario a nuestro país.

Fue una odisea no solo ingresar al espacio aéreo boliviano vía Perú, sino también lograr despegar desde Lima. Fue cual novela de Tom Clancy, tanto que en febrero de 2022 se publicó un libro sobre todo este periplo entre pilotos y embajadores llamado[1] *Evo, Operación Rescate. Una trama geopolítica en 365 días* (Sudamericana, 2022), escrita por Alfredo Serrano Mancilla.

Esta experiencia, coordinada por Maximiliano Reyes y con la participación de Froylan como enviado especial a bordo, es una de las más importantes que hayamos tenido en la SRE y va a pasar a la historia como un punto de referencia de lo que tiene que ser nuestra política exterior.

VENEZUELA Y UN AISLAMIENTO INNECESARIO

En diciembre de 2018, al inicio del gobierno de Andrés Manuel, fuimos el primer país de la región que cambió su postura sobre la situación en Venezuela, y rechazó las sanciones que impulsaba Estados Unidos, la OEA y el extinto Grupo de Lima, para forzar un cambio político en ese país. ¿Qué propusimos? Junto con Uruguay y 14 países de la Comunidad del Caribe presentamos el Mecanismo de Montevideo para armar una mesa de diálogo, regida por los principios de no intervención y autodeterminación de los pueblos. De inmediato la OEA, el Grupo de Lima y el Grupo Internacional de Contacto, encabezado por la Unión Europea, rechazaron la propuesta mexicana y mantuvieron su respaldo a las sanciones y al aislamiento de Venezuela.

Hasta 2021 y como estrategia para fortalecer la confianza con todos los sectores protegimos a diversos actores políticos venezolanos afines a la oposición en nuestra embajada en Caracas. Entre ellos a Roberto Marrero, jefe de Gabinete del exdiputado Juan Guaidó, después de dos años preso. Tras la desaparición del Grupo

---

[1] https://www.gob.mx/sre/es/articulos/canciller-ebrard-participa-en-la-presentacion-del-libro-evo-operacion-rescate?idiom=es

de Lima más países se animaron a apoyar la idea mexicana a favor de la mediación, reconociendo que las medidas coercitivas no eran efectivas. El Reino de Noruega asumió una posición neutral muy similar a la de México, y desde febrero de 2019 se inició una estrecha relación entre ambos gobiernos en pro de la mediación a favor de Venezuela y sus ciudadanos. A mediados de 2021 nos convertimos en el único país del continente que contaba con la confianza de todos los actores políticos venezolanos y fuimos elegidos anfitriones de los diálogos que facilitaría Noruega. El 13 de agosto de 2021 se firmó en la CDMX un memorándum de entendimiento entre el gobierno venezolano y la Plataforma Unitaria de Venezuela (es decir, la oposición al gobierno de Nicolás Maduro), que ponía las reglas para iniciar un proceso de mediación. Tras varias rondas de negociaciones entre México y Caracas, finalmente el 27 de noviembre de 2022 se firmó en la CDMX el primer acuerdo que establece la liberación de fondos del gobierno venezolano confiscados en el extranjero para atender los sectores de salud, educación, alimentación y energía, con la ayuda de las Naciones Unidas. La firma de este primer acuerdo demostró la razón de la iniciativa noruego-mexicana, y de la posición de Andrés Manuel de buscar desde el inicio una vía de entendimiento para procurar una salida justa para la población de ese país. En esa búsqueda, Efraín Guadarrama ha sido esencial.

Tomó tiempo, pero teníamos razón en 2019.

HAGAMOS COSAS CHINGONAS (NO SOLO LAS SOÑEMOS)

Un ejemplo de que vamos por el buen camino es el crecimiento de la Alianza del Pacífico, donde hemos recibido la solicitud de varios países que desean unirse, como Singapur, Corea del Sur, Nueva Zelanda, Australia, Honduras y Canadá.

Más allá de los retos a enfrentar por la crisis económica mundial, la alianza debe concentrarse en avanzar en sus potencialidades y capacidades, por lo que les dije a los representantes de Colombia, Perú y Chile (parafraseando a un clásico como es Javier *el Chicharito* Hernández): "¡No solo imaginemos cosas chingonas, hagamos cosas chingonas!".

Desafortunadamente la inestabilidad política en Perú y la salida del hoy expresidente Pedro Castillo impidió que en diciembre de 2022 viajáramos a Lima para entregarle la presidencia del organismo a Castillo. Y aunque esta situación ha frenado la Alianza, seguimos avanzado en cuestiones centrales, como acuerdos en materia de economía, y estamos a las puertas de sumar a Ecuador, Costa Rica y Honduras a este bloque.

Singapur ya está asociado y actualmente Corea del Sur inició un proceso de Tratado de Libre Comercio (un requisito previo) para luego integrarlo a la alianza.

La alianza ya no es solo libre comercio, ahora buscamos bienestar social.

LA CELAC: RECUPERARLA DEL OLVIDO

En 2018 la Comunidad de Estados Latinoamericanos y Caribeños (más conocida por sus siglas como CELAC) se encontraba en un periodo de reflexión.

El mecanismo, que había permitido algunos avances en la integración regional, había dejado de ser un espacio de coincidencias. Y con la nueva administración de la 4T y el impulso por recuperar nuestros lazos con la región nos postulamos para la presidencia *pro tempore*. Fuimos electos por consenso y nuestra gestión comenzó en enero de 2020. El desafío al que nos enfrentábamos no era menor (y eso que teníamos en el horizonte tal cosa como la pandemia). En la CELAC todas las decisiones deben tomarse por consenso de sus integrantes. Nuestra meta era volver relevante para los 33 países la Comunidad.

El covid-19 llegó para espabilar los ánimos y acciones de la CE-LAC, y logramos unirnos detrás de un objetivo común (que luego fue retomado por la ONU y el G20): el acceso equitativo a las vacunas, las medicinas y los insumos ante la pandemia.

Se lograron construir, por primera vez, reales capacidades regionales. Un ejemplo fue la alianza entre México y Argentina más la Fundación Slim para producir y envasar millones de vacunas del laboratorio AstraZeneca y la Universidad de Oxford.

Hubo una solidaridad activa en el intercambio de conocimiento en el manejo de la pandemia, así como la donación de ventiladores mexicanos y de vacunas envasadas entre México y Argentina para los países más relegados de la región (valga recordar, la más desigual del mundo).

El virus SARS-CoV-2 vino a cambiar los planes, pero definitivamente revivió la necesidad del poder de la comunidad. Solo como ejemplo, nuestro país donó más de 2.5 millones de dosis a los países miembros de la CELAC con menor acceso a estos biológicos.

También el peso como bloque común permitió a los 33 miembros tener contactos y alianzas con China y la Unión Europea en un tema no menor, como es la recuperación económica pospandemia, así como la creación del Primer Fondo de Adaptación con recursos de y para los 33 miembros de la Comunidad.

Estamos incluso construyendo nuestra propia Agencia Latinoamericana y Caribeña del Espacio (ALCE).

LA CUMBRE DE LAS AMÉRICAS

La presencia de México en la Cumbre de las Américas llevada a cabo en California en 2022 fue otro momento importante en el camino de nuestro país.

Tras haberse acordado desde 2012 en la reunión en Cartagena, como ya mencioné antes, que no era válido excluir a ningún país por ningún motivo de los encuentros de las Américas, se volvió a plantear por parte de Estados Unidos la exclusión de Cuba, Venezuela y Nicaragua con el argumento de que no son regímenes democráticos.

El presidente López Obrador manifestó no estar dispuesto a asistir en virtud de que ello convalidaría dos elementos inaceptables: que un país (en este caso el anfitrión) decidiera excluir a otros cuando el acuerdo del pleno de los países —basado en la igualdad ante ellos— es no dejar fuera a ninguno, con lo que se establecería un régimen antidemocrático basado en la preeminencia del más fuerte en las Américas. Y segundo, que se impusiera —en este caso vía la exclusión, que es otra forma de sanción— el régimen de gobierno que mejor le pareciera al más fuerte de los otros países del hemisferio.

Como se comprenderá, el presidente de México resolvió valientemente no convalidar dichos supuestos y a mí me correspondió la tarea de plantear en la participación a cargo de México que rechazamos esos dos supuestos intervencionistas por ser esencialmente contrarios a nuestra historia y al futuro que planteamos. Veinte países coincidieron en rechazar la exclusión, dos la apoyaron y siete se abstuvieron.

Justo acababa de plantear el presidente López Obrador en el 238 aniversario luctuoso de Simón Bolívar la convivencia geopolítica de dar paso a una etapa nueva en la relación entre los países de las Américas, basada en el respeto mutuo y objetivos comunes para hacer frente a tiempos complejos que se avecinan por la rivalidad de las superpotencias, la era de la trampa de Tucídides, la disputa entre una potencia en ascenso y otra en declive, que se resolvió por la fuerza en tiempos de la rivalidad entre Atenas y Esparta.

La próxima Cumbre de las Américas seguramente incluirá a todas las naciones americanas, y aunque hubo en México una reacción neurótica de las derechas, lo cierto es que Andrés Manuel habló por los sentimientos de Latinoamérica y el Caribe y su postura no ha sido en vano: con el respaldo de 20 países y la simpatía de siete más, la próxima reunión será, esta vez sí, de todas las Américas.

Por supuesto que esta postura implicó tensión con Estados Unidos, como nuestra postura sobre Venezuela o el reclamo por la extrema inequidad en el acceso a las vacunas, pero ¿acaso no fue igual en 1962 en la crisis de los misiles en Cuba o cuando México descalificó el régimen golpista de Augusto Pinochet en 1973 o en relación con la solución de dos Estados en el conflicto palestino-israelí durante los años cuarenta del siglo pasado?

Somos aliados de Estados Unidos y, al igual que otros aliados, nuestros intereses y posiciones no son ni podrían ser idénticas. Tenemos nuestro propio camino y nos respetamos mutuamente.

No había sido así en este siglo hasta el triunfo de Andrés Manuel y mi llegada a la cancillería.

MOVILIDAD LABORAL
PARA CENTROAMÉRICA

El presidente López Obrador ha insistido desde las primeras reuniones e intercambios epistolares con nuestros vecinos que debemos emprender un gran esfuerzo de inversión y empleo en Centroamérica, al tiempo que el manejo del flujo migratorio transita hacia el concepto de *movilidad laboral* por vías regulares y seguras.

En este campo, la Cumbre de las Américas produjo una declaración que incorpora por primera vez la mencionada movilidad laboral y se han comenzado a tomar medidas en Estados Unidos para hacerlo posible. Hemos encontrado una posición sensible y avanzada en el presidente Biden y su administración.

Por lo que hace a la inversión, la Comisión Económica para América Latina y el Caribe (CEPAL), a cargo entonces de la mexicana Alicia

Bárcena, realizó un esfuerzo excepcional y presentó el Plan de Desarrollo Integral (PDI)[2] incluyendo al sur y sureste de México, Guatemala, Honduras y El Salvador. Sin temor a equivocarme, considero que es un trabajo detallado y serio muy superior a los que han presentado el Banco Interamericano de Desarrollo (BID) y otras instituciones.

El 75% del financiamiento corre a cargo de los países que participan y el 25% restante de la comunidad internacional.

Resolvimos apoyar este plan como parte del supuesto de que, si hay oportunidades, la población preferirá no migrar y desarrollar sus zonas y ciudades. Se han implementado los programas Sembrando Vida y Jóvenes Construyendo el Futuro en El Salvador y Honduras, con una inversión de 2 000 millones de pesos en transferencias directas a quienes participan y trabajan en estos programas.

¿El resultado? Ha habido una reducción de 11% promedio en los flujos migratorios. Más importante aún, el impacto en su vida y en la de sus familias ha sido enorme y el motivo de orgullo para nuestra Agencia Mexicana de Cooperación Internacional para el Desarrollo (Amexcid),[3] a cargo de Laura Elena Carrillo Cubillas, y las acciones de hermandad de México con Centroamérica.

No quitamos el dedo del renglón. Ahora tenemos evidencia de que el camino que propone México, el PDI de la CEPAL, cuya elaboración estuvo a cargo de Alicia Bárcena, funciona y es más humano y mucho mejor que cualquier otra medida.

Si a esto se agrega que exista una vía regular y transparente para quienes deseen trabajar en Estados Unidos, habremos alcanzado el punto que buscamos.

---

[2] https://www.cepal.org/es/subtemas/plan-desarrollo-integral#:~:text=Co
n%20el%20Plan%20de%20Desarrollo,y%20de%20que%20la%20movilidad
[3] https://www.gob.mx/amexcid/articulos/mexico-instrumentara-proyectos-
de-cooperacion-para-apoyar-a-las-comunidades-de-mexicanos-en-el-ex
terior?idiom=es

DE LA PANDEMIA A LA GUERRA

Desde el último mes de 2018 a la fecha la tensión que ha vivido la Secretaría de Relaciones Exteriores equivale a varios sexenios juntos: las amenazas arancelarias de Donald Trump, la crisis migratoria y las caravanas humanas desde Centroamérica hasta la frontera norte, la pandemia de casi dos años completos, y cuando el aire comenzaba a estar menos enrarecido estalló una guerra en la periferia europea que detonó todas las alarmas políticas y financieras mundiales.

La invasión de Rusia a Ucrania en marzo de 2022 metió tensión a un planeta que no tuvo tiempo de sacudirse los virus: la guerra desató una inflación no calculada y de su desenlace dependerán cambios en los equilibrios geopolíticos.

Congruentes con los mandatos constitucionales y como parte del Consejo de Seguridad de las Naciones Unidas hemos tenido que defender el espacio de la política y promover en todo momento la importancia de una mediación, así como proponer corredores humanitarios.

En mi discurso en la Asamblea General en Nueva York fui muy sincero: la ONU "no ha podido cumplir con el mandato que le confiere la Carta de las Naciones Unidas, al no haber conseguido prevenir la guerra ni tomar las medidas que pongan un alto a la agresión armada". En la Cumbre de Líderes del G20 en Bali (Indonesia) recordamos la propuesta de México para que se impulse el diálogo entre Rusia y Ucrania para alcanzar la paz.

La extensión de un conflicto entre dos países que son tan influyentes en temas como energía (Rusia) o granos (Ucrania) pone en riesgo la seguridad alimentaria, energética y el aumento de la inflación global.

Propusimos en el Consejo de Seguridad —en voz de Juan Ramón de la Fuente— crear un Comité para el Diálogo y la Paz en Ucrania, con la participación de otros jefes de Estado y del gobierno, incluidos el primer ministro de India, Narendra Modi, y el papa Francisco, porque resignarse a la guerra es siempre ir al precipicio.

También asistió el presidente López Obrador para hablar de lo que ya no se discute: sacar de la pobreza extrema a 1 000 millones de personas que viven con dos dólares o menos al día.[4] Él propuso cómo hacerlo. Rechazó el cinismo y el conformismo.

PARIDAD SIN FRONTERAS

En nuestra gestión asumimos una política exterior feminista. Comenzamos una tarea muy activa de insertar el tema de paridad de género en todos los foros internacionales en los que participamos: desde seguridad hasta medio ambiente, pasando por comercio y Agenda 2030.

En todos los consulados se instaló una Oficina de Género para apoyar a todas aquellas mexicanas fuera del país que sean víctimas de violencia.

En el marco de la Asamblea General de la ONU, en septiembre de 2022, lanzamos el Fondo Ellas durante el evento "Generación Igualdad 2022: Momento de rendición de cuentas".

Se trata de un modelo que busca promover proyectos económicos de mujeres así como su empoderamiento tanto en México como en América Latina y el Caribe. Es el primer fondo especial para apoyar las iniciativas de las mujeres en todo el mundo, el cual movilizará 50 millones de dólares y será operado en conjunto con el Programa de Naciones Unidas para el Desarrollo (PNUD).

Este fondo buscará *1)* fortalecer las capacidades de las mujeres; *2)* ofrecerles apoyo a través de capital semilla para iniciativas,

[4] https://www.gob.mx/sre/es/articulos/el-canciller-ebrard-llama-a-movilizar-recursos-contra-la-pobreza-y-cambio-climatico-en-los-margenes-de-la-cumbre-del-g20-en-indonesia-319482

proyectos y empresas de mujeres; y *3)* realizar un acompañamiento personalizado que permita el empoderamiento económico a través de la autonomía en el manejo de los recursos y el desarrollo de sus proyectos.

Entendemos la paridad como la otra gran transformación simultánea a la igualdad social.

#MiPatrimonioNoSeVende

Christie's, Sotheby's y otras casas de subastas comenzaron a sentir una presión inédita por parte de nuestro gobierno. Por primera vez México comenzó una intensa campaña para repatriar objetos y bienes arqueológicos e históricos que fueron sacados de manera ilegal de nuestro territorio. Bajo el lema #MiPatrimonioNoSeVende nos hicimos presentes en unas 50 subastas internacionales, en algunos casos impidiendo la compra de estos objetos —que sin duda no son de procedencia lícita— y en otros logrando la donación voluntaria de sus dueños para que regresen a ser parte de nuestro acervo nacional.

En esta cruzada fue vital el trabajo de las embajadas, que permanentemente informan al Instituto Nacional de Antropología e Historia (INAH) sobre los nuevos objetos en cartillas de subastas o en museos.

Desde enero de 2019 a la fecha se han recuperado del exterior 9 330 objetos, entre piezas arqueológicas y bienes de alto valor histórico, como documentos, exvotos y cartas.

En el fondo la campaña también es un mensaje de que nuestro patrimonio cultural es único, valioso, es parte de nuestra identidad y no tenemos por qué quedar bien con otros países dejando nuestras piezas en sus vitrinas.

En eso el INAH se ha convertido en una institución de referencia (elogiada por la propia UNESCO), ya que tiene uno de los catálogos más actualizados acerca de los objetos de la cultura e historia mexicana en el exterior.

Mucho del éxito de esta campaña tiene que ver con la manera en la que se plantea el rescate. Hasta la administración anterior, México siempre tenía que demostrar que era dueño de una pieza arqueológica, por ejemplo, para que fuera confiscada. El cambio de narrativa comenzó con los exvotos recuperados por la secretaria de Cultura, Alejandra Frausto, en marzo de 2019 en Roma. Los carabineros italianos dijeron con toda razón: "No hay manera de que un extranjero demuestre que es dueño de un objeto que es 100% de origen mexicano, es imposible que sea al revés".

Con el mismo tenor están trabajando muy activamente el fiscal de Nueva York con nuestro abogado en ese consulado, Jorge Islas López. Si el fiscal no recibe de quienes poseen las piezas un certificado que demuestre que su compra o su venta es lícita, son confiscadas de inmediato. Uno de los rescates más relevantes a finales de 2022 fue una carta de Hernán Cortés a la Corte española de 1539. Son documentos extraordinariamente valiosos para nuestra historia.

Ha sido una preocupación principal de la doctora Beatriz Gutiérrez, y la verdad es que se ha ido avanzando a pasos agigantados.

Este movimiento y estos casi 10 000 objetos recuperados han generado en los principales mercados de dicho negocio (que son París y Nueva York) que muchos compradores ni siquiera busquen participar en subastas por objetos mexicanos por miedo a comprarse dificultades internacionales. Todo esto y más es nuestra voz digna y constructiva en el mundo.

Como decía, México es una gran civilización, el país de habla hispana más grande del mundo, donde nuestra economía superó a la de España al cierre de 2022.

La década que sigue nuestra voz pesa y es propia.

¿Por qué habría de ser de otra forma?

21

CIENCIA E INNOVACIÓN: LA RUTA A SEGUIR

Quieta, / en mitad de la noche, /
no a la deriva de los siglos, / no tendida, /
clavada, / como idea fija, / en el centro de la incandescencia. /
Delhi, / dos sílabas altas, / rodeadas de arena e insomnio /
En voz baja las digo. / Nada se mueve, /
pero la hora crece, / se dilata.

OCTAVIO PAZ

La pandemia de covid-19 dejó muchas lecciones en nuestro país y el mundo. Después del titánico trabajo que implicó asegurarnos de que tuviéramos vacunas e insumos médicos a través de acuerdos internacionales, me di cuenta de que no podía quedarme cruzado de brazos, conforme con lo que habíamos logrado; algo que de todas formas no me resulta natural.

Estoy convencido de que el país debe estar preparado para enfrentar la siguiente pandemia y tiene que contar con tecnologías y terapias médicas de vanguardia, para lo cual es necesario fortalecer el sistema de salud y recuperar la capacidad que tuvimos para producir vacunas, porque fuimos testigos de que es riesgoso depender de terceros.

Esta convicción es lo que me llevó a la India, hoy por hoy el mayor fabricante de vacunas y medicinas genéricas del mundo, que llegó a este estatus gracias a un asombroso desarrollo tecnológico de terapias de vanguardia. Es un país amigo de México, y el gobierno del primer ministro, Narendra Modi, fue de los primeros en mandarnos vacunas, algo que tuve la oportunidad de agradecerle personalmente.

Si bien a México y la India los separan 15 000 kilómetros, comparten muchas similitudes: ambos cuentan con un pueblo cálido, trabajador e innovador, así como un pasado colonial en común, nosotros invadidos por España y ellos por el Imperio británico. No es coincidencia que cuando en 1492 Cristóbal Colón desembarcó en el continente americano lo nombrara "las Indias". Ya lo decía Octavio Paz, primer embajador de México en el recién independizado Estado del Indo-Pacífico: "Puedo comprender, hasta cierto punto, qué significa ser indio porque soy mexicano".

La India es un país de contrastes extremos, donde en una misma ciudad y muchas veces en el mismo espacio físico convive la más avanzada tecnología con facetas ancestrales y místicas. El propio Paz lo captura en *Vislumbres de la India* (1995), donde relata: "Lo primero que me sorprendió de la India, como a todos, fue su diversidad hecha de violentos contrastes: modernidad y arcaísmo, lujo y pobreza, sensualidad y ascetismo, incuria y eficacia, mansedumbre y violencia". Su frase vino a mi mente cuando en marzo de 2023, en mi más reciente visita, fui a una gasolinera, y a su lado, en una choza precaria donde pastaban mansamente unas vacas sueltas, había un moderno sistema de carga instantánea de baterías para autos eléctricos.

Hoy tenemos con ese país un intercambio comercial de 11 400 millones de dólares (un monto que casi se duplicó desde 2020), lo que lo convierte en nuestro décimo socio comercial, aun sin contar con un tratado de libre comercio formal como el T-MEC.

SOLIDARIDAD Y ALIANZAS

En febrero de 2021 llegó a nuestro país cerca de un millón de dosis de la vacuna contra el virus SARS-Cov-2 de AstraZeneca, producida por el Serum Institute. Aun cuando escaseaban en muchos países, incluso en la propia India, ellos nos apoyaron en el momento más difícil de la pandemia.

Yo tenía planeado visitar ese país al inicio de mi gestión como canciller. Tenía todo listo para viajar en 2019, pero el destino y la tragedia intervinieron, porque lamentablemente en octubre de ese año murió mi papi (uno de los peores días de mi vida) y debí cancelar esa gira de trabajo.

Tuve la oportunidad de ir de nuevo hasta 2022, después de la pandemia. El objetivo de esa visita fue enfocarme en la cooperación científica y tecnológica. En total, tuve el privilegio de visitar dos veces la India en casi un año.

El presidente Andrés Manuel López Obrador reconoció el enorme potencial de la India desde el principio, y nos autorizó a mí y a varios integrantes del gabinete a realizar una visita de trabajo para aprovechar esta gran oportunidad de cooperación. Sabía que tenía que ser un esfuerzo conjunto, no solo del gobierno federal; acabamos viajando un grupo de 30 personas en marzo de 2022 y fue la delegación al extranjero más grande en esta administración.

Me acompañó un gran aliado, el doctor David Kershenobich, director del Instituto Nacional de Ciencias Médicas y Nutrición "Salvador Zubirán" (INCMNSZ), y se sumaron Alejandro Svarch, comisionado federal para la Protección contra Riesgos Sanitarios (Cofepris); el general Jens Pedro Lohmann, director general de Laboratorios Biológicos y Reactivos de México (Birmex); funcionarios del Instituto de Salud para el Bienestar (Insabi) y científicos de la Universidad Nacional Autónoma de México (UNAM), del Instituto Politécnico Nacional (IPN) y de su Centro de Investigación y de Estudios Avanzados

(Cinvestav), así como empresarios de laboratorios nacionales y emprendedores de *startups* tecnológicas. Para coordinar este enorme grupo me ayudaron Carmen Moreno Toscano y Javier Dávila Torres, colaboradores de la Secretaría de Relaciones Exteriores (SRE), y Carlos Castillo Pérez, de la Agencia Mexicana de Cooperación Internacional para el Desarrollo (Amexcid).

De regreso de esta gira, el mismo día que mi equipo descendió del avión (después de darles unas horas para dormir), los convoqué a una reunión para ver avances y trazar un plan de acción. Tuvimos muchos resultados concretos: el Insabi logró comprar más de 100 millones de piezas de medicamentos de unas 30 empresas indias, que con ayuda de la SRE lograron incrementar la competitividad en la venta de algunos medicamentos y bajar los precios, con lo cual se ahorró en promedio 30% en estas medicinas.

También firmamos un acuerdo para transferir tecnología de Cipla a Birmex, nuestra paraestatal fabricante y comercializadora de vacunas. Cipla es la tercera compañía farmacéutica más grande de la India. Esta alianza permitirá importar tecnología india para producir productos oncológicos y antirretrovirales, lo que asegurará su suministro de manera local.

En la gira visitamos también tres de los laboratorios de vacunas más grandes de la India: Serum Institute, Biological E y Bharat Biotech. La meta fue conocer sus procedimientos e iniciar procesos de transferencia de tecnología para producir en nuestro país vacunas contra el rotavirus y el virus del papiloma humano. Este último afecta a cerca de 70% de los mexicanos y es la principal causa de cáncer cervicouterino, por lo que es una prioridad.

La Cofepris aprovechó el viaje para firmar un acuerdo con su homólogo indio, la Organización Central de Control de Normas de Medicamentos (CDSCO, por sus siglas en inglés), para fortalecer el intercambio de información en materia regulatoria y administrativa en áreas relativas a la salud.

Asimismo, la Amexcid firmó un acuerdo con el Consejo de Investigación Científica e Industrial de la India (CSIR, por sus siglas en inglés) para financiar proyectos de investigación conjuntos en los sectores aeroespacial, de litio, de hidrógeno y de biotecnología. Aproveché también para visitar las oficinas de Tata Consultancy Services (TCS), el brazo de innovación digital del gigante corporativo indio. Firmé un acuerdo con Rajesh Gopinathan, director ejecutivo de la empresa, que después de sus excelentes resultados en sus ocho oficinas en México está a poco de desembarcar en Monterrey como principal proveedor de soluciones tecnológicas para Cemex.

UN PASO AL FUTURO CONTRA EL CÁNCER

Uno de los proyectos que más me emociona de la India es el que me presentó mi buen amigo Kershenobich. Durante esa gira visitamos los laboratorios de ImmunoACT, una prometedora y vanguardista empresa a las afueras de la ciudad de Bombay. Kershenobich fue recibido con los brazos abiertos, dado su gran prestigio internacional, así como el de las instituciones de salud e investigación de México.

La empresa ImmunoACT —que empezó como una *startup* de profesores y alumnos del reconocido Instituto Indio de Tecnología de Bombay (ITT, por sus siglas en inglés)— recibió hace unos años financiamiento para desarrollar terapias génicas de nueva generación llamadas CAR-T, siglas en inglés de células T con receptor de antígeno quimérico. Estos tratamientos, conocidos como inmunoterapia celular, se utilizan principalmente en cánceres de sangre como leucemias y mielomas. Se trata de una terapia oncológica innovadora que modifica genéticamente las células del sistema inmune del paciente para que estas reconozcan y eliminen las células cancerígenas.

En términos sencillos, el proceso funciona de la siguiente manera: primero, las células encargadas de defendernos contra las enfermedades (células T, un tipo de glóbulos blancos) se recolectan de los pacientes con cáncer para luego ser modificadas en un laboratorio especializado. Allí reciben "nuevas instrucciones" para que puedan identificar y eliminar las células cancerígenas. Una vez modificadas, estas células se expanden o multiplican para posteriormente regresarlas al organismo del paciente con un procedimiento de infusión que se realiza en un hospital. Ya dentro del paciente, estas células actúan como una terapia viviente, reconociendo y eliminando de manera específica las células tumorales.

Este futurista tratamiento ha demostrado ser seguro y con tasas de efectividad de 50 a 91%, mientras que las terapias convencionales difícilmente superan el 30%. En la actualidad, existen seis tipos de terapias CAR-T comercialmente disponibles en Estados Unidos y que cuentan con aprobación de la autoridad regulatoria. El problema es que esos tratamientos cuestan en Estados Unidos cerca de medio millón de dólares, lo que los hace inaccesibles para la gran mayoría de la población.

En nuestro país, el cáncer es la tercera causa de muerte entre hombres y mujeres. La leucemia es el tipo más común en niños: ocupamos el segundo lugar a nivel mundial en mortalidad infantil relacionada con esta enfermedad. Cada año se suman 6 000 casos nuevos para los que aún no tenemos armas para tratar, por lo que se vuelve una prioridad buscar todas las terapias y herramientas disponibles en el mundo para mejorar la atención y salvar las vidas de nuestros niños.

La gran virtud de ImmunoACT es que sigue la lógica económica de los otros gigantes farmacéuticos de la India: apuestan por volumen a precios accesibles para obtener ganancias moderadas.

De regreso en México, Kershenobich nos informó de esta gran oportunidad y de la disposición y gran interés de ImmunoACT de colaborar con nuestro país. Acordamos formar un grupo de trabajo interinstitucional para hacer realidad estas terapias en nuestra nación y lograr dar un gran salto tecnológico. El equipo cuenta con representantes de la Amexcid, del ipn y del INCMNSZ. Acompañados de la Cofepris —una dependencia que ha mostrado una gran disposición para innovar—, empezamos a trazar la ruta legal, regulatoria, médica y científica para hacerlo realidad. Ocho meses más tarde, en noviembre de 2022, se firmó el convenio de colaboración con ImmunoACT, con lo que se dio así el primer gran paso para hacer llegar estas terapias a nuestro país. Agradezco profundamente al doctor José Sifuentes Osornio, sucesor del doctor Kershenobich en el INCMNSZ, y al doctor Arturo Reyes Sandoval, director general del ipn, cuyo apoyo ha sido fundamental para concretar este proyecto.

Tuve la oportunidad de regresar a la India a principios de 2023 para consolidar los resultados que empezaron con una idea en febrero de 2022 y conocí de primera mano los laboratorios, donde pude platicar con los científicos mexicanos e indios que están trabajando en este proyecto. Por la naturaleza de las terapias celulares es necesario que trabajen de manera coordinada tanto los médicos que las administran como los biotecnólogos que modifican las células. El equipo técnico del proyecto está integrado por los mejores doctores y biotecnólogos del país, a quienes agradezco su compromiso y dedicación a esta enorme innovación: la doctora Sonia Mayra Pérez Tapia, el doctor Juan Carlos Almagro, el doctor Víctor Manuel Téllez López, el doctor José Carlos Crispín Acuña y la doctora Roberta Demichelis Gómez.

Tener esta tecnología tan innovadora en el país significa ponernos a la vanguardia, ya que rápidamente se está convirtiendo en un método estándar para tratar el cáncer y se proyecta que en los próximos 10 años se expanda ese tratamiento a otras enfermedades.

El plan es que en 2023 tengamos el primer ensayo clínico con pacientes mexicanos, cuyo financiamiento quedará en manos de la Amexcid.

Para 2024 lograremos tener un laboratorio especializado para producir localmente los insumos para la terapia de células CAR-T para que los centros de salud puedan ofrecer estos tratamientos de manera accesible a pacientes en nuestro país.

Como miles de mexicanos, yo he sentido el dolor que causa cuando un ser amado es diagnosticado con cáncer. La leucemia se llevó a mi mami mucho antes de lo que le tocaba, por eso cuando supe de estas terapias y reconocí su potencial no dudé en apoyarlas con todo lo que estaba a mi alcance. Me causa emoción y alegría saber que antes de que acabe el 2023 tendremos los primeros pacientes tratados en México y tengo la esperanza de que la nuestra sea de las últimas generaciones que tenga que lidiar con el dolor de enfrentar esta terrible enfermedad.

Este mismo enfoque seguimos en la SRE para la organización de la II Conferencia de Alto Nivel de Latinoamérica y el Caribe del Science and Technology for Society Forum (STS Forum), el 14 y 15 de marzo de 2022. Invitamos a científicos, innovadores y empresas después de un largo proceso de tres años de preparación. Trajimos al país uno de los foros más importantes del mundo para una sociedad de la ciencia y la tecnología.

Reactivamos la Red Global de mexicanos en el exterior, jóvenes que lo mismo encontré en la National Aeronautics and Space Administration (NASA), diseñando un vuelo a Marte, que en Arabia Saudita, Oxford, San Francisco, Países Bajos o en Barcelona, en las fronteras de la ciencia y la tecnología.

En cada caso escuché sus conmovedoras historias de esfuerzo y compromiso, como la de una diseñadora de proteínas en Tokio, quien al preguntarle cuál era su mayor deseo me respondió: "Regresar a Morelia, tener allá la misma posibilidad y equipos que tengo aquí".

Con el mismo ahínco promovimos el avión de entrenamiento Halcón II o los robots y los autos que funcionan con hidrógeno, todas investigaciones y desarrollos mexicanos.

El camino de México para esta próxima década que ganaremos pasa por modificar un número: ¿cuántas personas necesitamos para generar una patente? Taiwán, por ejemplo, necesita 1 878 personas; Japón, 2 322; Islandia, 9 435; España, 51 155, y México, 614 473.[1]

Si lo reducimos cinco veces con investigación y desarrollo estaríamos a la par de China.

Se puede y se debe hacer.

[1] Con base en los datos de Javier López Casarín, *Innovación. Una actitud*, México, Miguel Ángel Porrúa, 2018. Versión electrónica disponible en https://maporrua.com.mx/product/innovacion-una-actitud/

22

Elon Musk y la mentalidad maya

> El que cree crea; el que crea hace;
> el que hace se transforma a sí mismo
> y a la sociedad en la que vive.
>
> Proverbio maya

Al inicio de la pandemia en México, en abril de 2020, recibí una llamada en mi oficina que nunca esperé. "Es Elon Musk", me avisó mi fiel asistente Elva. Le dije que no podía ser, que checara bien el nombre de quien me buscaba.

Ella tenía razón: ni más ni menos que el fundador y CEO de Tesla me buscaba para que lo apoyara desde la cancillería para que les permitieran a varios de sus proveedores operar como industrias esenciales. Me argumentó que un porcentaje de su producción en Estados Unidos estaba paralizado. Le pedí que me enviara el listado de cuántos de sus proveedores estaban cerrados. Al poco tiempo me envió un mensaje de WhatsApp con los nombres de las 127 plantas en nuestro país que producen partes y componentes para la fabricación de todos los modelos de Tesla. De pronto, Elon —como yo— cayó en la cuenta de la relevancia de México para su empresa.

Tesla comenzó, como resultado de la pandemia, a evaluar con seriedad la posibilidad de montar directamente en este lado de la frontera una de sus plantas ensambladoras más grandes del mundo y tener, además, *just in time*, a toda la proveeduría de su Tier 1 y Tier 2 (autopartes y componentes, respectivamente).

Esa primera llamada, hace poco menos de tres años, derivó inicialmente en una exploración y en un plan después.

La confirmación de la inversión por 5 000 millones de dólares que dio Elon Musk el 1 de marzo de este año (2023) en su *Investor Day* en Austin, Texas, no fue al vapor, sino el colofón de casi un año de trabajo profesional y acompañamiento fase por fase por parte de la Secretaría de Relaciones Exteriores (SRE).

El 8 febrero de 2022, la subsecretaria para Asuntos Multilaterales y Derechos Humanos, Martha Delgado Peralta, y Rohan Patel, director global de Políticas Públicas y Desarrollo Comercial de Tesla, firmaron un acuerdo de confidencialidad para comenzar a intercambiar toda la información necesaria para decidir dónde instalar una planta armadora de vehículos eléctricos y qué tipo de planta sería. Mantener blindadas estas negociaciones era fundamental para evitar tanto la especulación inmobiliaria como la politización de la inversión dentro del país y hasta el movimiento en el valor de las acciones de Tesla y sus proveedores alrededor del mundo.

Durante ese tiempo trabajando juntos me enteré de otro dato que me dejó tan gratamente sorprendido como el de la lista de proveedores mexicanos: ¿sabían ustedes que casi la mitad de los ingenieros que trabajan en Tesla Estados Unidos son mexicanos? Puro talento egresado de universidades de este lado de la frontera, fundamentalmente del Tec de Monterrey y del Instituto Politécnico Nacional (IPN).

El intercambio de información técnica que requería el equipo de Elon Musk fluyó hasta agosto de 2022 y comenzó, a partir de allí, un cronograma de recorridos *in situ* de los expertos de Tesla por siete estados de la República que podrían albergar su futura planta, que ya para esa fecha habían decidido que sería una *gigafactory*, la armadora más grande de su marca en el mundo. Sabíamos que la empresa se había planteado un objetivo ambicioso: incrementar en 10 veces la producción actual hacia 2030, lo que implica pasar de ensamblar 1.8 millones de vehículos al año a producir 20 millones. Y esto aceleraba la necesidad de montar más fábricas.

Durante los meses que trabajamos juntos, el equipo de Tesla sabía que el *nearshoring*, la mano de obra calificada y altamente productiva, así como las ventajas de ya ser uno de los mercados con mayor presencia de marcas automotrices del mundo —y con ella su red de proveedores—, nos ponían en una posición privilegiada. Hasta ahora la marca cuenta con cuatro fábricas en Estados Unidos (Nevada, Nueva York, Texas y California), una en China y otra en Alemania. Entre los requisitos que necesitaba cubrir el lugar elegido no estaban solamente los asuntos de proveeduría automotriz y equilibrio financiero de costos y distancia de la nueva planta (*gigafactory*), sino también la oferta cultural y las condiciones de calidad de vida para el equipo de trabajo que se instalara en México.

Al final de la gira quedaron como finalistas tres destinos para recibir la multimillonaria inversión:

- Puebla, que tiene una Ciudad Modelo con un potente desarrollo de más de 100 proveedores automotrices internacionales gracias a la impronta de las armadoras alemanas Volkswagen y Audi.
- Hidalgo, donde le propusimos un terreno excepcional de 800 hectáreas en Tizayuca, muy cerca del Aeropuerto Internacional Felipe Ángeles (AIFA), con acceso a los trenes de la compañía Ferromex, que puede distribuir y conectar la planta con Ciudad Juárez, Piedras Negras, Mexicali, la Ciudad de México, Guadalajara y Monterrey.

- La Zona Metropolitana de Monterrey, a 16 kilómetros de la capital, en un terreno en el municipio de Santa Catarina, donde ya había algunos de sus proveedores y que queda a tan solo siete horas por tierra de su casa matriz en Austin, Texas.

El último fin de semana de octubre de 2022, el propio Elon Musk decidió visitar dos de los destinos que consideró más atractivos para su inversión, Hidalgo y Nuevo León.

Cuando finalmente Tesla nos comunicó que de todas las locaciones la elegida era Santa Catarina, surgió la preocupación del presidente López Obrador sobre el tema del uso del agua, en uno de los territorios con mayor tensión hídrica del país. El 27 de febrero Musk tuvo una videollamada con el presidente para tratar este tema, no solo en cuanto al volumen de agua que requeriría su planta armadora, sino en relación con la alta demanda que se suma con la llegada de las decenas de plantas proveedoras que completan el proyecto de Tesla. El empresario sudafricano se comprometió a que la mitad del terreno que ya compró —seis predios que suman 1 700 hectáreas— se mantendrá como reserva natural, a usar para sus procesos solamente agua tratada, a captar de manera más eficiente agua de lluvia, además de inyectar agua tratada al acuífero, y a encargarle a un equipo científico-tecnológico analizar todo el tema hídrico para apoyar a nivel estatal proyectos de ingeniería de gran calado para solucionar este problema a largo plazo.

Apenas 48 horas después, el 1 de marzo, Musk revelaría, en su esperada reunión anual de *Investor Day*, la construcción de su mayor planta del planeta en Nuevo León. Fue tan poderoso este anuncio que las acciones de la firma ese día tuvieron su mejor cotización de la última década.

Ese día yo no podía asistir al evento de Tesla en Austin porque estaba, literal, del otro lado del planeta en mi segunda gira en la India. Me representaría la subsecretaria Martha Delgado Peralta, quien estaba a punto de tomar su vuelo a Texas cuando Rohan Patel, el hombre más poderoso de Tesla, después de Elon Musk, le avisó que para poder revelar la noticia era imprescindible contar, antes de la conferencia con inversionistas, con todas las cartas oficiales de viabilidad y factibilidad, tanto de la proveeduría energética, de agua y los permisos ambientales del gobierno mexicano. En pocas horas ella no iba a poder reunir a los titulares de todas las carteras para que, *fast track*, le entregaran sus permisos. Había que ser estratégicos, ágiles y cerrar la pinza en pocas horas.

Me marcó a mi teléfono. Eran las tres de la madrugada en Nueva Delhi y la única solución era que yo firmara una sola carta formal dando desde la SRE todas estas garantías al *board* de Tesla. Terminé el escrito y se lo mandé digitalmente a Martha, quien suspiró aliviada y al fin pudo tomar su vuelo a Austin.

Cuando finalmente el fundador de Tesla dijo de propia voz que México era su nuevo eslabón en la cadena de fábricas alrededor del mundo, pronunció una frase que refleja mucho nuestra impronta: "El futuro empieza hoy, no mañana".

Yo no pude seguir durmiendo en la India, estaba demasiado emocionado por semejante logro. Habían pasado 14 meses desde la primera reunión exploratoria entre el equipo de Elon Musk y el de la SRE; 14 meses de trabajo, de ajustes, de conocer a fondo las necesidades y las mejores propuestas para que México entrara por la puerta grande a la era de la electrificación automotriz con la planta más grande de esta empresa en el mundo, una terminal que fabricará un millón de unidades al año y que generará 6 000 nuevos puestos de trabajo.

EL MAPA ANTES DEL ANUNCIO

En enero de 2023 presentamos desde la Dirección de Impulso Económico Global de la Subsecretaría para Asuntos Multilaterales y

RELACIONES EXTERIORES

2023
Francisco
VILLA

Mexico City, February 28th, 2023

I am pleased to greet you and thank you for the joint work we have done over the last year to attract Tesla's investment in Mexico for the installation of its Gigafactory of electric vehicles.

With the decision that your Board has made to settle in Santa Catarina, Nuevo Leon, I hereby express that you have our full support for the management and facilitation of the necessary permits and authorizations needed in environmental, energy and hydraulic matters by the federal, state and municipal authorities, within the scope of our respective competences.

Thank you very much for choosing Mexico as the destination for this great investment, we are always at your service.

Marcelo Luis Ebrard Casaubon
Secretary of Foreign Affairs

map/

Plaza Juárez 20, Col. Centro, C.P. 06010, Ciudad de México.
Tel (55) 36865100 www.gob.mx/sre

Derechos Humanos de la Secretaría de Relaciones Exteriores un documento de casi 200 páginas bajo el título *Grupo de trabajo para la electrificación del transporte. Diagnóstico y recomendaciones para la transición de la industria automotriz en México*,[1] un trabajo exhaustivo que realizamos en alianza con la Universidad de California (UCLA) para poner en contexto los retos que involucra el impulso global hacia la electrificación de todos los vehículos y la oportunidad que ello representa para nuestro país (principal proveedor automotriz de Estados Unidos y el cuarto mayor exportador del planeta).

El reporte enumera todos los cambios de infraestructura pública, capacitación de personal y aceleración de procesos burocráticos a poner en marcha para quedar a la vanguardia en un mercado valuado para 2030 en 190 000 millones de dólares, según publicó recientemente la Agencia Internacional de Energía (IEA, por sus siglas en inglés).

Sin soltar ninguna "exclusiva" sobre el desembarco de Tesla, que sabíamos que era inminente, en ese evento le dije a un vasto grupo de dirigentes del sector, directivos de la industria, cámaras empresariales y miembros de la academia que debíamos prepararnos para el estrés geopolítico que involucra este enorme cambio hacia la nueva movilidad que impulsan de manera potente tanto Estados Unidos como la Unión Europea. Solo nuestro vecino del norte tiene una meta ambiciosa: que para 2030 3 de cada 10 vehículos que circulan en el país sean eléctricos. Esto se conseguirá solamente cuando la mitad de las ventas sean de este tipo de unidades.

Para tener una radiografía clara de dónde estamos y hacia dónde debemos enfocar los esfuerzos públicos y privados, este reporte sumó también datos, estudios y análisis de siete universidades mexicanas, 15 terminales automotrices instaladas en nuestro país, a la Comisión

---

[1] https://www.gob.mx/sre/documentos/grupo-de-trabajo-para-la-electrificacion-del-transporte?state=published

Federal de Electricidad (CFE) y la Asociación Mexicana de Secretarios de Desarrollo Económico (AMSDE), y del lado estadounidense, además de la UCLA, al Departamento de Estado, el Departamento de Transporte y el de Energía. El documento lo dividimos en tres temas nodales donde debemos enfocarnos: la innovación y desarrollo en el sector automotriz eléctrico, la innovación en economías circulares de reciclaje y disposición de baterías, e innovación y recursos humanos especializados.

Este reporte es la hoja de ruta, el resumen de meses de investigación, encuestas y entrevistas a todos los eslabones que componen este poderoso sector para pasar a la siguiente fase, la de movilidad eléctrica.

Según la financiera estadounidense Morgan Stanley, con el sí de Musk en México no solo estaremos incentivando el ecosistema de vehículos eléctricos, sino que aumentaremos nuestras exportaciones a Estados Unidos 3.5%, lo que significa unos 15 000 millones de dólares.

Tesla está en nuestro radar desde hace tres años, era un objetivo prioritario de nuestra gestión y lo logramos. No por suerte, sino con trabajo y por medio de un proceso profesional de negociación, atracción y concreción de una inversión que no solo se peleaban distintos estados en nuestro país, sino muchos países fuera de Estados Unidos.

La inversión de Tesla (que representa casi 100% de las inversiones del sector automotriz de todo 2022) vino a confirmar que la promoción de México en el mundo y la atracción de inversión extranjera directa (IED) deben ser una prioridad de la diplomacia de nuestro país.

ATRAER NEGOCIOS A MÉXICO...

En los primeros días de enero de 2023, en las mañanas frescas de invierno en la Ciudad de México, recibimos en la Torre de la Alameda

de la SRE a un grupo de cansados empresarios estadounidenses lide-
rados Jacob Rothman, de Velong, y Josh Roemmich. Ellos habían
sido pioneros en montar en China plantas manufactureras para proveer al mercado de Estados Unidos hace 25 años, cuando el gigante
asiático aún no tenía el tamaño y el enorme peso en todas las cadenas productivas del mundo. Casi con pena, me contaban que ellos
no venían a traer inversiones al sofisticado mercado de los semiconductores o de la industria automotriz, sino que querían invertir en la
fabricación de ollas y de colchones. "Apenas unas decenas de millones de dólares, nada para un país del tamaño de México, ni para un
banco como HSBC", al que iban a visitar luego de nuestra reunión.
"Puede sonar a poca cosa, pero, si lo pensamos, todos siempre vamos
a ocupar ollas y colchones", decía con humor Rothman. ¿Por qué
México? Porque muchos de sus grandes clientes, como el gigante
Walmart, ya no estaban comprando a proveedores que no tuvieran
un plan de diversificación que bajara la dependencia de productos
made in China. Puede sonar muy sencillo instalarse en nuestro país,
pero estos empresarios estaban acostumbrados a una logística que
habían organizado en un cuarto de siglo: productos subidos a contenedores, transporte marítimo y luego distribución a través de trenes
en territorio estadounidense.

Decidimos mandar a un par de asesores de la SRE a entender los
sistemas de logística de las grandes maquilas de la frontera, donde
todo el transporte al norte se realiza por carretera. Dos meses después les entregamos a Josh y a Jacob un modelo de distribución a su
medida y escala.

La tarea multiplicó sus frutos porque a finales de marzo de este
año ambos empresarios, acompañados de Jorge Arturo Arce Gama,
presidente del Consejo de Administración de HSBC en México, organizaron una feria en Cantón, China, donde explicaron a los directores generales de 200 empresas las ventajas de mudar la producción
a nuestro país y los beneficios constantes y sonantes del *nearshoring*.

El 21 de marzo de 2023, en Foshan, Cantón, China, los directivos de la empresa Velong dieron una conferencia ante 200 empresas sobre su experiencia al mudar su planta a nuestro país y las ventajas de invertir en México.

De menos a más. De los distritos más pequeños a los grandes mercados del mundo.

Esta es la base de otra de las iniciativas que me siento muy orgulloso de haber incubado en la SRE: el Convoy para la Internacionalización de Municipios Mexicanos (CIMM), a cargo de Ximena Escobedo, Sofía Sánchez, José Ángel del Valle y Margarita Alcántara. Muchas veces los esfuerzos individuales no alcanzan a mover grandes mecanismos, pero un trabajo en grupo puede hacer la diferencia ahorrando energía y multiplicando los beneficios. Comenzamos llevando una comitiva de 51 presidentas y presidentes municipales de 22 estados, 17 representantes estatales y más de 40 empresarios mexicanos y cámaras empresariales. Nuestro primer destino fue California, donde nos enfocamos en tres grandes polos, como son las ciudades de Los

Ángeles, San José y San Francisco. Nuestra meta es lograr vincular a funcionarios y empresarios locales con empresas californianas y a la propia diáspora mexicana en cuatro ejes: economía, comunidad, innovación e industria creativa y diplomacia.

Volvimos con las alforjas cargadas. La ciudad de Querétaro formalizó una alianza con la firma Cisco para capacitar a 3 000 jóvenes en su Centro de Innovación y Tecnología Creativa BLOQUE, un modelo replicable en otras ciudades del país. Se acordó incluir en el próximo Diálogo de Alto Nivel Económico al CEO de Netflix y a los demás estudios que conforman la Motion Picture Association (Walt Disney Studios, Paramount Pictures, Universal Pictures, Warner Bros. y Sony Pictures) para aumentar el número de filmaciones en estos municipios. Por su parte, tanto Uber como Google se comprometieron a aumentar sus servicios y prestaciones, empezando por mejorar la logística digital de cara al próximo mundial de volcibol de playa que se llevará a cabo en octubre en Tlaxcala, y que entrega plazas para los Juegos Olímpicos de París 2024. Guanajuato avanzó en sus pláticas con la empresa Riot Games Incorporation para convertirse en la sede del mundial de *League of Legends* (LOL), este videojuego que suma 124 millones de usuarios activos en el mundo.

... Y EXPORTAR NEGOCIOS MEXICANOS

Recuerdo cuando aparecieron los primeros teléfonos inteligentes. De pronto, era posible cargar miles de canciones en el bolsillo o ver películas enteras en una pequeña pantalla portátil. En un primer momento, este nuevo mundo parecía fascinante e incomprensible para muchos. Como muchos sabrán, a mí todavía me cuesta trabajo escribir tan rápido en espacios tan pequeños sin cometer errores de dedo.

Cuando se empezó a hablar de las "aplicaciones", pocos se imaginaron que se trataría de una de las revoluciones más importantes de nuestra historia: desde las redes sociales hasta las plataformas de contenido y luego el *e-commerce* y los servicios de economía compartida (para tomar un taxi o pedir comida a domicilio). También cambió nuestra relación con el dinero porque ahora es posible hacer una transferencia desde la palma de la mano y saltarse la fila infinita en la sucursal de un banco. Cuando empecé a investigar sobre las apps que crecían de manera exponencial, descubrí que la mayoría de estas empresas eran nuevas, que habían empezado de cero y habían hecho grandes apuestas con su dinero cuando nadie más creía en ellas. Estas *startups*, fundadas en su mayoría por jóvenes, estaban transformando de manera radical los mercados, donde su agilidad les permitía sobreponerse a los fracasos de cualquier nuevo emprendimiento. Eran una nueva generación de creadores de valor que se atrevían a refinar sus invenciones y no darse por vencidos hasta que se volvían exitosos. Esta camada de empresarios tenía un lugar donde florecían: Silicon Valley, en California, Estados Unidos. Sin embargo, muchos países, como Corea del Sur o Israel, también habían logrado impulsar el crecimiento de mipymes (micro, pequeñas y medianas empresas) para convertirlas en grandes cadenas de valor a escala global. India lo había llevado más lejos y basaba su modelo de desarrollo económico en la inversión a gran escala en aquellas firmas que fueron de base tecnológica. Esto le permitió convertirse en uno de los países con mayor inclusión financiera y reducción de pobreza, así como en un centro mundial de innovación, en tan solo un par de décadas. Al mismo tiempo, transformó las vidas de millones de mujeres, al poner en sus manos desde un simple celular la oportunidad de emprender su propio negocio y ser más independientes. ¿Por qué no estaba sucediendo lo mismo en México?

Primero rastreamos a las *startups* mexicanas y hablamos con sus fundadores para entender cuáles eran los obstáculos que enfrentaban, sus necesidades y, sobre todo, qué podían ofrecer a países en vías de desarrollo para resolver los grandes retos compartidos.

Y nació dentro de la SRE el Foro Acelerador de Sinergias entre Startups, Sector Tec y Gobierno (FASSST), a cargo de Manola Zabalza. En extensas mesas de trabajo y encuentros privilegiamos el diálogo entre el sector de innovación y los funcionarios de todas las dependencias de gobierno y hasta creamos una metodología para lograr que hubiera empatía entre personas con trayectorias y experiencias de vida distintas.

¿Qué descubrimos? Que muchas *startups* mexicanas hacían grandes esfuerzos por ampliar la cobertura de sus servicios digitales en todos los municipios del país, los cuales, lejos de ser un obstáculo, se podrían convertir en grandes aliados. Una de las primeras empresas en sumarse a nuestra iniciativa fue Clip®, la marca mexicana de terminales de pago móviles para tarjetas bancarias, y luego la siguió Jüsto, el súper en línea que reúne a cientos de productores locales.

En paralelo, comenzamos a mapear a las emprendedoras que estaban contribuyendo a construir una sociedad más igualitaria y dar voz a las demandas de las mujeres. Los gobiernos deben promover su participación en la toma de decisiones y garantizar la inclusión y la paridad en estos nuevos sectores.

Como parte de nuestro aporte, comenzamos a visitar diferentes fondos de inversión internacionales, y en marzo de 2022 partimos en una expedición al golfo Pérsico para abrir una nueva ruta comercial para la innovación. Con grandes emprendedoras como María Ariza, de Bolsa Institucional de Valores (BIVA), quien cuenta con más de 20 años de experiencia en el sector financiero, visitamos Arabia Saudita, Qatar, los Emiratos Árabes Unidos y la India. Nos reunimos con ministros, directivos de fondos de inversión para el desarrollo y con empresarios, sin dejar de pasar por cuantas cámaras de comercio, universidades y centros para la ciencia y tecnología tuviéramos enfrente. Donde llegábamos nos recibían con calurosas muestras de amistad, ya fuera en una cena a mitad del desierto, rodeados por el paisaje característico de Riad, o durante nuestra visita a la icónica

Expo Dubái. Fue una oportunidad única para mostrar el talento de las nuevas generaciones, y llevamos a las mesas de negociación (que monopolizan representantes de 50 años y más) a nuestros creadores más jóvenes. Allí estaban Alfonso de los Ríos, CEO y cofundador de Nowports, quien nos enseñó a sus 23 años la importancia de reinventar las cadenas de suministro para llevar los productos mexicanos a todos los continentes, y Héctor Sepúlveda, fundador del fondo de capital de riesgo Nazca, quien cambió nuestra forma de pensar con su experiencia ayudando a pymes mexicanas como Urbvan, Luuna y Albo a internacionalizarse.

En sus voces, en sus historias y en sus planes de negocios valoré saber que parte de nuestro futuro está en estos jóvenes y que estamos en buenas manos.

MENTALIDAD MAYA

Lo recuerdo perfecto: yo tenía 10 años y estábamos sentados con mis hermanos y primos en el suelo de la sala en mi casa mientras veíamos con el resto de la familia el alunizaje de Neil Armstrong, el 16 de julio de 1969, a las 14:17 horas de México.

Mi papi, que era un fanático de la astronomía, nos iba explicando cómo se había organizado esta epopeya histórica y no perdió la oportunidad de hacer alarde del conocimiento que tuvieron los mayas de la Luna, de sus ciclos, de su influencia en la Tierra y de las mediciones precisas y los cálculos matemáticos basados en el movimiento de los astros que ya tenían hace 3 000 años. En la península de Yucatán se encontraba el mayor acervo de información sobre astronomía y precisión matemática del que se tenga registro. La mentalidad maya es una combinación de dos cosas: el pensamiento científico y la perseverancia para conocer, desarrollar y resolver.

Los mayas organizaron su sobrevivencia y éxitos en la ciencia y la tecnología. Los tenemos como herencia y práctica, pero a veces lo olvidamos porque pasaron décadas de propagar la idea de que la ciencia nos es ajena. Ahora debemos despertar y recurrir a nuestra mentalidad maya para triunfar y seguir adelante.

Gracias a un mexicano, Guillermo González Camarena, todo el planeta podía ver en la televisión a un hombre con escafandra dar saltos en una superficie polvorienta. La transmisión de la llegada del Apolo 11 hace 54 años se realizó con la tecnología televisiva desarrollada por un creativo jalisciense que en 1940 inventó una televisión a colores con un sistema tricromático secuencial de campos. Ese modelo (que patentó en nuestro país y en Estados Unidos simultáneamente) fue el que decidió usar la NASA tres décadas después para reproducir en vivo las imágenes de sus astronautas. La creatividad mexicana le permitió al gobierno estadounidense fabricar una videograbadora pequeña, de 30 por 15 centímetros, y además hacer algo impensable, como transmitir con apenas un segundo de retraso y a todo color uno de los eventos más importantes de la historia de la humanidad. Fuimos testigos, ese mismo día, de cómo un invento mexicano también revolucionó las comunicaciones para siempre.

Esa imagen de Neil Armstrong quedó grabada en mi pupila y volvió como una chispa a mi mente el lunes 29 de agosto de 2022, cuando estaba en Centro Espacial Kennedy en Cabo Cañaveral, Florida, para presenciar el lanzamiento de Artemis 1, la primera nave desde aquel alunizaje; un viaje, esta vez, sin tripulantes, pero con mucha tecnología. A pesar de que ese evento se canceló a última hora por cuestiones climáticas, yo estaba allí —en un lugar donde todos los niños de mi generación soñamos trabajar— nuevamente representando al talento y a la creatividad mexicana con el Proyecto Colmena.

La NASA nos invitó a participar en estos nuevos proyectos a la Luna —con las naves Artemis 1, 2 y 3— para sumar en su interior a nuestro Proyecto Colmena. Este es el nombre dado a un conjunto de cinco robots de apenas 65 gramos cada uno y ocho centímetros de diámetro y cuatro de altura, que busca demostrar que los pequeños dispositivos pueden trabajar de manera coordinada para realizar estudios de minería en la Luna. Estos nanorrobots mexicanos recorrerán 384 400 kilómetros hasta llegar a la superficie lunar (un viaje que se tiene previsto para mayo de 2023), en una misión que durará entre 10 y 15 días. Se trata de un trabajo interdisciplinario coordinado por 200 profesionales de la Universidad Nacional Autónoma de México (UNAM) y la Agencia Espacial Mexicana, un esfuerzo que se desarrolla dentro de un plan mayor, la Constelación AzTechSat, donde también participa la Universidad Popular Autónoma del Estado de Puebla (UPAEP), la Universidad Aeronáutica en Querétaro (UNAQ), la Universidad Panamericana (UP) y la Universidad Politécnica de Querétaro (UPQ). "Este proyecto refrenda que la ingeniería mexicana está al nivel de las mejores del mundo, ya que será el primer proyecto mexicano sobre la exploración lunar, y adelanto que ya se trabaja en nuevos proyectos para generación de oxígeno y energía en la Luna, todo con tecnología mexicana", dijo Salvador Landeros Ayala, director general de la Agencia Espacial Mexicana, cuando anunciamos esta alianza con la NASA.

Una de las principales razones para que México participe en estas misiones del gobierno estadounidense es que somos el país número 14 en producción aeronáutica espacial, una posición que trabajaré denodadamente para avanzar en los próximos años.

Para muestra basta con recordar que desde el año pasado contamos con un avión cien por ciento mexicano, un desarrollo propio que pocos países en la región pueden darse el lujo de tener. Se trata del Halcón II, una aeronave desarrollada en su totalidad por ingenieros del IPN y técnicos del Conalep en la planta de Horizontech, en Celaya, Guanajuato. Se trata de un avión de la categoría LSA (Light Sport Aircraft), biplaza deportivo con un motor a gasolina que reduce de manera significativa el costo por hora de vuelo y lo vuelve más accesible. Su uso principalmente será para capacitar a futuros pilotos en escuelas de aviación. En nuestro país, en 1957 se abandonó el desarrollo aeronáutico local, hasta 2012, cuando esta firma de Guanajuato hizo un primer prototipo, el Halcón I, y una década después está terminando las fases de autorizaciones para su comercialización.

Tuve la oportunidad incluso de ser un pasajero privilegiado hace un par de meses cuando hicieron su vuelo de bautismo en las instalaciones del AIFA. No saben lo que se siente, siendo un fanático de los aviones como yo, volar en una nave que tardamos medio siglo en sacar a la luz.

Como vieron con estos ejemplos, soy un férreo defensor del impulso a la ciencia y de las creaciones de origen mexicano, de volver a tener, como los mayas, una mentalidad científica. Nuestras raíces se nutrieron de una civilización que siempre buscaba explicar y medir el universo, de observadores y estudiosos perseverantes y triunfadores.

Los centros de observación de los mayas estaban milimétricamente erigidos para conquistar el conocimiento a partir de examinar el cielo. "La cultura maya es una cultura basada en la astronomía, donde se conocía por los ciclos estelares los eventos que ocurrirían, la mayor motivación de todos estos descubrimientos era la veneración del agua", dice el arqueólogo José Guadalupe Huchim Herrera, del Instituto Nacional de Antropología e Historia (INAH), en un reportaje homenaje al conocimiento maya publicado por la revista *Science*.[2]

Hace 10 siglos, para esta cultura todo tenía un sentido ecológico, de respeto a la naturaleza y de cuidado de los recursos no renovables. Justo lo mismo que hoy me mueve.

[2] Joshua Sokol, "The Stargazers. The Historic Maya Oriented Their Lives by the Heavens. Today, Their Descendants and Western Scholars Team Up to Understand Their Sophisticated Astronomy", *Science*, vol. 376, núm. 6597, 3 de junio de 2022. Disponible en https://www.science.org/content/article/what-did-ancient-maya-see-in-stars-their-descendants-team-with-scientists-find-out

"Quiero ser presidente, llevo 40 años
preparándome para responder con acciones
y planes a esa pregunta que me hacía en 1970:
¿por qué México está así?".

• • •

"Si algo tengo es persistencia a la adversidad.
Todo mi itinerario político ha sido asfaltado
de dificultades extremas".

• • •

"Mi meta es hacer crecer la clase media a más
de 50% de nuestra población. Esto cambiará la
morfología del país y la capacidad de prosperar".

• • •

"Mi sueño es romper la idea de mediocridad
o de conformismo eterno, el 'así es México'.
Ya no".

• • •

"Un presidente debe siempre dar su punto
de vista, eso no es autoritarismo ni agresión:
es su obligación".

• • •

"Me gustaría que me recuerden como
un político que hizo lo que creía que tenía que
hacer y tuvo éxito".

LO QUE SIGUE

No llegué hasta acá solo para llegar hasta acá.

Tom Brady

23

TENGO LA CONVICCIÓN DE QUE MÉXICO ESTÁ DESTINADO A LA GRANDEZA

> Una gran vida es un ideal de la
> juventud realizado en la edad madura.
>
> ALFRED VICTOR DE VIGNY

Soy un inconforme desde pequeño. Elegí llegar al punto en el que pueden cambiarse o mejorarse las situaciones primordiales que originan la desigualdad y las debilidades relativas de nuestro país.

Pude, desde luego, dedicarme a presionar o resistir, pero desde los 15 años resolví mi ruta y aquí estoy. La ambición se resume en tres objetivos primordiales: acelerar el desarrollo de México, establecer condiciones de seguridad para todos y hacer crecer el bienestar, ensanchar nuestra clase media hasta llegar a un punto en el que dejemos de tener la extendida pobreza que nos caracteriza. Esa es la causa.

Pienso que alcanzar la presidencia de la República sería la mejor vía para lograrlo.

Mi sino no ha sido estar en la vida pública por seguir el viejo consejo de que "vivir fuera del presupuesto es vivir en el error". Tampoco sobrevivir sin llamar la atención. La mediocridad, por definición, no es el espacio para mí. He sido paciente, he recorrido muy diversas experiencias; conocí el éxito, pero también los fracasos y las persecuciones.

Aprendo cada día. Tengo la certidumbre de que sé qué debemos hacer y cómo hacerlo. Tuve el privilegio de participar en la Cuarta Transformación, estoy convencido de que puedo conducirla a su etapa de consolidación y fortalecimiento.

Por eso estoy aquí y he decidido participar.

24

LA OPORTUNIDAD

China es un gigante dormido. Dejadlo dormir porque,
cuando despierte, el mundo se sacudirá.

NAPOLEÓN BONAPARTE

Después del complejo proceso para ratificar el T-MEC con Estados
Unidos y Canadá y luego de hacer frente a la trágica pandemia del
covid-19, despertamos en un mundo distinto en el que se agudi-
zó la rivalidad de Estados Unidos y China y en el que la invasión
de Ucrania tendrá profundas consecuencias, entre otras, acercar
como no ocurría desde los años cincuenta a China y la Federación
Rusa.

La pandemia, a su vez, marcó el fin de la era de la confianza en
la globalización. Hoy se aceleraron tanto el tema de la seguridad
de las cadenas de suministros como la lucha por la hegemonía de la
nueva economía de datos.

Pasamos a la era de los bloques y, por ende, de la regionalización. ¿Quién lo habría dicho apenas hace poco tiempo?

En resumen, todo esto revaloriza a nuestro país y el concepto
de Norteamérica, que apenas en 2019 luchábamos por instalar al
menos en el lenguaje de los dirigentes.

La hegemonía ideológica de los valores democráticos y libertarios también se desmorona. Así es nuestro tiempo.

Es una oportunidad porque, a pesar de riesgos e incertidumbres, puede convertirnos en una nueva frontera de la manufactura para el aún mercado más grande del mundo: Estados Unidos. No lo habíamos tenido en todo este siglo XXI. Llegó.

Desde luego no basta por sí mismo, pero sí significa que el viento está a nuestro favor y lo seguirá estando unos años más por delante.

Podríamos tener el mejor de los mundos: un Estado dedicado a garantizar el bienestar social, la seguridad general y la infraestructura y energía, y al mismo tiempo un mercado en expansión de inversiones y desarrollos. Y como consecuencia, una caída sistemática de la pobreza.

Necesitamos dar lugar a una etapa constructiva, a la década que habremos de ganar para México.

Eso pienso, y sí, lo haremos.

LOS PRIMEROS CHIPS

En 2022 Estados Unidos importó de China 536 754 millones de dólares. Es su primer socio comercial, y por poca diferencia estamos nosotros en segundo lugar, con 454 930 millones de dólares.

La pandemia, la crisis logística y productiva que trajo como efecto colateral el virus SARS-CoV-2 reveló el nivel de dependencia de los chinos, sobre todo en microprocesadores, que puso en jaque a Estados Unidos, Europa y México también, entre otros mercados altamente industrializados.

El gobierno de Joe Biden ha dado varias muestras de que esta tensión ya escaló a otros niveles.

En octubre de 2022 aprobó una serie de controles a las exportaciones, que implicaban que los exportadores necesitaban permisos específicos para comerciar con empresas chinas identificadas como contrarias a los intereses de seguridad nacional del país. Cualquier exportación a fábricas de empresas estadounidenses o de terceros países se evaluará caso a caso.

El objetivo de esta regulación es limitar las capacidades de las empresas chinas para obtener o desarrollar microchips avanzados que impulsen la innovación en inteligencia artificial. Las nuevas leyes también prohíben a las personas y empresas estadounidenses apoyar a las empresas chinas que se dediquen a estas áreas. Por su parte, China no parece estar dispuesta a permitirlo y llevó esta restricción hasta la Organización Mundial de Comercio por considerarla una medida contracompetitiva y discriminatoria.

Hay algo más de fondo: hoy China produce 75% de los chips de todo el mundo (si se incluye la producción de Taiwán), mientras Estados Unidos solo 10%, una dependencia que se volvió una crisis durante la pandemia cuando la escasez de chips asiáticos (indispensables para todas las industrias que involucran tecnología) provocó un freno en las dinámicas de fabricación de computadoras, teléfonos, electrodomésticos y hasta de vehículos. En 2021 dejaron de producirse en el mundo más de nueve millones de unidades, de las cuales tres de cada 10 hubieran sido *made in T-MEC*.

Estados Unidos ya arrancó su plan para aumentar de manera geométrica la producción de estos componentes esenciales en Norteamérica.

Y digo Norteamérica porque ya fuimos invitados por el gobierno de Estados Unidos a producir de manera conjunta chips en un *hub* binacional entre Arizona y Sonora. En una primera etapa se trata de una inversión del gobierno de Biden de 52 700 millones de dólares para la investigación, desarrollo y producción de microprocesadores. Se espera, al menos del lado estadounidense, la creación de 90 000 empleos detrás de este nuevo sector.

Se montará un gran centro de producción en Estados Unidos y desde el lado mexicano se instalarán proveedores para alimentar esta fabricación, en un modelo de economía productiva alineada. En una primera etapa los chips se ensamblarían en Estados Unidos para luego ser programados y distribuidos desde México.

SOMOS EL PUEBLO ELEGIDO

México está primero en la lista de las opciones de miles de millones de dólares de inversión y las razones pueden ser muy obvias, pero no por ello hay que descartar los motivos por los cuales estamos siendo la opción de mediano plazo de inversión extranjera más potente en el mundo.

1) Logística. Un contenedor desde China tarda un mes en llegar a Estados Unidos, mientras que desde nuestro país el máximo es de dos semanas. Pero, en tiempos de pandemia, el tiempo de los envíos asiáticos se multiplicó por tres. Las grandes tendencias del comercio internacional hacen hincapié en que el siguiente paso de la globalización son las cadenas productivas regionales.
2) T-MEC. El tratado de libre comercio que tenemos con Estados Unidos y Canadá, ajustado a los nuevos tiempos, es mucho más moderno y con mejores ventajas competitivas para los inversionistas que apuesten por instalarse en nuestro país.
3) Empleados con alta productividad. Ya el factor mano de obra barata ha sido sustituido por el de altos niveles de rendimientos al nivel de las principales economías del mundo.
4) Bono demográfico. Es un componente central para dotar de personal a estos nuevos socios: una cuarta parte de nuestra población tiene entre 15 y 29 años (31.5 millones de personas).

También tenemos a nuestro favor nuestra buena relación con China (que es paralela a la oportunidad de atracción de inversiones) y de donde importamos cada año 80 000 millones de dólares, aproximadamente.

China también está emigrando a México sus plantas productivas: mientras en 2020 la inversión china en plantas industriales fue de 271 millones de dólares, en 2021 saltó a 500 millones de dólares. Este fenómeno lo vaticinó años atrás Shannon K. O'Neil, autora del libro *The Globalization Myth: Why Regions Matter* (*El mito de la globalización: por qué las regiones importan*, Yale University Press, 2022), donde incluía a las propias plantas chinas en este proceso de migración a México. Uno de los primeros parques industriales 100% ocupados por compañías chinas es el Hofusan Industrial Park, en Monterrey.

Si bien el éxodo industrial a nuestro país comenzó con el sector automotriz, el mayor desarrollo crecerá hacia productos esenciales para todas las industrias, como es la fabricación casi exclusiva de superconductores y de microprocesadores.

Estamos ante la mayor oportunidad que podríamos haber imaginado, es una realidad económica, ya no derivada de la política, sino de la geopolítica. Tenemos, después de muchas décadas, un periodo que se abre de bonanza ante nuestros ojos.

Muy pocos países tienen la ventaja que tenemos hoy a un brazo de distancia de nosotros: vivimos una brecha histórica sin parangón.

En los ochenta pensamos que el descubrimiento del yacimiento petrolífero de Cantarell sería nuestro maná del golfo de México y el pasaporte a elevar el crecimiento y el bienestar nacional. Tiempos donde el presidente José López Portillo decía "vamos a administrar la abundancia". Luego la apuesta fue el proceso privatizador que impulsó Carlos Salinas de Gortari: el libre mercado y las recetas neoliberales que nos volverían un Estado concentrado que podría crecer sin lastres de empresas estatales. No ocurrió. Tampoco cuando nos explicaron en qué consistía en 1993 ingresar al TLCAN, el acceso a un club de élite con una oportunidad única de internacionalización, que teníamos la posibilidad de crecer. En ese lapso el PIB per cápita mexicano pasó de 6 125 dólares en 1999 a 8 931 en 2021 (45%), mientras que el de Estados Unidos creció 82% y el de Canadá 109%. Recuerdo perfectamente los cálculos de los arquitectos del tratado, como Jaime Serra Puche, quien explicó que a partir del TLCAN creceríamos casi de manera natural un promedio anual de 5%. Pero esto nunca ocurrió.

PROBLEMAS QUE TIENEN SOLUCIÓN

La oportunidad requiere de prever internamente mejoras que terminen tanto de favorecer la llegada de inversiones como aprovechar estas inversiones para equilibrar las desigualdades territoriales que venimos arrastrando desde hace décadas.

1) Energía: para aprovechar este *momentum* necesitamos tener autonomía energética y contar con más y diversas fuentes de energía (incrementando las de generación limpia) y dotar de infraestructura a los estados del sur para que sean beneficiados ahora sí con este *boom*.

2) Logística: sin duda hay que apostar, consolidar e impulsar el Tren Transístmico, que permitirá generar un polo de desarrollo muy interesante en la zona de Yucatán y Quintana Roo. También hay que modernizar la infraestructura de la frontera norte y los procesos regulatorios.

3) Infraestructura: dotar de vías de acceso, agua, comunicación, vivienda, logística y energía a los estados que más crecen, e incluir a Oaxaca, Guerrero, Chiapas, Tabasco, Campeche y Veracruz en el aumento de la inversión pública.

MÉXICO BOYANTE, ¿POR QUÉ NO?

Los primeros días de noviembre de 2022 el ingeniero Carlos Slim dio una conferencia en la UNAM, muy en sintonía con esta oportunidad:

"Lo que yo veo es un México boyante, con crecimiento sostenido, con muchas oportunidades de generación de empleo y actividades económicas. Ya se empezó a dar porque los Estados Unidos, que durante 20 años dependió de China, traen una confrontación económica, y esa producción, que importaba de allá, ahora la va a tener que producir acá".

Coincido: tenemos una gran oportunidad porque estamos justo donde debemos estar, donde el despegue no será gracias a un recurso natural o a una alianza comercial, sino por primera vez a causa de una realidad geopolítica que durará varias décadas más.

Sin duda podríamos crecer el doble o más de lo que ha sido el periodo neoliberal. Llevamos década tras década creciendo en promedio solo 2% de nuestro PIB. Sin importar la época, las coyunturas políticas y económicas globales, los cambios de partido en el gobierno, la cotización del petróleo, las recetas neoliberales aplicadas o desactivadas, ha sido como una marca que no hemos podido superar.

La pandemia 2020-2022 ha frenado la posibilidad de lograrlo este año.

En 2012, cuando armaba la plataforma de mi precandidatura presidencial, esta posibilidad era impensable, y sin duda no había manera de competir con China (nos hubiera costado tres veces más una cruzada comercial para derivar IED a nuestro país). Ahora no: todos los vientos son favorables para nuestro barco.

Tenemos la posibilidad de ser un deportista de alto rendimiento y eso requiere de dieta, constancia, ejercicios, equipamiento, hidratación, pero por sobre todas las cosas un buen *coach*.

Tengo claro dónde estamos y qué debemos hacer para tomar el tren en marcha.

25

LA EXPANSIÓN
DE LA CLASE MEDIA

A veces tienes que olvidar lo que sientes
y recordar lo que mereces.

FRIDA KAHLO

El fin último de toda política de izquierdas en México es aumentar aceleradamente la proporción de las clases medias en la población.

Según el Inegi, hoy la clase media representa solo 37% de la población. Debemos rebasar el 51% en esta década. Cambiaría la morfología del país y su capacidad de crecer.

Si tenemos en cuenta que, en 2022, de 130.3 millones de habitantes, 48.2 millones formaban parte de un hogar de clase media, mi objetivo es hacer crecer ese segmento a 51% de la población, lo que equivale a tener un total de 66.5 millones de mexicanos en clase media.

Es por ello que hablo de cambio en la morfología, porque llevamos décadas siendo un país de baja/nula movilidad social: la posición socioeconómica de una persona está determinada de manera importante por la condición social del hogar de sus padres (75 por ciento).

ACELERAR LA MOVILIDAD SOCIAL

Tenemos que recuperar el sentido del cambio y de la seguridad de mejorar a través del trabajo bien remunerado.

La clase media es una parte vital de cualquier economía, pero requiere de planes integrales de educación y salud universal, gratuita y de calidad, y de un trabajo en mancuerna con el sector privado para elevar los salarios de los trabajadores vinculado al aumento de su productividad. Es hora de quitarnos ese mito urbano de que no somos productivos: los mexicanos no hemos dejado de aumentar la productividad. El problema es que esa mejora no fue acompañada por un aumento directamente proporcional en el salario.

Las dos plantas más productivas de Ford en el mundo están en México (Cuautitlán y Hermosillo). En nuestro país el sueldo promedio por hora de un operario de una terminal automotriz empieza en ocho dólares, mientras que sus compañeros del otro lado de la frontera tienen un piso de 18 dólares. La productividad aquí es superior.

AULAS: EL MOTOR DE ARRANQUE

Si hacemos una inversión medible en resultados en la educación media superior y superior, estaremos generando una onda expansiva.

En 2022, solo 18% de los estudiantes escolarizados terminó una carrera universitaria (4.1 millones de jóvenes). Un dato muy importante: desde 2020 las mujeres jóvenes superan a los hombres en el acceso a la educación profesional. En el primer trimestre de 2022 las estudiantes de entre 15 y 29 años representaron 55% de los nuevos profesionistas jóvenes. Para que puedan incorporarse de manera productiva a la fuerza laboral y hacer crecer nuestro país también hay que considerar un sistema de cuidados (guarderías) que les permita no tener que decidir entre formar una familia o tener una carrera o, lo que es peor, tener que abandonarla al momento de convertirse en madres.

Aquí los mejores aliados son los maestros. Yo me sorprendí del enorme porcentaje de profesores y docentes que ante una oportunidad de capacitación tomaba esa oportunidad: 75% de los miembros del magisterio en mi sexenio en el gobierno capitalino tomó cursos de mejora continua.

Desde luego, tendremos que elevar el nivel promedio de nuestras instituciones y ampliar sustancialmente su cobertura en educación media y superior. El país cuenta con los recursos necesarios. Es un tema más de voluntad y de organización.

Dado que el crecimiento demográfico de México es de 1 en comparación con 3.5 cuando yo nací —es decir que hoy una pareja tiene en promedio dos hijos y en mi generación eran siete— , ahora podemos asumir que el crecimiento económico podrá más fácilmente convertirse en desarrollo humano porque se contará con más recursos y menos personas para atender que en el pasado.

Nuestro promedio de edad es de 29 años, estamos en un punto favorable: ni muy jóvenes ni población adulta mayor proporcionalmente dominante.

Si tomamos en cuenta los factores atractivos para la inversión, y que el viento está a favor (por lo que les he explicado antes), entonces es factible el objetivo que planteo: la expansión acelerada de la clase media.

Evidentemente es un proceso que no se dará por sí solo, pero las bases que ha colocado el gobierno de Andrés Manuel López Obrador marcan ya la tendencia a consolidar en los próximos años:

- Aumento sostenido de los salarios e independencia sindical para hacer crecer la participación del trabajo en la distribución de la riqueza.
- Creación de un sistema universal de salud.
- Incremento de las pensiones a personas adultas mayores y del conjunto de programas de universalización social para reducir la desigualdad.

- Expansión de la capacidad recaudatoria del Estado, eliminando privilegios a grandes contribuyentes.
- Crecimiento del sistema público de educación superior.

Diría, sin caer en un optimismo superficial, que la mesa está puesta para la década que viene, la que va a ganar México.

¿EN QUÉ SE BASA MI OPTIMISMO SOBRE EL FUTURO?

Les resumo mi tesis. Hoy estamos en un país que cuenta con:

- Nivel de escolaridad promedio de 9.7 años.
- Un nivel de industrialización y manufactura que representa 62% del total de América Latina.
- Exportaciones récord a Estados Unidos (somos uno de sus principales socios comerciales).
- Hay equilibrio fiscal (altos ingresos con baja deuda).
- Fortaleza del peso. De hecho, es una moneda global.
- Contamos con estabilidad política y social.

Con todo esto podemos lograr un crecimiento de la inversión extranjera directa (IED) y la inversión nacional para alcanzar un crecimiento anual del PIB de 4% o más.

Con esto podremos finalmente aumentar los ingresos y proporción del PIB recaudado para rebasar el 30%, que nos permitirá lograr un país de clase media; acelerar el ensanchamiento de este segmento para alcanzar el 50% + 1 de la población y, lo más importante, superar la pobreza extrema para siempre en México. Es decir, cumplir el sueño de Morelos, de los fundadores de la nación.

¿Cómo podríamos acercarnos a esa igualdad de Morelos?

Concluyendo la construcción de un sistema de salud universal, el más avanzado y amplio de Latinoamérica; elevando el promedio de las universidades en el país para mejorar sus lugares en los rankings internacionales (hoy solo la UNAM se encuentra entre las primeras 300 de 2500 evaluadas). Todo esto sin perder de vista la conciencia ecológica y la ampliación de las libertades y derechos de los mexicanos.

Es decir: *realizar el fin último del humanismo mexicano.*

Esta es la ruta.

Mi vida es la convicción de que esto no solo es posible, sino que garantizar su realización es un imperativo categórico para nuestra generación, porque es posible.

Estoy convencido de que podemos alcanzarlo entre todos, a partir de aquello que he aprendido del pueblo mexicano:

- La suprema resistencia a la adversidad. Un país practicante de toda suerte de formas de comunidad para lidiar con la pobreza y el abuso que lo acompañan.
- La capacidad de hacer grandes e improbables avances a pesar de las limitaciones y carencias profundas y en situaciones extremas.
- Un ejemplo fue la reconstrucción que emprendió la Ciudad de México después del sismo de 1985 y otro el notorio mejoramiento de la calidad del aire entre 1987 y 2012,[1] algo que es visto como una hazaña por otros países con ciudades en expansión; la eficaz organización de la capital frente a los sismos con participación civil, la alerta sísmica y nuevos métodos y normas de construcción segura.

[1] Nota: https://estepais.com/impreso/los-errores-de-la-contingencia-atmos ferica/. Gráfica: https://anterior.estepais.com/revistas/304/popup/1471283 475875.jpg

- La prevalencia del sentido de comunidad, empezando por la familia, por encima de las tendencias individualistas extremas y el consumismo que conducen al desinterés e indiferencia por los demás. Nuestro sentido de comunidad es uno de los más importantes recursos sociales con los que contamos.
- La alegría como método para vivir y superar penas.
- El ingenio y el ánimo trabajador de nuestra sociedad, mismos que explican el aumento en la productividad general.

Estos factores nos permitirán derrotar, combatir o superar a:

- **La metódica irresponsabilidad** que aún impera en sectores dirigentes o mentalidades amplias (el "valemadrismo").
- **El derrotismo persistente** en diversos círculos —sobre todo los más exitosos— respecto al país y sus potencialidades.
- **La percepción del victimismo** y el fracaso que otros provocan.
- **La indiferencia frente a la desigualdad** que nos derrota como sociedad.
- **La desigualdad de género** que debemos combatir en esta década para crecer como se propone. Un requisito sustantivo será crear un Sistema Nacional de Cuidados que permita asegurar la equidad y paridad de la población económicamente activa, con el tremendo impulso que eso significaría para la economía.

Si nos ponemos en guardia y culminamos lo que ha puesto en marcha Andrés Manuel López Obrador y la 4T, el país alcanzará la meta.

Queremos, podemos hacerlo y debemos actuar.

SÍ, LO HAREMOS

26

El camino de México

El futuro no es lo que va a pasar,
sino lo que vamos a hacer.

Jorge Luis Borges

La década en curso tendrá implicaciones profundas en nuestro futuro. Nos jugamos el destino de México. Estamos ante una década especial que equivale a varias décadas habituales en las que parecería que no ocurre nada muy relevante.

El mundo está en una etapa de tensión creciente y es difícil anticipar sus desenlaces, pero, por lo pronto, pasaremos de la globalización (y el predominio del paradigma liberal-democrático) a la regionalización (y la contienda entre el paradigma predominante y un rival confuciano, no democrático).

En ese tránsito, en el país tenemos que maximizar las ventajas y reducir drásticamente nuestras debilidades.

Y este es el camino para México:

- Maximizar las ventajas significa aprovechar al máximo la relocalización de empresas y actividades productivas que ha comenzado a generarse.

* Ampliar el valor de nuestra economía y crear condiciones de bienestar a la velocidad suficiente.

• Reducir debilidades significa cambiar esencialmente nuestra forma de hacer las cosas y no tolerar mediocridades.
  * Identificar lo que nos corresponde mejorar sustancialmente y hacerlo.
  * Nutrirnos de las lecciones que nos han dejado iniciativas exitosas en nuestro país y resolver tener éxito.
  * Rebelarnos contra la mediocridad.

Es decir, plantearnos grandes fines y organizarnos para que los medios sean equivalentes.

Esta correspondencia entre fines y medios es vital.

México no había tenido en medio siglo la posibilidad de acrecentar los medios para lograr los objetivos nacionales como la tendrá ahora. Gracias al estrés geopolítico y la regionalización en curso estimamos que podríamos llegar a crecer más de dos puntos adicionales, con lo que sería factible salir del estancamiento de nuestro ingreso per cápita. Pero no será suficiente. El esfuerzo propio tendrá que ser equivalente. Solo nosotros podremos hacerlo.

¿Qué necesitamos lograr?

Hay muchos temas a considerar. Pero ¿qué será lo decisivo?, ¿qué será determinante?, ¿en qué debemos concentrar el esfuerzo y en qué propósitos no podemos fallar?

El primero es desmontar las estructuras que impiden avanzar en igualdad de oportunidades y perpetúan desigualdades e ineficiencias, empezando por la capacidad de recaudación del Estado y las distorsiones regulatorias y normativas que encarecen la competencia y dificultan enormemente la movilidad social.

¿Por qué tenemos costos financieros tan elevados en la era del fintech?

¿Por qué no hemos digitalizado los servicios financieros y es tan difícil acceder a ellos por parte de la mayoría de la población?

¿Por qué prevalecen normas absurdas por doquier que dificultan el éxito del esfuerzo propio?

Debemos resolverlo. ¿La buena noticia? Se puede lograr pronto.

¿Cómo? Con una mayor capacidad de redistribución, desmantelando privilegios, superando distorsiones que frenan la movilidad social, desapareciendo el andamiaje regulatorio que opera contra el esfuerzo propio y el ensanchamiento acelerado de las clases medias.

Esa es la primera tarea.

En simultáneo a esa enorme tarea, necesitamos consolidar el avance para recuperar la seguridad pública y la tranquilidad ciudadana.

La estrategia en curso arroja ya resultados alentadores: por primera vez desde 2015 se da una caída en el número de homicidios respecto al año anterior. Igual ocurre con los secuestros (69% menos), los robos y los principales delitos, de acuerdo con la encuesta de victimización del Inegi.[1]

Para ponerlo en contexto, Estados Unidos, nuestro principal socio comercial, experimentó un incremento de 30% en homicidios durante el mismo periodo. Vamos en la dirección correcta.

La creación de la Guardia Nacional ha sido un gran acierto. Por primera vez tenemos superioridad local frente al narcotráfico en el territorio, y no es momentáneo, sino planeado, porque la Guardia seguirá creciendo.

Los programas de Jóvenes Construyendo el Futuro y Sembrando Vida, así como los extendidos programas sociales en favor de la educación, adultos mayores y personas en discapacidad han surtido efecto para reducir la capacidad de reclutamiento de las bandas criminales.

[1] https://www.inegi.org.mx/programas/envipe/2022/

En un país que experimentó durante la etapa neoliberal un crecimiento del PIB per cápita de apenas 0.8% al año, es obvio que la capacidad de reclutamiento de los criminales es exponencial. De ahí la relevancia de los programas mencionados.

MANTENER Y MEJORAR LO GANADO

Como lo hicimos durante mi gestión en la Ciudad de México, necesitamos llevar las acciones en curso a su siguiente etapa. Entre 2002 y 2004 en la jefatura de Gobierno introdujimos cámaras y creamos nuevas unidades de policía siguiendo una tesis: a mayor impunidad, mayor delincuencia. Y se redujo sustancialmente la impunidad. Durante 2006-2012 perseveramos y fructificó. La ciudad tuvo sus mejores resultados en lo que va del siglo.

La continuidad, la perseverancia de planes y programas, sin dudas, rinde resultados. Hagamos lo mismo: lo avanzado hay que hacerlo exponencial. Se puede y se debe.

¿Qué habría que cambiar o agregar? Aumentar la capacidad de investigación de las fiscalías de las 32 entidades federativas para casos de homicidios, feminicidios, desapariciones y extorsión. Respaldar la reforma del Poder Judicial para culminar sus fines de transparencia e impedir la intimidación a sus integrantes por parte de la delincuencia.

Incluir y aprovechar la inmensa posibilidad de las nuevas tecnologías y, por supuesto, incrementar la efectividad contra el tráfico de armas que se inicia en Estados Unidos.

La meta es mantener reducciones anuales de 10% o más en los delitos contra la integridad. Al mismo tiempo, recuperar espacios territoriales y contener la expansión de poderes paralelos en regiones y localidades. Profundizar la lucha por hacer prevalecer el Estado de derecho.

El otro gran esfuerzo tiene que ver con educación y salud. Necesitamos aumentar la cobertura de educación media superior y

superior, así como reducir la deserción escolar en educación bási-
ca. Recordemos las hazañas de alfabetización y de incremento del
promedio de vida en nuestro país, que fueron efectivamente grandes éxitos en su momento, y no aceptemos el conformismo en esos
campos. No hay razón para tolerar la deserción entre primaria y
secundaria o entre secundaria y preparatoria. Estamos en 9.7 años
de escolaridad promedio. Necesitamos 12 y ahora es el momento.

No hay razón para que la mayoría de nuestras universidades
públicas estén en el *ranking* mundial debajo de los números mil. ¿Por
qué? ¿Cómo toleramos eso? Si no lo cambiamos es imposible lograr
lo que buscamos en desarrollo nacional y bienestar.

Pregunté hace poco a un muy respetado colega en Corea del Sur
cuál sería la explicación del rápido aumento del ingreso per cápita
de su país respecto al nuestro en el periodo en el que nosotros hemos
formado parte del Tratado de Libre Comercio con Estados Unidos y
Canadá 1994-2018. Debería haber alguna correspondencia, le dije,
pero no, nosotros fuimos a un aumento de exportaciones con un
estancamiento social.

Su respuesta fue simple: "No soy un especialista en México, pero
lo que te puedo decir es que en Corea la obsesión ha sido la educación, la innovación y un esfuerzo de trabajo y ahorro enorme. Hicimos nuestra parte después de la guerra".

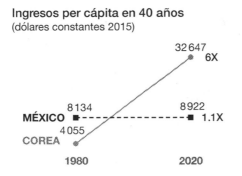

Ingresos per cápita en 40 años
(dólares constantes 2015)

Fuente: Viridiana Ríos con datos del Banco Mundial.

Me pareció una respuesta extraordinaria. Nos hemos habituado a esperar soluciones milagro.

No hay una explicación sensata de por qué no tenemos fondos de riesgo para desarrollo tecnológico o por qué es tan adverso el ecosistema para innovar. Cambiémoslo.

Recuerdo cuando Peña Nieto ofreció en su reforma energética crecimiento y bienestar a cambio de concesionar el golfo de México para producir millones de barriles de petróleo merced a inversiones billonarias, beneficios que, según él, traería consigo la privatización. Nunca ocurrió. Hoy las firmas privadas que ganaron las rondas petroleras solo producen 63 000 barriles diarios de petróleo, de acuerdo con cifras de 2022, cuando deberían producir más de 200 mil.

Todas las soluciones se generan con el esfuerzo interno, el trabajo duro y con aumentos de productividad e innovación. No hay soluciones milagro.

Diría algo que todo asesor de propaganda rechazaría por completo, más en la tradición de Georges Clemenceau, el "tigre" defensor de la República francesa en la Primera Guerra Mundial que retomaría unos años después Winston Churchill en la Segunda Guerra Mundial: lo único que ofrezco es trabajo duro y mucho esfuerzo, pero venceremos al final. Así triunfó Juárez contra la intervención o, más recientemente, Andrés Manuel López Obrador contra el bloque conservador.

METAS GRANDES Y REALES

En síntesis, debemos pensar todos los días en un sistema de salud como el de Dinamarca, porque caso contrario jamás lo tendremos. Quienes critican pensar en grande para alcanzar grandes metas defienden la mediocridad del conformismo.

Si no nos sintiéramos iguales al menos a los daneses, no habríamos implementado las ecobicis en la ciudad y no tendríamos un sistema con menos bicicletas deterioradas que en la propia Copenhague. Sí, somos mexicanos, no daneses, pero eso no quiere decir que no podamos llegar tan alto como queramos. Alguien en Dinamarca también soñó en llegar algún día a ser la sociedad que hoy son.

Economía, movilidad social, seguridad, educación y salud.

Necesitamos también organizarnos para terminar con la pobreza extrema en México para siempre. Es un imperativo ético y es aún más acuciante porque es posible lograr ese destierro.

La tecnología, los recursos y las capacidades del Estado coinciden: México no puede seguir siendo el quinto exportador mundial de vehículos y uno de los principales socios de la economía más grande del mundo y tener pobreza extrema. Es una anormalidad, diría Viri Ríos en su gran libro *No es normal. El juego oculto que alimenta la desigualdad mexicana y cómo cambiarlo* (Grijalbo, 2021). Y tiene razón.

Hagámoslo porque sí se puede.

INCORPORAR TODO
EL POTENCIAL FEMENINO

Otro gran objetivo debe ser alcanzar una sociedad con igualdad de género y plena libertad.

Urge una sociedad de cuidados porque es imperativo abrirle paso a la valiosa participación de la fuerza laboral femenina y que haya paridad con los hombres en su porcentaje de participación dentro de la población económicamente activa (PEA).

Podríamos incorporar a ese 16% de mujeres faltantes, lo que permitiría lograr una real equidad de género si hubiese un sistema de cuidados para apoyar a los hogares mexicanos.

Si bien la presencia de las mujeres en el mercado laboral ha aumentado a lo largo de los últimos años, la proporción de mujeres en edad de trabajar que deciden participar activamente en la economía creció menos de 5 puntos porcentuales, y sigue siendo más de

30 puntos porcentuales menor que la tasa de participación laboral de los hombres.

Entre 2005 y 2022 la participación laboral femenina —de mujeres de 15 años o más— sigue en un nivel de entre 40 y 45%, mientras que en el caso de los hombres se mantiene en niveles superiores a 70%. Otro reto que superar es lograr achicar la brecha salarial entre hombres y mujeres. A la fecha, en promedio en todo el país y en todos los sectores económicos, las mujeres ganan 87 pesos por cada 100 de sus pares.

El crecimiento de la economía se lo agradeceremos en buena medida a las mujeres, porque sumando su talento y productividad, llegando a mayores niveles de participación en la generación de riqueza, podríamos alcanzar más de 4% de crecimiento económico y generación de riqueza. También se puede y ya vamos tarde.

Otro punto que es nodal en el crecimiento con calidad de vida es la acción climática necesaria para salvar nuestro planeta y por ende a nuestro país.

OPORTUNIDAD Y ESFUERZO

Cerraría esta reflexión diciendo que estamos 60/40:

El 60% de nuestro éxito dependerá en llevar a buen puerto todas estas iniciativas que propongo impulsar y modificar. Todas ellas dependen de nosotros.

El 40% restante forma parte del entorno, de las circunstancias que hoy se presentan ante nosotros y que son muy positivas.

Tenemos viento a favor, pero debemos hacer nuestro trabajo en el buque para empezar a desplegar las velas.

27

SÉ CÓMO HACERLO

Mi experiencia de vida y el futuro

A estas alturas se preguntarán ustedes qué relación hay entre mi trayectoria y el futuro de México.

Yo diría que mi vida se concentró en modificar el futuro a la luz de mis experiencias.

Me ha tocado vivir éxitos impresionantes, como la reconstrucción en apenas 14 meses de la Ciudad de México tras el sismo de 1985. La sociedad fue ejemplar y también la construcción, sincronía y acuerdos que la acompañaron.

No es atribuible a alguien en particular. Es una cualidad mexicana.

En la crisis fuimos muy exitosos. No es el caso comparar aquí con otros países, pero tengo en mente varios ejemplos desastrosos con recursos incomparablemente mayores.

Otro de mis aportes al país fue la mejora sustancial de la calidad del aire en el Valle de México. De aquellos aciagos días de 1987 a la fecha, se logró (aun con errores en el camino) una mejora increíble de la calidad del aire. En Asia admiran esa proeza y todavía hoy nos piden apoyo y referencias de cómo lo hicimos en México.

Logramos tener la alerta sísmica más avanzada del mundo. Creamos la economía más industrializada y la mayor exportadora de toda América Latina.

En lo político, el crecimiento y triunfo de Morena ha sido inesperado. Todo indicaba que sería casi imposible, y si bien tomó 25 años concretarlo, se logró contra viento y marea.

Con estos ejemplos quiero dejar testimonio de que la voluntad y capacidad son el cimiento de mi absoluta confianza en el futuro que ganaremos en el país.

Por supuesto que se podrá argumentar que ha habido un gran número de fracasos, empezando por el naufragio de gobiernos y empresas.

También se podrán poner sobre la mesa insuficiencias críticas o resistencias enormes o cuestionar las posibilidades de alcanzar seguridad frente a los terribles grupos criminales que han florecido, muchas veces al amparo de la autoridad, como lo muestra el proceso contra Genaro García Luna.

No propongo como método para cambiar las cosas la ingenuidad o el exceso de confianza en la sola voluntad, pero nadie podría negar que cuando nos hemos propuesto hacer frente a la destrucción y desolación, lo hemos logrado.

Pero no se puede negar que hemos alcanzado una gran transformación sin violencia o inestabilidad económica. Ni tampoco que nuestra economía se haya consolidado como una de las principales plataformas exportadoras del mundo y que, además, estamos en el mejor momento de nuestra historia si consideramos riqueza relativa, así como la edad y promedio de vida de nuestra población, factores que son puntos a nuestro favor en un nuevo mapa geopolítico global.

Nunca antes estuvimos mejor que ahora. ¿Entonces por qué no habríamos de lograrlo de nuevo? Si nos organizamos y perseveramos lo haremos.

SÉ CÓMO HACERLO

Lo que sigue es la plena etapa constructiva de la cuarta transformación, llevar hasta su máxima capacidad su potencial constructivo y esperanzador. Lograr que se concreten todos sus fines.

Todo lo que he vivido y relatado en este libro me dice eso.

Es lo que aprendí.

Sé cómo hacerlo.

28

LA DÉCADA QUE GANAREMOS

Resolví escribir estas páginas para compartir por qué pienso que México tiene una oportunidad de oro y por qué yo podría encabezar mejor lo que podríamos denominar "la década ganada para nuestro país", entre 2024 y 2034.

Me he formado en una larga carrera sobre la base del trabajo, la eficacia y la integridad.

He sido siempre leal a mis convicciones, aun y cuando ello representara costos y persecuciones.

Fui activo integrante del equipo aperturista y prodemocrático que encabezó Manuel Camacho cuando actuar así significaba arriesgar para él sus posibilidades sucesorias en 1993.

Me enfrenté como diputado al presidente Ernesto Zedillo y su desastrosa gestión, especialmente contra el Fobaproa y la venta de garage del sistema bancario nacional.

Formé un nuevo partido, el PCD.

Puesto en la disyuntiva de retener 5% de la votación en el DF y ver un triunfo del PAN en la capital, fui congruente y resolví respaldar a Andrés Manuel López Obrador en las elecciones para la jefatura de Gobierno del DF en 2000.

Llevo 23 años al lado de Andrés.

Lo mismo como secretario de Seguridad, como secretario de Desarrollo Social o como coordinador de la campaña presidencial de 2018 en el noroeste del país.

Fue un honor encabezar con su respaldo la jefatura de Gobierno del DF entre 2006 y 2012.

Consumado el fraude en aquel 2006, estuve a su lado en todas las movilizaciones que convocó.

Como presidente legítimo, siempre contó con mi apoyo y gratitud. Pude buscar, pero nunca lo hice, un arreglo con el gobierno federal (o alianzas por el estilo) para conseguir poder y recursos. Jamás sucedió. Como gobernante en la Ciudad de México tuve la satisfacción de ampliar los programas sociales que había puesto en marcha Andrés, tal y como lo habíamos planeado: Prepa Sí para respaldar a todos los jóvenes en educación superior (con el que se desplomó la deserción escolar), apoyo a niños talento para cursos extracurriculares voluntarios como reconocimiento a su esfuerzo (lo que provocó que aumentara el promedio de calificaciones a 8.2), la consolidación de la pensión a adultos mayores; la expansión de los apoyos a personas con discapacidad; aumentamos las mastografías gratuitas a 140 000 personas al año; el Seguro de Desempleo; gestionar acceso libre a internet y computadoras en todas las escuelas públicas; el crecimiento de la red de Metrobús de 20 a 95 kilómetros; la incorporación de ciclovías en toda la ciudad; la llegada de la movilidad compartida de las ecobicis que cambiaron los patrones de traslados y culminar con la recuperación del Centro Histórico.

Además, a pesar del impacto de la crisis económica global de 2008, alcanzamos entre 2010 y 2012 la tasa de inversión privada más alta en la ciudad en lo que va de este siglo.

Impulsé mi propia agenda ambiental con taxis eléctricos hasta autobuses y Metrobús diésel (que traíamos desde la frontera con Estados Unidos), para cumplir con los requerimientos de bajo azufre; realizamos la Consulta Verde, implementamos el transporte escolar obligatorio, preparamos las vialidades para un uso más intensivo de bicicletas, así como la separación de basura (la orgánica y biodegradable del resto de los desperdicios).

Mi otra pasión y en la que actué decididamente fue en favor de las mujeres con una agenda dominante, que incluyó desde la interrupción legal del embarazo (ILE), el impulso a una vida libre de violencia, la tipificación del feminicidio hasta un sistema de transporte alterno, cursos de género para los miembros del gabinete y funcionarios, así como el avance hacia una sociedad de cuidados.

También luché por el reconocimiento pleno de los derechos para la comunidad LGBTQ+, especialmente para convertir a la Ciudad de México en una capital de vanguardia impulsando el matrimonio igualitario, lo cual logramos y hoy es norma en toda la República mexicana.

¿El resultado principal de todo esto? La seguridad pública mejoró mes a mes en la capital.

La CDMX, en contraste con la carnicería en la que se había convertido el centro y norte del país (donde aumentó 200% el número de homicidios y una incalculable cantidad de desaparecidos), se volvió la ciudad más segura tanto en la percepción local como en la nacional.

Participaron en mi equipo una mezcla de cuadros afines y una pléyade de colaboradores cercanos de Andrés: Leticia Ramírez, Elsa Veites, Ariadna Montiel, Laura Velázquez, Benito Mirón, Jorge Arganis, Rafael Espino, Joel Ortega, Rosa Icela Rodríguez y muchos otros.

Jamás finqué el éxito de mi gestión en el demérito de quien me había respaldado. La traición me repugna aun y cuando sea tan elogiada en los textos políticos.

En 2011 le propuse a Andrés Manuel López Obrador una encuesta para determinar quién nos representaría a las izquierdas. Una vez llevada a cabo, resultó con una ligera ventaja en su favor y actué en consecuencia dándole mi pleno respaldo.

En la dura persecución de la que fui objeto por los gobiernos de Enrique Peña Nieto y Miguel Ángel Mancera, Andrés siempre me demostró estar atento y cercano.

Como secretario de Relaciones Exteriores me ha tocado vivir innumerables ocasiones de tensión y dificultad y siempre he podido refrendar que Andrés es, ante todo, un patriota y sin duda uno de los mejores presidentes que México ha tenido.

Me uní a su causa por coincidir en la creación de un Estado de bienestar en nuestro país y un sistema plenamente democrático.

En ello me mantengo con miras al futuro que habrá de venir.

29

Un recorrido a cuatro décadas de preparación

Marcelo Luis Ebrard Casaubon: 40 años de carrera y una meta clara

Este es un resumen de mi vida profesional y de los sucesos públicos y privados que marcaron mi vida.

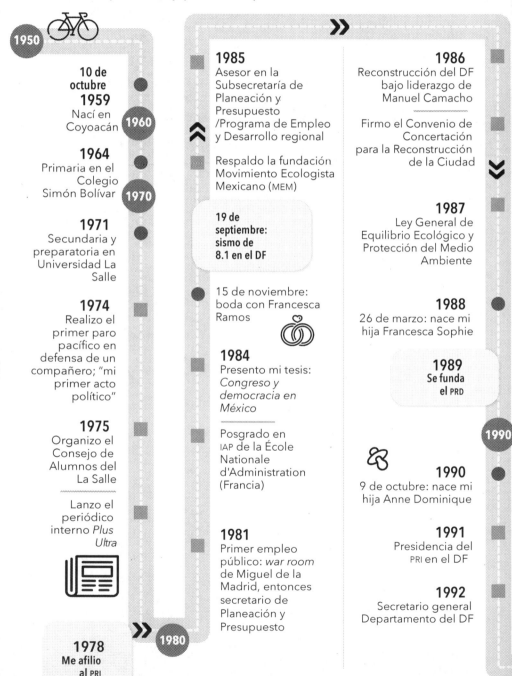

1950

10 de octubre 1959
Nací en Coyoacán

1960

1964
Primaria en el Colegio Simón Bolívar

1970

1971
Secundaria y preparatoria en Universidad La Salle

1974
Realizo el primer paro pacífico en defensa de un compañero; "mi primer acto político"

1975
Organizo el Consejo de Alumnos del La Salle

Lanzo el periódico interno *Plus Ultra*

1978
Me afilio al PRI

1985
Asesor en la Subsecretaría de Planeación y Presupuesto /Programa de Empleo y Desarrollo regional

Respaldo la fundación Movimiento Ecologista Mexicano (MEM)

19 de septiembre: sismo de 8.1 en el DF

15 de noviembre: boda con Francesca Ramos

1984
Presento mi tesis: *Congreso y democracia en México*

Posgrado en IAP de la École Nationale d'Administration (Francia)

1981
Primer empleo público: *war room* de Miguel de la Madrid, entonces secretario de Planeación y Presupuesto

1980

1986
Reconstrucción del DF bajo liderazgo de Manuel Camacho

Firmo el Convenio de Concertación para la Reconstrucción de la Ciudad

1987
Ley General de Equilibrio Ecológico y Protección del Medio Ambiente

1988
26 de marzo: nace mi hija Francesca Sophie

1989
Se funda el PRD

1990

1990
9 de octubre: nace mi hija Anne Dominique

1991
Presidencia del PRI en el DF

1992
Secretario general Departamento del DF

■ **Acontecimiento profesional**

● **Acontecimiento personal**

1999
Fundación del Partido de Centro Democrático (PCD)

2000

2000
Cedo mi candidatura como jefe de Gobierno por el PCD a AMLO
―――――――――
Asesor del Consejo Nacional de Ahorradores (CNA)

1997
Diputado federal PVEM/independiente

Denuncia contra corrupción en Fobaproa

1995
Renuncio al PRI

28 de abril: nace mi hijo Marcelo Patrick

2000
AMLO: jefe de Gobierno del DF
―――――――――
PCD pierde su registro

2002
Secretario de Seguridad Pública del DF

1994
Magnicidio de Luis Donaldo Colosio

1994
Manuel Camacho es nombrado comisionado para la paz y la reconciliación en Chiapas

Fin de negociaciones de paz con el EZLN

1994
Inicia el TLCAN

Levantamiento zapatista en Chiapas

Baja 10% el crimen en la ciudad, contrato a Rudolph Giuliani, creo la Subsecretaría de Prevención del Delito con Manuel Mondragón a cargo, Programa de Protección Ciudadana

1992
Plaza México, Teatro Blanquita, Frontón México, Palacio de los Deportes, Auditorio Nacional, Nuevo Mercado de La Viga, reubicación de ambulantes, ampliación de la Línea A del Metro.

1993
Subsecretario en la SRE

14 de septiembre: conozco a AMLO en protesta con trabajadores de Pemex /Zócalo

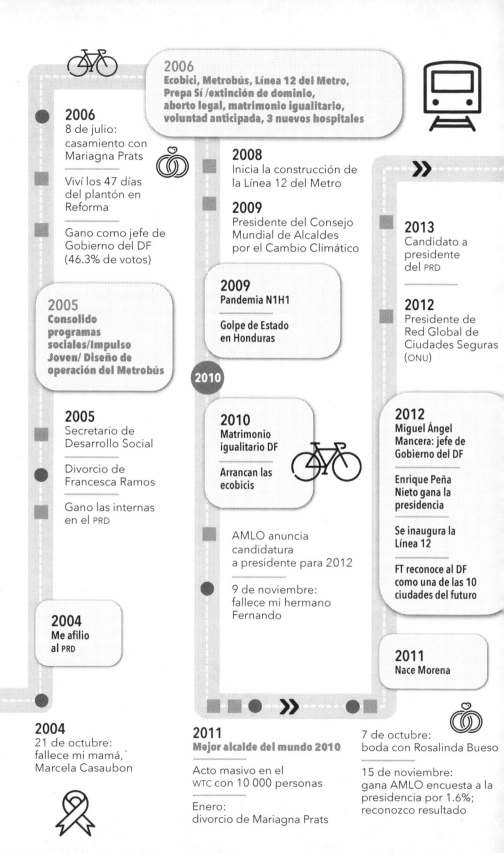

2006
Ecobici, Metrobús, Línea 12 del Metro, Prepa Sí /extinción de dominio, aborto legal, matrimonio igualitario, voluntad anticipada, 3 nuevos hospitales

2006
8 de julio: casamiento con Mariagna Prats

Viví los 47 días del plantón en Reforma

Gano como jefe de Gobierno del DF (46.3% de votos)

2008
Inicia la construcción de la Línea 12 del Metro

2009
Presidente del Consejo Mundial de Alcaldes por el Cambio Climático

2009
Pandemia N1H1

Golpe de Estado en Honduras

2013
Candidato a presidente del PRD

2012
Presidente de Red Global de Ciudades Seguras (ONU)

2005
Consolido programas sociales/Impulso Joven/ Diseño de operación del Metrobús

2005
Secretario de Desarrollo Social

Divorcio de Francesca Ramos

Gano las internas en el PRD

2010

2010
Matrimonio igualitario DF

Arrancan las ecobicis

AMLO anuncia candidatura a presidente para 2012

9 de noviembre: fallece mi hermano Fernando

2012
Miguel Ángel Mancera: jefe de Gobierno del DF

Enrique Peña Nieto gana la presidencia

Se inaugura la Línea 12

FT reconoce al DF como una de las 10 ciudades del futuro

2004
Me afilio al PRD

2011
Nace Morena

2004
21 de octubre: fallece mi mamá, Marcela Casaubon

2011
Mejor alcalde del mundo 2010

Acto masivo en el WTC con 10 000 personas

Enero: divorcio de Mariagna Prats

7 de octubre: boda con Rosalinda Bueso

15 de noviembre: gana AMLO encuesta a la presidencia por 1.6%; reconozco resultado

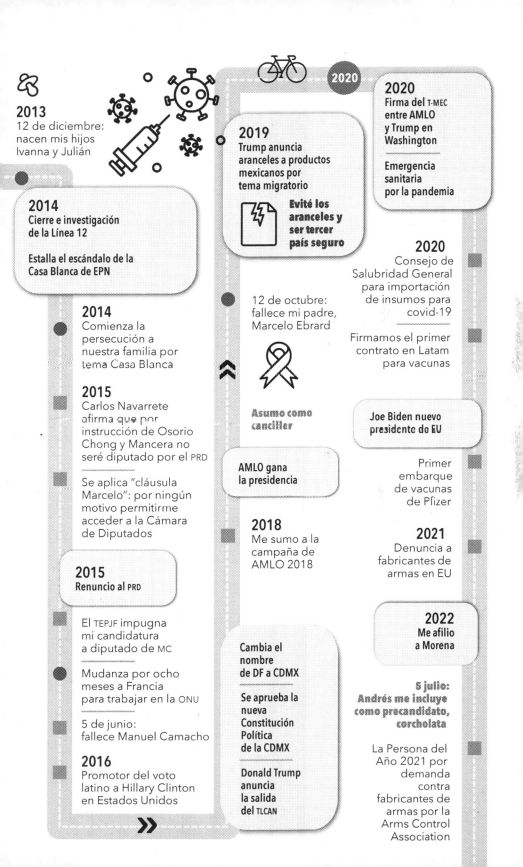

2013
12 de diciembre:
nacen mis hijos
Ivanna y Julián

2014
Cierre e investigación
de la Línea 12

Estalla el escándalo de la
Casa Blanca de EPN

2014
Comienza la
persecución a
nuestra familia por
tema Casa Blanca

2015
Carlos Navarrete
afirma que por
instrucción de Osorio
Chong y Mancera no
seré diputado por el PRD

Se aplica "cláusula
Marcelo": por ningún
motivo permitirme
acceder a la Cámara
de Diputados

2015
Renuncio al PRD

El TEPJF impugna
mi candidatura
a diputado de MC

Mudanza por ocho
meses a Francia
para trabajar en la ONU

5 de junio:
fallece Manuel Camacho

2016
Promotor del voto
latino a Hillary Clinton
en Estados Unidos

2019
Trump anuncia
aranceles a productos
mexicanos por
tema migratorio

**Evité los
aranceles y
ser tercer
país seguro**

12 de octubre:
fallece mi padre,
Marcelo Ebrard

**Asumo como
canciller**

**AMLO gana
la presidencia**

2018
Me sumo a la
campaña de
AMLO 2018

Cambia el
nombre
de DF a CDMX

Se aprueba la
nueva
Constitución
Política
de la CDMX

Donald Trump
anuncia
la salida
del TLCAN

2020

2020
Firma del T-MEC
entre AMLO
y Trump en
Washington

Emergencia
sanitaria
por la pandemia

2020
Consejo de
Salubridad General
para importación
de insumos para
covid-19

Firmamos el primer
contrato en Latam
para vacunas

**Joe Biden nuevo
presidente de EU**

Primer
embarque
de vacunas
de Pfizer

2021
Denuncia a
fabricantes de
armas en EU

2022
Me afilio
a Morena

**5 julio:
Andrés me incluye
como precandidato,
corcholata**

La Persona del
Año 2021 por
demanda
contra
fabricantes de
armas por la
Arms Control
Association

AGRADECIMIENTOS

Debo agradecer a numerosas personas que a lo largo de los últimos meses me convencieron de la necesidad de un libro acerca de Ebrard desde la perspectiva de Marcelo.

A todas mi gratitud por siempre y mi compromiso de perseverar.

En especial quiero agradecer a Bárbara Anderson, quien fue esencial para organizar y darle formato al texto, fuese en días hábiles o en plena Navidad. Sin ella no habría sido posible.

Sobre el autor

Marcelo Luis Ebrard Casaubon (México, 10 de octubre de 1959) es secretario de Relaciones Exteriores de México desde 2018. Licenciado en Relaciones Internacionales por el Colegio de México, cuenta con una especialidad en Administración Pública en el Institut international d'administration publique (IIAP), dependiente de la École Nationale d'Administration (Francia, 1984).

Suma una trayectoria de 40 años en diferentes puestos y roles en el gobierno mexicano. Fue jefe de Gobierno del Distrito Federal en el periodo 2006-2012. En 2010 fue nombrado el mejor alcalde del mundo por sus iniciativas pioneras a favor del medioambiente y los derechos humanos, que pusieron a la capital mexicana a la vanguardia latinoamericana. Fue el primer mandatario capitalino en completar su mandato.

Presidió la Red Global de Ciudades Seguras de la ONU. Fue secretario de Seguridad Pública del DF entre 2002 y 2004, y logró la mayor disminución de delitos en dos décadas, apoyado en un plan de modernización y capacitación de la fuerza policial. Hasta 2006 fungió como secretario de Desarrollo Social de la capital.

Entre 1997 y 2000 fue diputado federal independiente. En su paso por la LVII legislatura destacó su lucha contra la aprobación del Fobaproa y la incautación de fondos de las cajas de ahorro cooperativas, creando el Consejo Nacional de Ahorradores.

En 1994 participó en las negociaciones para el cese de hostilidades con el EZLN junto al comisionado para la paz y la reconciliación en Chiapas, Manuel Camacho Solís. Un año antes fue su secretario de Gobierno en el DF; con 32 años fue el más joven de la historia de la capital.

En 1986 formó parte del Programa de Renovación de Vivienda Popular, con un plan que levantó 9 000 unidades habitacionales en 14 meses como parte de la reconstrucción de la Ciudad de México tras el sismo de 1985.

A los 22 años inició su carrera como funcionario público en la Secretaría de Planeación y Presupuesto a cargo de un programa de empleo.

Fue miembro del PRI y del PRD; fundó su propio partido, el PCD, y hoy milita en Morena, movimiento fundado por el actual presidente mexicano, Andrés Manuel López Obrador.

Es padre de cinco hijos y está casado con Rosalinda Bueso.

¡QUIERO ESCUCHARTE!
CONTÁCTAME
POR ESTOS MEDIOS

55 · 1502 · 5360
Marcelo Ebrard
@m_ebrard
@marcelo.ebrard